Chiang Kai-shek Diaries, 1956

◆民國四十五年◆

民國歷史文化學社

感謝

蔣經國國際學術交流基金會
世界大同文創股份有限公司

贊助出版

總顧問（按姓氏筆畫為序）

林孝庭　美國史丹福大學胡佛研究所研究員兼
　　　　檔案館東亞館藏部主任
金耀基　中央研究院院士
張玉法　中央研究院院士
陳三井　中央研究院近代史研究所退休研究員
陳儀深　國史館館長
楊天石　中國社會科學院文史哲學部榮譽學部委員
錢　復　蔣經國國際學術交流基金會董事長

編審委員（按姓氏筆畫為序）

王良卿　國立暨南國際大學歷史學系副教授
何智霖　國史館前副館長
任育德　國防大學通識教育中心副教授
李君山　國立中興大學歷史學系教授
林桶法　輔仁大學歷史學系名譽教授
葉惠芬　國史館前纂修
劉維開　國立政治大學歷史學系退休教授

編輯凡例

一、本書為蔣中正民國四十五年 (1956) 日記，係根據日記原件打字排版。

二、本書卷首列有總序，旨在說明蔣日記之整體歷史意義與價值。

三、本書各年各冊均精選國史館授權使用照片若干幀，與日記內容呼應，不無左圖右史之義。後附索引，意在讀者易於檢索、利用。

四、日記內容本分「雪恥」、「注意」、「預定」等欄目者，本書均依照原有欄目處理。日記原件每月起始有「本月大事預定表」；每週附有「上星期反省錄」、「本星期預定工作課目」；每月月底附「上月反省錄」，全年日記之末並以「雜錄」、「姓名錄」殿之。本書悉依原有形式出版。

五、同日日記遇有草稿、抄稿、秘書抄稿並存時，則以最完整稿置前，其餘附後。

六、日記內文提及之相關人物與重要事件，編輯整理時酌加頁註。相關人物第一次出現時，當頁註釋其全名及當年或前後之職銜，以利查考。外國人名第一次出現時，當頁註釋其拉丁化全名，以資識別。

七、本書用字尊重現今常用字，俗字、簡字、古字等異體字改為正體字。惟遇通同正體字時，為因應讀者閱讀習慣及通俗用法，採用現今通用正體字，如「并」改為「並」，「証」改為「證」，「甯」改為「寧」等。

八、日記用詞保留當時用法，不以錯字視之。若與現今用詞有差異處，遵照蔣中正個人習慣用法，如：舊歷、古鄉、托管、烏乎、處治、火食、琉璜；及部分地名如：大坂、蒔林、角畈山。

九、日記中遇明顯錯別字詞，在該字後以〔　〕符號將正確字詞標出。遇明顯漏字，則以〔 __ 〕符號將闕漏字詞補入。無法判明者，則加註「原文如此」。本書收錄日記中所附帶之信函、手令、批示等稿件，非蔣原筆跡手稿者，以楷體字體表示。

十、日記中遇損壞、破損而無法辨識字跡者，以■表示。

十一、日記中提及人名偶有筆誤，以錯字訂正形式處理；外國人名譯音有前後不一致情況時，但見索引，不另做處理。書中出現編目「一、一、一、一、」者，為遵照原稿設計，不予修改。

十二、標點符號除原稿上所加之問號、驚嘆號、引號等外，僅以「，」「、」「。」「：」標之。

十三、本書涉及人物、事件複雜，議題涵蓋廣泛，編者思慮難免不周，如有錯誤疏漏，尚請讀者不吝指正，以便日後修整。

序　一

蔣中正，學界通稱為蔣介石，是國家級和世界級的領袖人物，早為史家研究的對象。日本學界有蔣介石研究會，臺灣中央研究院近代史研究所有蔣介石研究群，浙江大學有蔣介石研究中心，而學者個人研究蔣介石者，如楊天石、山田辰雄、黃自進等皆為名家。近年臺海兩岸各大學和研究機構，以蔣介石為主題所開的研討會，如「蔣介石與抗日戰爭」、「蔣介石與抗戰時期的中國」、「蔣介石與世界」、「日記中的蔣介石」、「蔣中正日記與民國史研究」等，亦結集了許多研究蔣介石的成果。

史學界之所以熱衷於蔣介石研究，除蔣之歷史地位重要外，蔣介石日記開放給史學界使用亦為重要因素。蔣日記初由自己保管，1975 年蔣介石死後由其子蔣經國保管，1988 年蔣經國死後由其子蔣孝勇保管，蔣孝勇死後由其妻蔣方智怡保管。蔣介石原望其日記存於臺灣，於其逝世五十一年後（2026）開放，後因蔣孝勇夫婦移居加拿大，日記乃被帶到該處。2005 年蔣方智怡將日記移存美國史丹佛大學胡佛研究所，並授權該所保管，2006 年起分批開放蔣日記給學者作為研究之用。蔣介石日記開放給學者作為研究之用後，各國學者紛紛前往史丹佛大學閱讀，學者並開始以蔣日記為主要資料寫論文或專書，使蔣介石的研究成果更為深入與豐富。

蔣介石日記，從 1917 年起記到 1972 年 7 月止，凡五十五年，四百五十萬字。其中 1924 年日記失落，1917 年的日記為回憶幼時至 1917 年之重要記事，僅約萬餘字。這五十五年，蔣追隨孫中山，並以繼承孫中山的革命志業自居，日記中所記，為民國史留下重要史料。日記史料往往反映一個人的性格，蔣為軍人出身，做了國家領袖以後，對友邦，只望協助，不喜干涉；對部屬，只望服從，不喜爭權奪利。譬如抗戰勝利後，國家進入憲政時期，蔣的權力受約束，不能全力應付危局，乃制定動員戡亂時期臨時條款，使權力超出憲法以外；又如 1949 年 1 月，國民黨對共產黨有主戰主和之分，蔣主戰，副總統李宗仁主和，蔣辭職下野，另成立總裁辦公室，以黨領政領軍。及李宗仁避往美國，蔣復行視事，始得統一國家事權。

由蔣之日記，可略窺蔣之終生志業。但將蔣日記作為史料，像許多其他日記一樣，有不易了解處。譬如記朋友不稱名而稱號，記親戚和家人不稱名而稱親屬的稱謂或暱稱；對不便明說的事吞吞吐吐，語焉不詳；記事突兀，背景不明。在這種情形下，如能對日記作箋注，即可增加對日記內容的了解，由國史館授權，民國歷史文化學社所出版的《蔣中正日記》，即為箋注本，當能應合讀者需要。是為序。

中央研究院院士

於翠湖畔寓所

2023 年 5 月 20 日

序　二

一部罕見的國家領導人日記

2006 年，「蔣中正日記」的開放，是民國史研究重要的里程碑；2023 年，《蔣中正日記》的正式出版，更是推展民國史研究令人矚目的一頁。

和蔣中正同時的美國總統羅斯福（Franklin D. Roosevelt,1882-1945）、英國首相邱吉爾（Winston Churchill,1874-1965）、蘇聯共黨中央總書記史大林（Joseph Stalin,1878-1953）、德國納粹頭子希特勒（Adolf Hitler,1889-1945），都稱得上是當年掀動國際風雲的「大人物」。羅斯福不寫日記，史大林沒有日記，邱吉爾的《第二次世界大戰回憶錄》，於 1953 年得過諾貝爾文學獎，具有的是文學創作之美的價值，畢竟不屬於歷史，也不是日記；1983 年號稱「新發現」的六十卷「希特勒日記」，轟動一時，僅僅十天之後，即被證明是舊貨商牟利的贋品。蔣中正（介石，1887-1975）應該是同一時代世界重量級人物中，唯一真正留有五十五年個人日記的領導人。

蔣日記不是中國傳統史官代撰的起居注，也非皇朝實錄，這部當代政治領袖用毛筆楷書親自書寫超過半世紀的日記，記錄一位曾是滬濱浪蕩子走向全國性政治人物的發跡過程，又提供一個「大」又「弱」的古老國家政治領導者，如何想方設法謀求一統天下，並期盼與國際接軌的一段艱難歷程的重要見證，是十分罕見的歷史素材。

有些審慎的歷史學者提醒道：「日記」作為史料，要分辨「真實的蔣」（person），與蔣「要我們知道的蔣」（persona），日記中能讀出真實的蔣，才是本事。蔣中正的日記複印本開放已逾十年以上，閱者、使用過的學者上千，沒有人懷疑它的真實性，沒有人說它是為別人寫的。作為民國歷史研究的第一手資料，作為民國史最珍貴史料，蔣中正日記的重要不可忽視，相當值得出版。

日記的本質與運用

日記本屬個人生活方式的記錄，是「我之歷史」，但不能沒有社會性——涉及他人、他事的記載，日記歷史文獻價值因此存在。故就歷史研究言之，史家早就視日記為史料之一種重要形式。清季以降，士紳大夫、知識分子寫日記者頗不乏人，日記創作風氣鼎盛。日記固屬私人，但頗多日記出諸官紳，所記內容，自不僅止於私密之內心世界，實多有涉軍國大事要聞者，於是日記又成為認識公眾歷史的重要憑藉。日記既有公、私之記載，也因此能打破正史之文獻表述與壟斷。所以「日記學」在近代史學研究中，不能不為史學界所看重。文化史家柳詒徵謂：「國史有日歷，私家有日記，一也。日歷詳一國之事，舉其大而略其細；日記則洪纖畢包，無定格，而一身一家一地一國之真史具焉，讀之視日歷有味，且有補於史學。」正因日記內容「洪纖畢包」，材料廣泛，如記載時間拉長，固為多元歷史留下大量線索，提供歷史研究絕佳素材，同時是執筆者記錄當下作為自行修身、事後檢討反思的依據，此即宋明理學家「自勘」、「回勘」的工夫，曾國藩的日記、蔣中正寫日記，多寓此意。蔣中正記日記，在生前即囑秘書作分類工夫，「九記」、「五記」及「事略稿本」均有自省及建立形象作用。以日記為主體，衍生出不同類型的版本，內容不免有取捨不同，品人論事可能輕重不一，而這正是「日記學」有趣的課題。多年以來，靠蔣日記撰寫出來的傳記，不在少數，論者已多，不待贅述。

1961 年 12 月，中央研究院院長胡適談到「近史所為什麼不研究民國史」，表示「民國以來的主要兩個人，一位是孫中山先生，他的史料都在國史館裡；還有一位是蔣介石先生，他的史料誰能看得到？」這樣的情況，終於在 1980 年代以後出現了變化。1987 年 7 月 15 日，蔣經國總統宣告臺灣「解嚴」。對中國近代史的研究而言，實亦一嶄新局面的出現。新時期尤其受歷史學者歡迎的是，史政機構史料的空前開放。1990 年國民黨黨史會率先把重要史料一口氣開放到 1980 年代；國史館於 1995 年奉命接管近三十萬件的《蔣中正總統文物》（即「大溪檔案」），兩年後全部正式開放，對民國史學者而言，好比是近代史學界的一顆震撼彈。可以說，胡適眼中視若「禁區」的蔣中正時代史料，在蔣逝世三十年後，基本上已全數向學界開放了。這批史料的的確確是研治國民政府軍事史、政治史的稀世之寶，如今能全部亮相，是十幾二十年前歷史學者不敢想像的事，而這些正是能和「蔣中正日記」相互對應參證不可或缺的重要史料。

史家陳寅恪曾說：一個時代之學術，必有其新材料與新問題；取用新材料以研究新問題，則為此時代學術之新潮流。1960 年代兩岸對峙局面初成，修纂民國史之議，浮上檯面，民國史料的整理、開放，實極迫切。1990 年代以降，在臺北的國史館對蔣中正總統文物的整理、開放，甚至是出版工作，無疑具相當關鍵作用。1975 年，蔣中正總統過世後，「蔣中正日記」和後來的經國先生日記，從臺北移到加拿大，2004 年暫時落腳美國史丹佛大學胡佛研究所檔案館（Hoover Institution Archives, Stanford University），2023 年回歸臺北，這一段兩蔣日記「出走」「回來」的過程和故事，已為眾人所熟知。2006 年，存放在胡佛研究所的「蔣中正日記」決定率先向學界公開，這無疑的更進一步帶動了學界「蔣中正研究」與民國史研究的熱潮與興趣。蔣日記又促成了民國研究熱，其內容包含日記所涉新資料的挖掘、運用，研究範圍與議題的提出、研究途徑與方法的更新，以及如何重新看待「民國」等，這些討論與探索，使蔣中正研究、民國史研究更為紮實，也綻放出新的面貌。

日記外型

蔣中正自始所使用之「日記本」是有固定格式，早期使用商務印書館印製的「國民日記」，爾後自行印製固定格式，除每日記事外，每年有該年大事表，每月有本月大事預定表、本月反省錄（後改為「上月反省錄」），每週有本週反省錄（後改為「上星期反省錄」）、下週預定表（後改為「本星期預定工作課目」）。蔣氏日記持續以毛筆書寫，除每日記事外，每週、每月、每年開始必定按照上述表、錄，檢討上週、上月之施政或個人行事，思考本週、本月、本年之預定工作，每年年終會對全年之政治、外交、黨務、軍事等工作進行分項檢討。1925 年 6 月沙基慘案之後，蔣痛恨英帝國主義者慘殺無辜中國軍民，日記稱英國為「陰番」以洩憤，並每日立下格言、標語誓滅「英夷」，時間長達一年又兩個半月。1928 年「五三慘案」發生後，有感於國難深重，自身責任重大，「國亡身辱」，集國恥、軍恥、民恥「三恥」於一身，於是年 5 月 10 日記道：「以後每日看書十頁，每日六時起床，紀念國恥。」此後，每天的日記前必記「雪恥」一項，以誌不忘國恥。抗戰勝利後，蔣氏 1945 年 9 月 2 日自記：「舊恥雖雪，而新恥又染，此恥又不知何日可以湔雪矣！勉乎哉！今後之雪恥，乃雪新恥也，特誌之。」1949 年來到臺灣，日記中雪恥一欄仍不間斷，因為「新恥」未止。

蔣中正日記的內涵

平心而言，從蔣的日記中的確可以看出作為一個從「平凡人」到「領導者」的心路歷程，無需刻意神聖化，也不必妖魔化。

許多人都知道蔣是用度非常節儉的一個人，他補破衣、不挑食，一口假牙，吃東西十分簡單。蔣不喝酒、不吸煙，只喝白開水，其實生活很是平淡。從他的日記中可以體會到，他是很容易結盟，又是容易結仇的人。結盟或許與上海的生活經驗有關，結仇就可能涉及他的個性。他的日記中看出他對人物批評十分苛刻，有軍人作風，黃埔軍校畢業生拿到校長所贈的寶劍上都刻有「不成功便成仁」的字眼，既現代又傳統。但因為他喜歡讀書，所以跟一般純粹的武人仍有不同，能趕上時代，展現一些文人氣息。他自承脾氣暴躁，對文官雷霆責罵，對武人甚至拳打腳踢，日記中常為自己的錯誤「記大過」，也常懺悔，雖然一直想克制自己，但是個性似乎不易改變。1960 年 11 月，蔣對第九十九師師長鄧親民所製小冊內容不當，大動肝火，聲嘶力竭叱責，以致喉裂聲啞，半年之久，元氣才告恢復。蔣勤於任事，甚至過火，越級指揮壞了戰局，修整文稿苦了文字秘書。大小事情都會過問，碰到交通阻梗，親出指揮，看到街道周邊髒亂，就會破口大罵指斥官員。這些個性的表現，在日記中都可覆按。這正是親近幕僚楊永泰所講的，他「事事躬行」，常致「輕重不均、顧此失彼」。盟兄黃郛則批評他有「毅力」而欠「恢弘」之氣象，均屬中肯之語。

一般人展讀別人日記，除了「偷窺」心理外，多半對主人公不免有先入為主的印象。蔣中正從一介平民到作為一個國家領導人，他奮鬥的歷程，後人難免加油添醋、說三道四。如果平實的對蔣中正日記進行觀察，會覺得他是一個民族主義者，是孫中山的信徒，是一位虔誠的基督徒，他不喜歡英國，嫉俄、日如仇讎；日記中顯示他知道自己學養不足，常師法先賢、勤讀宋明理學。1930 年代當了中央領袖，還特別禮邀學者進行「講課」，甚至不斷向「敵人」學習，有他堅持與成功的一面。但長時期以來，尤其是部分西方媒體和他的政敵，一直視他扮演的是一個「失敗者」的角色，因此多從負面來理解。

蔣中正當過軍校校長、軍隊總司令、軍事委員會委員長、黨的總裁、國家主席、總統，一生的作為不能樣樣令人滿意，當然有多方面的因素，例如說在大時代裡頭要重建一個近代國家的制度與規模，當時確實缺少一個可以運作的規則；在兵馬倥傯中還要對付內外的腐敗與變亂，何況想迅速建立「近代國家」本來就是一種苛求，幾近不可能的任務。外交是內政的延長，蔣大半輩子與美國人打交道，他的「美國經驗」，酸甜苦辣備嘗，因國力弱，政治不上軌道，一路走來需要美利堅的扶持，根本上又難符美國「要一個強大而親美的中國」的期盼。在 1930 年代之後，美國由扶蔣、輕蔣、辱蔣，甚至倒蔣的戲碼，輪番上演，是有原因的。蔣一生對日本、美國愛恨交加，日記中透露了諸多內心穩忍的秘辛與苦楚。其次，蔣當時確實不夠重視黨組織，大部分的心力不是放在軍事，就是放在對付敵人。從某個角度看，1920 年代孫中山依違於英美政黨政治與列寧式政黨之間，所幸蔣沒進一步學取極端嚴格的動員性政黨組織模式，保有了憲政理想。但底層力量的薄弱，派系對權力的競逐，則加深他的黨組危機。1940 年 11 月，在日記中他自承「一生之苦厄，全在於黨務也」。從另一角度看，孫中山西方民主政治的理想，他遵循，也心嚮往之，但最終做到的只是徒有其名而無其實。另外，他在群雄中要衝出頭是有很多困難的，他的輩分比較低，多半的成功是靠謀略與機運。1920 年代的北伐及其後，急功近利，對各地軍閥採取收編、妥協政策，結果形成一個諸多山頭的統一，他似乎只成無奈的「盟主」。同時當他有權力之後又甚為自負，不太接受挑戰，一方面是尊嚴的問題，一方面是權力意識，一方面是支撐他地位的架構，一方面是財政來源的困難，最後可能涉及到家族的網絡問題。他身處在農業社會傳統未褪盡，資本主義浪潮下「現代國家」制度尚待建立的威權時代，他的作為與形象很難符合後人的要求與期待，他做事的動機和過程，大多可以在他的日記中捕捉、體會。

蔣中正日記的重要性已如上述，讀者讀過之後更大的感受：這是一套有血、有肉、有靈魂的資料。1920 年代之後，日記中許多蔣、宋、孔有關國家大事、家中生活細節的諸多紀錄，正顯現他們平實居家生活的寫照。他除了讀書外，喜歡旅遊，對奉化「古鄉」，頗有依戀之情。平日生活不失赤子之心，1933 年 10 月 4 日，中央忙於應付日本侵略，又忙於對付中共問題時，他「與妻觀月，獨唱岳飛滿江紅詞」，這與蔣平日予人嚴肅刻板印象，頗有落差。可見這日記提供的不只是歷史的發展線索，更重要的是人性的揭露。歷史的研究本來就應該以人性作基礎，作有「人味」的研究，這套日記正好提供了一份珍貴的原料。

蔣中正日記的公開，迄今已十數年，對海峽兩岸、英日美近代史學界，究竟造成多大的影響？「蔣中正日記」自 2006 年開放以來，引來各地史學家競相閱覽、關注與利用，是不爭的事實。除海峽兩岸學者有大量論著，忙著開會、籌組成立研究中心、讀書會之外，西方學界也開過幾次以蔣日記為主體的學術會議。不同國家的學者如陶涵（Jay Taylor）、米德（Rana Mitter）、方德萬（Hans van de Ven）、戴安娜 · 拉里（Diana

Lary）、潘佐夫（Alexander V. Pantsov）等，近年均從不同角度切入，注意到日記的利用，其重要研究成果，有目共睹。即以潘佐夫的《蔣介石：失敗的勝利者》一書言，大量利用蔣的日記，又用俄羅斯的俄文檔案比證，娓娓道來，讓人覺得他真是講故事的高手。齊錫生的中文近著《分崩離析的陣營：抗戰中的國民政府，1937-1945》，其取蔣日記加之中西方檔案作精準比較，史事正負面並陳，同時賦予客觀詮釋，令人耳目一新。這說明研究者、讀者對日記有重大依賴，均能從中直接得到啓發，也就是說，對民國史研究，「蔣日記」之為用，是有相當積極而重要意義。

根據手稿本出版

蔣中正之日記，特別值得一談的是蔣記日記的時間長達半個世紀以上（共五十五年六十六冊），絕對難得。現存的日記 ，1915 年只有山東討袁一星期的記事，其他都在 1918 年冬永泰之役中喪失。1916 到 1917 年的日記也可能因為 1918 年在廣東戰役中遺失。1924 年正當孫中山致力改善中蘇關係、積極推動國共合作之際，蔣這一年日記則遍尋不著，誠為全套日記出版的最大遺憾。對 1918 年以前的行事，蔣曾經幾度補述，有一部份詳細敘述了他幼年的回憶，附在日記手稿之前；有一部分放在 1929 年 7 月的雜記及 1931 年 2 月的回憶中，嚴格說來不算是日記。1918 年以後雖有部分潮濕霉爛、水漬污染（尤其 1935-1936 年），所幸修補之後，大體完整。

從外型上看，蔣中正日記分為四種形態：蔣中正日記原本、蔣中正日記手抄本、蔣中正日記複印本及蔣中正日記微卷；放在胡佛研究所的蔣中正日記複印本是提供學者閱讀者。事實上，日記的版本應該只有一種，即是目前暫存美國史丹佛大學胡佛研究所之日記原本的「手稿本」，其他所有與日記相關的「版本」，都是由「手稿本」發展出來的。這套《蔣中正日記》是依據原件一個字一個字「刻」（Key）出來的，絕對真實，可靠性無庸置疑。附加的註腳，力求周延，同時方便讀者的索解。

這是學術界、出版界的盛事

日記不可能是個人全部生活的百科書全書，不能求全。日記記載的主觀性與選擇性也顯然的，故而日記史料的利用，更需要其他材料的對應和比較，是而斷章取義、各取所需、過度詮釋，都非所宜。歷史家有好的材料，更應具有好的歷史研究素養和技藝，這是學者可以同意的共識。

過去幾年，能親自參閱蔣中正日記者，畢竟有限，於是許多抄錄者形成的《蔣中正日記》地下版充斥，揭密居奇者正不在少，故而學界及社會各界要求正式出版蔣日記的呼聲極高。最近，日記出版的時機已告成熟，我們的出版立場是學術的、嚴謹的，我們的要求是明確的，這一定會是學界、社會各界期望的出版方向！

我們感謝蔣家家人的同意、國史館陳儀深館長的出版授權、蔣經國國際學術交流基金會錢復董事長、朱雲漢前執行長及今執行長陳純一先生對本案的贊助、世界大同文創公司的支持，使日記順利出版。當然，史學界的朋友，我們曾為蔣中正的善政、失政與作為爭得面紅耳赤，也曾為日記中一個字、詞的辨識吵得翻天覆地，我們的真情是為學術，最大「野心」是努力以嚴謹、負責態度維護出版品水平。這一方面，我們學社同仁自董事長至編輯同仁的付出與辛勞，全在不言中。

我們自信這會是一套擁有「精準」、「正確」特質，具權威性版本的《蔣中正日記》。相信這絕對是民國史、近代中國出版史的一樁盛事。

民國歷史文化學社社長 呂芳上

2023 年 8 月 10 日

序　三

蔣中正，字介石，浙江奉化人。早年在中國率軍東征、北伐、領導對日八年抗戰，到戰後由訓政走向憲政，於 1948 年當選行憲後第一任總統。1949 年中央政府遷臺後，蔣氏於 1950 年宣布復職為總統並得到美國的支持，迄 1975 年過世為止，是近半個世紀以來統治臺灣最久的領導人，對近代東亞歷史的發展影響深遠；而蔣中正在臺灣，人們對他的評價卻褒貶不一，可說是毀譽參半。

中日戰爭的勝利是蔣中正政治生涯的最高峰，獲譽為世界四強的「偉大領袖」，但短短不到四年時間，就從高峰跌到谷底，變成中共口中的「人民公敵」。另一方面，在威權統治時期的臺灣，他被黨國體制宣傳為「民族的救星」、「世界的偉人」，迄 1987 年解嚴之後，臺灣社會與學界才逐漸擺脫言論自由、思想自由的限制，重新審視蔣中正的歷史定位。直至今日，不論是海峽對岸，或是臺灣社會內部的不同群體，都對蔣中正的功過得失，存在著相當對立與矛盾的詮釋，離所謂的「蓋棺論定」，可能還有一段遙遠的距離。

關於蔣中正的學術研究，其契機始於 1995 年總統府分批將「大溪檔案」（即「蔣中正總統檔案」）從陽明山中興賓館移轉至國史館庋藏。該批檔案，是蔣中正統軍領政期間之親筆手稿、文件、電令、諭告，也有經過幕僚統整之檔案彙編、事略稿本，並有蔣氏之相關文物照片等，時間涵蓋 1924 年至 1975 年，為研究蔣中正生平及國民政府、國共內戰、1949 年至 1975 年間中華民國在臺灣之歷史的珍貴重要史料。經過本館初步編目整理，兩年後即全部正式對外公開，是當年學術界的一大盛事。其後，本館更在「蔣中正總統檔案」的開放基礎上，為開拓研究視野並嘉惠學界，從中披沙揀金，先後出版《蔣中正總統事略稿本》82 冊、《蔣中正總統五記》、《蔣中正先生年譜長編》12 冊，後續並將觸角拓展至戰後臺灣史，先後出版《中華民國政府遷臺初期重要史料彙編－中美協防、臺海危機》5 冊及《二二八事件檔案彙編（17）－大溪檔案》等，這些都是完整取材自「蔣中正總統檔案」的原始文獻，從以上出版主題的多元性來看，不難一窺近 30 萬件的「蔣中正總統檔案」，絕對是中華民國史研究者必須參考的材料。

1988 年蔣經國總統逝世後，蔣家家人將兩蔣日記攜至海外，最終寄存於美國史丹佛大學胡佛研究所檔案館。2006 年史丹佛大學胡佛研究所檔案館正式對外開放《蔣中正日記》的閱覽服務，以致以《蔣中正日記》為文本的歷史書寫，方興未艾。本人為了研究二二八事件、1949 大變局、兩次臺海危機以及 1971 年失去聯合國席位的經過等大問題，亦屢次飛去史丹佛大學抄錄蔣日記。隨著日記內容的不斷披露，海峽兩岸與國際漢學界都有研究蔣中正的學界團體與國際會議，出版的研究論著更是隨著時間累積而呈倍數成長。然而受限於時間與成本，絡繹不絕前去史丹佛大學抄錄的學者，往往只能選擇自己最需要參考的部分，而難窺其全貌，這也使得至今《蔣中正日記》雖有多種版本在坊間流傳，但終究都不是正確而完整的內容。

《蔣中正日記》起自 1917 年，迄至 1972 年 7 月止，除了 1924 年份佚失外，大致完整地保存了蔣中正一生橫跨 55 年的日記，其內容不僅是私人之內心世界，更多涉及軍國大事要聞者，對於歷史研究之重要意義，實不言可喻。本館掌理纂修國史及總統副總統文物之典藏管理及研究，長期致力爭取兩蔣日記返國典藏，歷經 10 年纏訟，終於在 2023 年臺灣及美國法院都將兩蔣父子「任職總統期間的」文物所有權判給國史館；加上從 2014 年呂芳上前館長開始、歷經吳密察前館長以及本人任內的溝通努力，陸續得到蔣家後人的捐贈，今日國史館遂擁有這批兩蔣文物的完整所有權。有鑑於社會各界對於開放日記之殷切期盼，本館立即著手規畫《蔣中正日記》的出版工作，惟考量日記內容卷帙浩繁，決定先從蔣中正就任中華民國行憲後第一任總統任期（1948-1954）的日記開始出版，後續再根據任期及年度依序出版。

這次《蔣中正日記》之所以能夠快速而順利出版，要感謝呂芳上前館長所主持的民國歷史文化學社，因學社內的編輯同仁早已著手校正日記內容的正確性，也為日記中提到的人物及事件作註解，使得日記的深度、廣度大為提升。相信藉由《蔣中正日記》的出版，必定有助於呈現一個有血有肉、在感情上常常天人交戰、在理性上屢屢自我挑戰、在政治上功過參半的政治人物，也就是更真實的蔣中正。

國史館館長 陳儀深

2023 年 8 月 31 日

圖像集珍

日記原件。1956 年 1 月 1 日。

「十時入府團拜，朗誦元旦文告完。」（1月1日）

「十一時軍中克難英雄與新選政士二百餘名發給獎章。」（1月1日）

「晡召見空軍遺族子女及其妻母四十餘人，茶會，分贈禮物與子女抽籤得物為樂。」（1月2日）

「晚宴美空軍部長郭爾斯與雷德福，有其預算局麥克義爾同來，此甚重要，應加注意。」（1月5日）

「往祝蔣夢麟七十壽辰。」（1月20日）

「正午與表侄等遊覽。」（1月30日）

「晚為熊侄十一歲生日，約武、勇二孫來蒔林，聚餐後散步。」（2月3日）

「十時到鳳山陸軍官校，舉行第一縱隊（即軍訓班補訓縱隊）及預備軍官班結業與畢業典禮。」（2月8日）

「乘車經彰化、「西螺」大橋、新營，至高雄已七時半。」（3月1日）

「十六時半杜勒斯來談，先問其此次訪問亞洲各國情形。」（3月16日）

「晚約蔣廷黻便餐授勳，彼對教育宣傳外交皆有意見貢獻。」（3月26日）

「與空軍李營等詳詢其十二夜在湘西受匪方攔截追擊情形，劉隊長在沙涅上空，我 F84 機擊落匪米格機情形，我空軍精神與技術之優勝，殊令匪膽為寒矣。」（4月19日）

「入府見天主教雷震遠神父，報告其在越南工作情形，頗熱心而有魄力也。」（4 月 27 日）

「視察公墓後側南、北二山洞各口與最南一洞口。」（5 月 27 日）

「即上太武山公路之中峰毋忘於莒碑後，瞭望大嶝、小嶝等島甚詳。」（5 月 27 日）

「午課畢，三時到歐厝後山上，參觀陸空軍聯合演習畢，與菲島華僑學生攝影。」（5月27日）

「午課後，四時半出發，視察高砲九〇砲兵陣地後，乃上機飛回臺北，已七時矣。」（5月28日）

「晚約美助理副國務卿細鮑爾便餐，相談自然為快。」（6 月 10 日）

「晚課後廿三時，在招待室迎接尼克生夫婦，彼面交愛克函，文句似甚誠懇也。」（7 月 7 日）

「八時後尼克生夫婦來寓朝餐，照相後，自九時起談話至十一時半止，彼此可說暢談無間。」（7月8日）

「晡約遠東國際農作會議七國代表茶會。」（7月12日）

「十一時後與妻帶熊、虎等，往溪內觀瀑布，以大雨之後，其瀑更為雄壯可觀，留戀不已。」（7月28日）

「余自廿年前，在南京紫霞洞野餐手炒蛋炒飯後，久不作此，今復重試並未退減，其味更美。」（7 月 28 日）

「晚約雷便餐，約談二小時。」（7 月 31 日）

「上午入府接見澳洲訪問團與袁家騮。」（8月9日）

「晚宴美友葛羅斯與葆令夫婦，聚談甚久。」（8月11日）

「九時往碧潭空軍將士忠烈塔舉行落成典禮後，巡視公墓與祭堂。遷臺以來，僅我空軍將士忠烈殉國不下三百餘人，每對先烈遺像不禁悲慟無已。」（8 月 14 日）

「晚在後公園為熊、虎開同樂會餞行回。」（8 月 25 日）

「膳後轉彰化八卦山旅館休息視察。」（9 月 19 日）

「晚宴韓國議會來慶團五人畢。」（10月8日）

「晚經兒為余作暖壽，經、緯全家與薇美、華秀各家，與任宋外孫阿土及孔姨、令儀聚餐後，觀影劇。」（10月17日）

「朝課後，八時與妻乘車，往瑞芳「金瓜石」礦廠巡視，以避來賓祝壽也。金瓜石風景秀美浩蕩，背山面海，留戀至十時三刻回程。」（10月18日）

「到聯勤總部聽取軍需工業動員演習報告畢。」（10月23日）

「正午宴客四桌後，聽杜月笙夫人清唱甚佳。晡參加婦女新禱會茶會，晚餐後仍回蒔林，晚課，入浴，廿二時後寢。」（10 月 31 日）

「往觀沈常福馬戲團表演十種技能，頗感奇異，其中虎豹之馴服一如人性，使余發生教育改造性能之信心益增也，其他技術雖精，無足駭異。」（11 月 25 日）

「今晨七時起床，日光湖色相迎，心神愉樂。朝課後早膳，散步回，記事。正午緯兒來談其工作，頗有長進，其對研究發展能力獨優也。」（11 月 27 日）

「入府會客蕭大衛、鄧昌黎、史尚寬、袁子健、吳大猷、劉乙光等。」（12 月 20 日）

目錄

民國四十五年大事表[1]

生活的目的在增進
人類全體之生活
生命的意義在創造
宇宙繼起之生命
蔣中正

戰爭原則

一、精神　士氣、決心、節操（光榮戰死）、克難

含主義、愛國、志氣、道義、智慧（靈覺）、決心（果斷）、責任（積極、自動）、信守（節操）、協同、克難、忍耐、堅定、犧牲、榮譽等項。

二、目標

含國策、使命（計畫、順序、階段、時間、空間、效果）等項。

三、安全

含組織、秘密、警覺、情報、保防、用間、偵察、搜索、警戒、掩護、觀察、連絡、管制等項。

四、戰備

含設計、研究、發展、訓練、生產、保養、修護、動員、節約、儲備等項。

1　「蔣中正日記」在一月份起頭之前「大事表」內，先附載不同時間之劄記，出版時即依日記原標排印。

五、統一指揮

含和愛、一致、互助、合作、協同、配合、紀律、節制、獨斷、職權、統帥等項。

六、簡單

含單純、清晰、精確、歸納、科學化等項。

七、攻勢

含主動、積極、先制、攻擊、澈底、果決等項。

八、重點

含主力、集中、充實、重心、優勢、節約兵力、綜合戰力等項。

九、運用

含機動、敏捷、審機、乘勢、彈性、策應、虛實、奇正、分合、決斷等項。

十、出敵不意

含知己知彼、秘密迅速、佯動、欺騙、奇襲、冒險犯難等項。

訓練五程序：

一、準備。二、示範與講解。三、實習。四、測驗成果。五、討論與講評。

四度空間：

一、縱的面積。二、橫的面積。三、高度（立體）。四、時間。

一、黨代表大會（第七屆）之籌備。

二、黨政軍整個計畫與三年總計畫（反攻計畫）。

三、應研究書藉〔籍〕：甲、約尼米[1]戰爭藝術。乙、李德哈達[2]戰爭論。

---

1 約米尼（Antoine H. Jomini, 1779-1869），瑞士軍事家，著有《戰爭藝術》（*The Art of War*）等書。

2 李德哈特（B. H. Liddell Hart），又譯李德達、李德哈達，英國軍事史家，著有《第一次世界大戰戰史》、《第二次世界大戰戰史》等書。

丙、兵經七書[1]。丁、曾[2]家訓。戊、黃黎〔梨〕洲[3]、王船山[4]二集。己、讀史兵略與方輿紀要。

四、中、韓、越聯盟之推動（日、菲如能參加更好）。

五、兩個中國之陰謀全力打消。

六、國共和謠、共匪狡計之消滅。

七、自動退出聯合國之準備，此為本年度一切困難險惡之焦點也。

八、軍事建設之總目標：甲、陸軍卅個師。乙、海軍驅逐艦六艘、護航艦九艘、中字登陸艇十五艘、空軍噴射機 F86 式五個，大陳、公館機場完成。

九、高級將領人事調整與確立。

十、大陸革命運動之督導與設計。

一、防原子彈演習與訓練。

二、陸軍兩個軍對抗演習計畫（九月）。

三、海軍總演習計畫（六月）。

四、海空軍聯合演習計畫。

五、陸空軍聯合演習計畫。

六、公館大機場建築完成。

---

1 又稱「武經七書」，為北宋神宗作為官書頒行的兵法叢書，係中國古代七本重要軍事法規及著作：《孫子兵法》、《吳子兵法》、《六韜》、《三略》、《司馬法》、《尉繚子》、《唐太宗李衛公問對》。

2 曾國藩（1811-1872），初名子城，譜名傳豫，字伯涵，號滌生，清湖南湘鄉人，官至武英殿大學士、兩江總督，同治年間封一等毅勇侯，諡文正。與李鴻章、左宗棠、張之洞並稱「晚清四大名臣」。

3 黃宗羲（1610-1695），字太沖，號梨洲，世稱南雷先生或梨洲先生，浙江餘姚人。明末清初經學家、史學家、思想家、地理學家、天文曆算學家、教育家。與顧炎武、王夫之並稱明末清初三大儒。

4 王夫之（1619-1692），字而農，號薑齋、又號夕堂，或署一瓢道人、雙髻外史，自署船山病叟、南嶽遺民，晚年隱居於石船山麓，世稱船山先生。主要著作有《周易外傳》、《讀通鑑論》等，後彙編為《船山遺書》。

七、直升飛機之訓練計畫。

八、空軍機庫與地下室建築計畫。

九、政工教育四維五德之實踐，責任服務與榮譽自信。

十、人事計算與考核課目表冊之實施。

十一、夜間射擊與全軍射擊比賽日期。

十二、通信與保密。

十三、修護與保養。

十四、山地營的組訓。

十五、遊〔游〕擊總司令部之設立與人選之物色。

十六、前年傘兵降落分區之總計畫地圖呈閱。

十七、戰地各級政治部與地方行政權及人員之關係具體規定。

十八、國防會議應負計畫與建設本部之職責。

十九、美援要求：甲、直升機。乙、防潛機。丙、降落傘。丁、潛艇。

二十、陸海空三軍作戰準備（十月）完成。

廿一、退除役撫導工作開始實施。

廿二、兩軍團與廿一個師兵員充實百分之百。

一、宣傳與情報第一。

二、林政弊端澈底革除。

三、戶口普查。

四、戶藉〔籍〕歸警主辦。

一、克爾賽維茨[1]戰爭論督譯出版完成。

二、荒漠甘泉[2]重新編印。

三、「和平共存乎[3]」著作完成。

一、美國大選希望愛克[4]聯〔連〕任。

二、美對共匪虐待美人之白皮書從速發表。

三、共匪向越南軍事侵略。

四、共匪對金、馬進攻。

五、國內聯合陣線之組織。

六、召開反共救國會議—和平解放大陸？

七、北韓侵犯南韓？泰共侵泰，緬共侵緬。

八、美不加入中東巴克達公約之後果，俄必對中東侵略無忌，惟其方式不定。

九、英國政策：甲、放棄遠東。乙、利用遠東反共及我反攻大陸以牽制俄共對中東之侵略力量。丙、保持中東油區與非洲殖民地。丁、俄已向中東實施侵擾，乃為英之制〔致〕命傷。

十、歐洲德國統一無望。

十一、法國與義國政治已為共黨所操縱。

---

1 克勞塞維茲（Carl von Clausewitz, 1781-1831），又譯考勞維治，普魯士將軍、軍事理論家，著有《戰爭論》。

2 即 *Streams in the Desert*，基督教靈修書籍，由美國作家高曼夫人（Mrs. Charles E. Cowman）編撰，一日一課，首舉聖經新、舊約經文章節，然後選輯宗教名家對此一節經文的講解、闡釋或證道之詞，並附載有關詩歌。1925 年初版，曾譯為多國語言，中文譯本於抗戰期間問世。

3 《和平共存乎》即《蘇俄在中國》初稿，由陶希聖執筆。蔣中正在閱讀後，一再補充至十五萬字，分為「中俄和平共存的開始與發展及其結果」、「反共鬥爭成敗得失的檢討」、「俄共『和平共存』的第一目標及其最後的構想」及「俄共在中國三十年來所使用的各種政治鬥爭的戰術，及其運用辯證法的方式之綜合研究」等四部分。

4 艾森豪（Dwight D. Eisenhower），又譯艾生豪、愛生豪、艾克、愛克，曾任盟軍歐洲戰區最高指揮官、駐德美軍佔領區司令官、美國陸軍參謀長、哥倫比亞大學校長、歐洲盟軍司令部司令，1953 年 1 月至 1961 年 1 月兩任美國總統。

十二、南斯拉夫完全歸回俄共懷抱。

十三、土、希、南[1]所謂巴爾幹聯盟瓦解。

十四、塞浦路斯島問題已成為土、希、英之癌。

本年度日記總反省錄以字數太多，故另行記錄，與四十三年、四十四年皆另紙印存。中正。

本年課程表與往年同，故無須重訂。

1 土、希、南即土耳其、希臘、南斯拉夫。

一月

蔣中正日記
Chiang Kai-shek Diaries

民國四十五年一月

本月大事預定表

1. 軍事讀訓心得等次評定之發布。
2. 黨、政、軍、經外交宣傳中心工作與計畫。
3. 心理建設之實施方案。
4. 克氏[1]戰爭論審修全部完成付印。
5. 三角形戰鬥群跋文之擬撰。
6. 對於共匪和談謠言之研究其反作用。
7. 克制本年內國際陰謀之要點何在。
8. 大陸反共抗暴之促成與突發之程序。
9. 召見各軍師長之定例。
10. 聯合作戰（黨政軍）教範之催訂：甲、編組範圍。乙、階層分權。丙、程序標準。丁、指揮統一。（何人向何人聯合，何處、何時及如何聯合之具體法令。）
11. 高級將領調職人事之研究。
12. 英艾登[2]訪美，對華影響與預防之問題。
13. 促成美國對共匪暴行之白皮書從速發表。

---

1 克氏即克勞塞維茲（Carl von Clausewitz）。

2 艾登（Robert Anthony Eden），英國保守黨成員，國會議員，曾任外務大臣，1955 年 4 月至 1957 年 1 月任首相。

14. 研究杜勒斯[1]三月來訪之提案。
15. 考察美國軍事人選之名單。
16. 留美回國將領工作之研究。

本星期預定工作課目

1. 本年軍帖動員計畫如何。
2. 雷德福[2]來訪，談話要旨與態度方針。
3. 麥克尼爾[3]談話應準備，應否單獨談話？
4. 公館機場為談話重點。
5. 本年工作精神之指示（不畏難與澈底）。
6. 科學化、組織化與人才考核為急務。
7. 心理建設運動工作之具體設計。
8. 共匪去年經過之總報告。
9. 共匪各項成績工作之統計為要務。
10. 對美宣傳計畫之核定。
11. 經濟計畫與軍事計畫之督促。
12. 外交人事與宣傳，本年為外交戰鬥年。

---

1 杜勒斯（John F. Dulles），又譯陶勒斯、陶拉士、杜拉斯，美國政治家，曾短暫為參議員，1950 至 1952 年為杜魯門總統外交顧問。1953 年 1 月至 1959 年 4 月任國務卿。

2 雷德福（Arthur W. Radford），美國海軍將領，曾任太平洋艦隊司令，時任參謀首長聯席會議主席。

3 麥克尼爾（Wilfred J. McNeil），又譯馬克尼爾、麥卡尼，1949 年 9 月至 1959 年 11 月任美國國防部主管主計次長。

一月一日（元旦）　星期日　氣候：晴　下午陰
溫度：七十五

雪恥：可欲之（謂）為善（其為人也，可欲而不可惡），有諸己之為信，充實之為美，充實而光輝之之為大，大而化之之為聖，聖而不可知之為神。

六時後起床，朝課，夫妻共同禱告，讀荒漠甘泉，唱贊美詩二首，體操，靜坐，默禱，誦讀學庸首篇如常畢，手記荒漠甘泉新頁與元旦標題，記昨日事。緯兒[1]與經兒[2]及三孫[3]前後來拜年，十時入府團拜，朗誦元旦文告完。十一時軍中克難英雄與新選政士二百餘名發給獎章。正午在中山堂聚餐，夫人[4]為女政士與空軍模範英雄佩花特獎也。午課後入浴，與妻遊覽後草山陽明公園，又視察研究院新禮堂工程回，審閱戰爭論第六篇譯文第四次開始。晚經兒全家來聚餐，以文孫放假，明日即將回軍校也。與妻車遊市區一匝回，禱告，晚課後散步，廿二時寢。

一月二日　星期一　氣候：晴　夜雷雨

雪恥：知化則善述其事，窮理則善繼其志（西銘[5]）。以義斷命，而不委之於命，以理合天，而不委之於天（橫渠）。

1　蔣緯國，字建鎬，蔣中正次子。1955 年 1 月，任國防部第三廳副廳長。1957 年 10 月，任國防部聯合作戰演習計畫室助理主任委員。

2　蔣經國，字建豐，蔣中正長子。時為國防會議副秘書長、中國青年反共救國團主任。1956 年 4 月，任行政院國軍退除役官兵就業輔導委員會主任委員。

3　三孫即蔣孝文、蔣孝武、蔣孝勇，為蔣經國和蔣方良長子、次子、三子。蔣孝文，字愛倫，為蔣經國和蔣方良長子，生於蘇聯，1937 年隨父母回國，1949 年隨家庭來臺。蔣孝武，字愛理，為蔣經國和蔣方良次子，生於重慶，1949 年隨家庭來臺。蔣孝勇，字愛悌，為蔣經國和蔣方良三子，生於上海，1949 年隨家庭來臺。

4　宋美齡，原籍廣東文昌，生於上海。蔣中正夫人。1950 年 1 月，自美國返臺，支持「反共復國」，並創辦中華婦女反共聯合會、華興育幼院等。1953 年 10 月，受任為中國國民黨中央婦女工作會指導長。

5　《西銘》又名《訂頑》，是北宋理學家張載（橫渠先生，1020-1077）作品《正蒙・乾稱篇》中的一篇。在四庫全書中為子部儒家類。提出「民吾同胞，物吾與也」。

朝課後記事，記上周反省錄，膳後散步，訪魚問鳥，頗得自然之趣。十一時記上月反省錄，重審三角形攻擊戰鬥群之幾何學理，三角形與作戰陣形強弱之關係殊覺有得，但無暇作具體之指示，使一般將領能有進一步之理解也。午課後仍撰修四十三年之總反省錄未完。晡召見空軍遺族子女及其妻母四十餘人，茶會，分贈禮物與子女抽籤得物為樂。又見溫鑄強[1]之母，以余妻去年介紹孩子送其為孫，甚為孝順活潑，故其心神甚樂，顯與前次所見時憂悲之情不同也。余妻實對士氣之增強有莫大之貢獻也。晚讀詩，晚課，閱報，廿二時後寢。

一月三日　星期二　氣候：陰晴　晡雨

雪恥：一、雷[2]談話要旨：甲、金、馬決不放棄。乙、聯合國兩個中國之英國陰謀，必須嚴防。丙、公館機場之建築。二、麥克尼爾談話要旨：甲、公館機場。乙、預備師武器先有三個基地師武器。丙、本年度軍援數。丁、梅樂斯[3]來華。三、共匪各種建設之類計，及其去年各種成敗之報告與統計為第一要務。四、心理建設與精神動員之具體實施辦法之設計。

朝課後記事，續審共匪前年工作之研究總報告未完。十時後入府，批閱公文後，召集一般會談，討論地方鄉鎮長選舉由黨提名之方針，加以遏制流氓操縱選舉之指示，對臺省民意與治法亦加檢討。午課後續審匪情追憶錄。晚與

1　溫鑄強（1929-1954），廣東鶴山人，第十一大隊飛行員。1954 年 7 月 6 日駕駛 F-47 戰機，執行轟炸敵艦作戰任務，在舟山群島上空遇米格機六架圍攻，乃奮勇追擊至寧波時，遭多架米格機輪番攻擊，壯烈犧牲。奉准追晉空軍少校。

2　雷即雷德福（Arthur W. Radford）。

3　梅樂斯（Milton E. Miles），又譯梅祿司，美國海軍將領，曾任艦長、支隊司令，於海軍軍令部負責南美事務，時任海軍第三軍區司令。二戰時曾任中美特種技術合作所副主任。

顯光[1]大使談派美事，彼已同意矣。閱報，讀詩，晚課，廿二時半寢。

一月四日　星期三　氣候：晴

雪恥：一、林政除弊案之設計調查工作，列為本年中心工作之一。二、各種建設區域之土地公有政策。三、管制、設計（計畫）與專業化之工化方法。四、任難任怨之精神，最危險、最艱難、最繁複、最零亂、最污穢、最苦痛處下手急進。五、翁之鏞[2]之建設計畫。六、外交宣傳鬥爭與經濟建設鬥爭年除弊第一。七、科學與不科學，機器與人工之比較。八、出品檢驗與技術及管理水準。

朝課後記事，十時主持常會，討論四年經濟建設計畫之得失，與指示今後計畫之要旨，至十三時完。午課後續整擬卅〔卌〕三年總反省錄（政府本身部分）。晡與公超[3]談外交，晚約雷德福夫婦[4]便餐，閒談國際大局，不拘形式，盡我所言，但未要求其增援也。廿一時半散步後晚課。

1　董顯光，浙江寧波人。1952 年 8 月，出任戰後首任駐日大使。1956 年 4 月，出任駐美國大使。1958 年 8 月卸職返臺，任總統府資政。

2　翁之鏞，字序東，江蘇常熟人。曾任糧食部儲運司司長、財政部湖北直接稅局局長、中國農民銀行總管理處經濟研究處代處長、秘書、協理，政治大學、東吳大學兼任教授。

3　葉公超，原名崇智，字公超，廣東番禺人。1949 年 4 月以外交部政務次長代理部務，10 月真除。1958 年 8 月轉任駐美大使。

4　雷德福夫婦即雷德福（Arthur W. Radford）及雷德福夫人（Miriam J. Radford）。

一月五日　星期四　氣候：晴

雪恥：一、軍事編譯工作加強。二、李士英[1]工作。三、中央日報編輯之處分。

朝課後記事，入府召見調職人員九人，批閱要公。留美參校特別班回國後工作，以不兼職為主。審核對美宣傳預算後，與岳軍[2]、公超談話。午課後續擬前年總反省錄（政府工作成敗部分）未完，與妻車遊山上一匝，其忙碌太甚，又恐生病為慮。晚宴美空軍部長郭爾斯[3]與雷德福，有其預算局麥克義爾同來，此甚重要，應加注意，美國制度其參謀總長會議之主席，其地位不僅下於部長（陸、海、空），而且不如其次長（文人）之重要，余至今始知此一性質，可知對外國政府其他關係更不易了解，更覺外交之難也。客散，晚課，廿二時半寢，妻體疲乏已極。

一月六日　星期五　氣候：陰沉　夜雨

雪恥：一、亞洲除中立、投機、親共國家外，其餘反共各國皆惟美國馬首是瞻，可說隨從美國政策之外，並無其他自己獨立之外交政策。但美國對亞洲政策常隨從英國而轉變其美國本身政策，因之亞洲各國不能不定其本身獨立之政策，以英國對亞洲只知自私利己，以犧牲他人，不惜姑息俄共養虎貽患，以圖苟安，此其不惟可以出賣東亞反共各國，而不知其即出賣美國利益也，希望愛克特別注意。

1　李士英，號了人，河南尉氏人。曾任國防部第二組組長兼軍事新聞社社長、中國國民黨中央設計委員會副主任委員。時任中央委員會第四組副主任、行政院設計委員，同年 8 月任《中央日報》副總主筆。

2　張羣，字岳軍，四川華陽人。1952 年 10 月，任中國國民黨第七屆中央評議委員。1954 年 5 月任總統府秘書長。

3　郭爾斯（Donald A. Quarles），又譯鄺爾斯，1955 年 8 月至 1957 年 4 月任美國空軍部部長。

朝課後記事，與雷德福談美國對亞洲外交政策後別去。十時前入府，召見調職人員九名，批閱，主持情報會談二小時。午課後續擬四十三年總反省錄未完。晡與美軍部預算局長馬克尼爾談話一小時，頗有效益，與妻車遊山上一匝。晚膳後讀詩閒憩，晚課。

一月七日　星期六　氣候：陰雨

雪恥：一、與雷談話記錄之注意。二、愛克國情咨文之研究。三、戶藉〔籍〕歸警主辦之決定與假身分證舞弊之剷除。四、第一紀念周講詞要旨。

朝課後記事，十時入府，與鄺爾斯敘別談話，彼擬對記者招待會說明，如果自由世界真有轉進或放棄行動，必與整個計畫有關一語，余深為駭異，可知美對我金、馬仍存放棄觀念，余乃立加糾正，屬其談話切勿有放棄、轉進之字樣，否則必予共匪之鼓勵，而又為我人民對美之誤會也。召集軍事會談，指示要項十餘件。午課後續擬卅三年總反省錄未完。晚觀國產影劇後散步，晚課。

上星期反省錄

一、俄共所謂蒙包鐵路聯運，本周方得開始。

二、法總選結果共產黨大獲勝利，此為法國與北大西洋公約之第一威脅也。

三、東非洲蘇丹獨立，英、埃皆宣布承認。

四、美愛克國情咨文中，對中、日、韓、越各部分皆未提及隻字，而只提東南亞聯盟一句，此或其將對北亞援助工作將提單獨計畫乎，否則豈其在共匪邊緣最重要反共地區放棄不理乎，當無此理也。惟其文中對俄共之認識，比前自有進步矣。

五、美參長與空軍部長及預算局長談話，自覺有效，而美國大員最近來臺者，對余神態皆顯其倍加敬重之意者，何哉。而對外交問題警告美國，如其對亞政策仍為英國所轉移，而美無對亞對華之獨立政策，則中國不能不定獨立政策，決不能為英國自私害人政策所犧牲一點剖明無遺，未知其政府與愛克果能有所憬悟改變否。

六、卅三年總反省約近萬言，已告結束。

七、妻於年初即約空軍遺族老幼寡婦來家聚會娛樂，此乃鼓勵士氣最大之功效，惟見滿室之孤寡，但有心傷而已。

八、狄托[1]與納撒[2]之中立宣言後，所謂土、希、南之聯盟完全撕破矣。

本星期預定工作課目

1. 雷談話錄。
2. 董[3]大使之指示。
3. 外交戰之計畫。
4. 宣傳與外交人才之考核與聯系。
5. 對白[4]逆之處理。
6. 心理建設與精神動員實施方案之督導。
7. 三角形戰鬥群跋文之擬製。
8. 黨政軍經宣傳外交之中心工作的指示。

---

1 狄托（Josip Broz Tito），曾任南斯拉夫總理、國防部長，時任共產黨總書記、總統。二戰後倡導與蘇聯不同路線的共產主義，被稱為狄托主義（Titoism）。

2 納瑟（Gamal Abdel Nasser），又譯納撒、納塞、納賽，1956 年 6 月至 1970 年 9 月為埃及總統。

3 董即董顯光。

4 白崇禧，字健生，廣西桂林人。1949 年底來臺後，任總統府戰略顧問委員會副主任委員。

9. 日教官與新大使[1]約宴。

10. 召見學員。

一月八日　星期日　氣候：陰雨　溫度：攝四度（臺北）大屯山巔見雪

雪恥：一、活力充沛與朝氣蓬勃，為心理建設之基準。二、不怕困難、不用情面、不避危險為心理建設之動力。三、革命實踐運動與新生活運動，為心理建設之要務－新速實簡，集中統一（登記分配），分工合作，聯繫協調，調節改正，計畫發展，負責盡職，精密澈底，服務節省（愛護公物），調整組織，分配工作（調配業務）。

朝課後記事，審核總反省錄，禮拜如常。午課後續擬卌三年總反省錄初稿完。哺與美生雜誌記者[2]談話一小時。據說共匪半年來，大放其有計畫之國共和談謠傳，以搖動政府對內外之信用，尤以使美國對我懷疑為其目的，但美已識破其陰謀，不為所動云，殊堪注意。晡與妻車遊山上一匝，晚閱報，審察時事，晚課，聽報，廿二時半寢。以聽報關係，失眠服藥。

---

1 堀內謙介，日本駐華大使，1955年11月17日受任，12月27日呈遞國書，1959年3月離任。

2 奧斯本（John F. Osborne），美國《時代》雜誌特約採訪記者，遠東區編輯主任。

一月九日　星期一　氣候：陰　溫度：攝六度

雪恥：一、前天有航空公司教練機，有桂藉〔籍〕韋某[1]附帶二人同時飛逃至匪區，此雖於空軍無甚影響，但廣西系舊軍閥逆謀叛行層出不窮，應知其野心未死，白逆之罪行無可再恕矣。二、溫州至福州沿海公路共匪築通，對我軍事行動又多一層妨礙，但亦可利用，以資我軍行動之便利，以及對此易為我截斷也。

朝課，記事，手擬講稿要旨。十時在國防大學主持紀念周，講解心理建設之要點與意義畢，記上周反省錄與本周工作表。午課後與妻乘車上大屯山之鞍部，踏雪尋寒，雪積寸餘，此為來臺後第一次之特別高興，對妻笑談，此或本年底打回大陸過冬賞雪之預兆也。妻即禱告曰，但願上帝保佑我大陸同胞，完成賦予我們之使命也。

一月十日　星期二　氣候：陰　溫度：四度　地點：臺北

雪恥：昨申由大屯山賞雪後，經淡水公路下山而回，心神最感愉快。入浴後見袁守謙[2]，問航空公司偷逃飛機之因果後，見董[3]大使畢，散步回。閱報，審察時局，廿二時後方畢，晚課後寢。

朝課後記事，十時入府，召見調職六員，與公超談話，與魏景蒙[4]談奧斯本對

1　韋大衛，曾用名桂萍，廣西象州人。海軍士官學校畢業後，在永泰軍艦任職。1951 年考入空軍軍官學校飛行第三十五期學習，未通過被淘汰，曾有投共言論，且因竊軍氈停職。1955 年 11 月 4 日入臺北飛行社任登記員，1956 年 1 月 7 日駕蔣緯國旅遊專機飛向大陸。後在中華人民共和國民航局任飛行員。

2　袁守謙，字企止，湖南長沙人。1954 年任行政院政務委員兼交通部部長。其後獲選為中國國民黨第七屆至第十二屆中央常務委員。1962 年任交通銀行董事長。

3　董即董顯光。

4　魏景蒙，浙江杭州人。時任中國廣播公司總經理，兼《英文中國日報》（*China News*）發行人。

共匪和謠陰謀戮破之電文，與我並無不利之點。召集宣傳會談，對於國際情勢皆有重要意見之陳述，尤以日、英二國之現狀以及美國與我之處境，皆為俄共宣傳挑撥恐嚇的空氣所籠罩，幾乎瀰漫全球，於我更為不利。余認為惟有力求自強之一道，方能衝破今年最大險惡之環境也。午課後與妻再上七星山道觀雪，幾乎消融不見矣，惟空氣新清，乃下車散步後即回。晚閱報，並審閱俄赫[1]在其最高議會廿九日之演詞全文，頗覺有得也，晚課。

一月十一日　星期三　氣候：陰　夜雨

雪恥：一、自清運動之檢討。二、中央日報之整理，李士英任總主筆或編輯。三、海外黨務工作，以馬來與印尼、暹邏為中心。四、南洋領館之擴充與黨務打成一片。五、肩領章各軍中合作社之籌售。五、禁止各商店對外僑之抬價與處分，提倡信用榮譽與商德。六、不可站立或跳過安全島等之公民教育。七、人員懶惰怕難、疑懼（苟安）、自私（貪）、退縮、推諉、逃避、欺妄、軟弱等劣性之革除的方法，只有以自信自立與自強不息及新速實簡（有諸己之為信，充實之為美）乃得克治。

朝課，記事，主持中央常會。午課後批閱，清理積案，解決要務十餘件，至黃昏始畢。獨觀國產影劇（翠翠）[2]，頗有技術也，散步，讀詩，晚課。

1　赫魯雪夫（Nikita Khrushchev），日記中有時記為黑利雪夫、黑魯雪夫、俄黑、赫酋、赫魔、黑力雪夫、黑裡雪夫，蘇聯政治家，共產黨中央委員會第一書記。

2　《翠翠》是香港永華影業公司出品的電影，由嚴俊執導，王元龍、嚴俊、陳又新、林黛主演，1953 年 7 月 8 日在香港上映。

一月十二日　星期四　氣候：雨

雪恥：一、執法嚴正與澈底之重要（負責）。二、各級黨部戰時工作之演習。三、戶藉〔籍〕歸警與身分證舞弊案。四、四大公司人事與開支之監督。五、預算方針：甲、外交。乙、宣傳僑務。丙、公路與旅店。丁、警察與戶政。丁[1]、農會與水利。戊、地方自治工作之發展項目。己、工作效率與經費職務法令機構組織以及研究發展之組織如何。庚、林政與整頓。辛、物價政策與進口管制之經濟政策。壬、對外貿易政策（日本與埃及）。癸、糧局與查良鑑[2]之獎勵。六、尚武精神與心理建設。七、地方機構之經費人事與效率之澈底調查及整頓。

朝課，記事，入府召見出國及回國人員卅餘人，與孟緝[3]、岳軍談話。午課後召見研究員十六名，今日所見者皆有可造之才，此心最樂。晚宴日新大使堀內夫婦後，屬宮崎[4]轉告重光[5]，對於兩個中國看法之錯利[6]，約一小時畢，晚課。

一月十三日　星期五

雪恥：一、教官與顧問之聯誼，每位指定二員負責執行，並定聯誼辦法與訓練。二、美對匪各種資料與刊物之購譯研究。三、情報必須有根據與來源之重要。四、美史旦福大學之情報研究部之聯系。五、各種人事物質之補充計

1　原文如此。
2　查良鑑，字方季，浙江海寧人。1949 年到臺灣後，初任臺灣大學法學院教授，後任司法行政部政務次長。1951 年毛邦初案發生，和周宏濤專程赴美，向法院控告毛邦初。
3　彭孟緝，字明熙，湖北武昌人。1954 年 8 月，擢升為副參謀總長，兼代參謀總長。1957 年 7 月調任陸軍總司令並兼臺灣防衛總司令。
4　宮崎章，時為日本駐中華民國大使館公使。
5　重光葵，時任日本副首相兼外務大臣（1954 年 12 月 10 日至 1956 年 12 月 23 日）。
6　原文如此。

畫之重要。六、補給紀律，如車輛集中使用，修理管理等之監督負責。

朝課後記事，入府召見史麥次[1]及其第四組組長[2]後，見邱昌渭[3]自聯合國開會回來，其言行甚不自然，當然為李宗仁[4]之關係。彼自道與李並未見面（在美），顯然為虛心之談，桂系叛徒終不能改變其心也。財經會談，指示預算方針甚久。午課後召見研究員如昨。晡審閱心得批示稿，將領文字不通與無識之徒幾佔三分之一，奈何。十時前晚膳後散步，晚課。

一月十四日　星期六　氣候：晴

雪恥：一、海軍在日商訂快艇之交涉如何。二、對日警告，其排華容納亂臺叛徒廖文毅[5]等之組織，實為極不友義之舉。三、明日講稿要旨：甲、尚武精神（革除自私與自卑的心理，與對子弟從軍阻礙之惡習）。乙、新速實簡與實踐破難以及朝氣活力之提振。丙、四大改造運動與科學辦事方法。丁、地方自治進一步之推動項目。戊、戶藉〔籍〕歸警與人口普查，以及橫斷公路就業輔導為中心工作。己、基層組織鄉鎮選舉考選提名。庚、都市平均地權。

朝課，記事，入府會客，召見調職人員，主持軍事會談，指示要務十餘件。午課後續審對讀訓心得將領之批語。晡與妻視察婦女之家成立紀念後回，晚宴日藉〔籍〕教官畢，閱報，晚課，讀詩。

1　史邁斯（George W. Smythe），又譯史馬次、史麥次、斯邁史、史馬斯，美國陸軍將領，1955 年 6 月至 1956 年 9 月任美軍顧問團團長。

2　柏恩斯（E. M. Burns），美軍顧問團聯勤組組長。

3　邱昌渭，字毅吾，湖南芷江人。1952 年春，任行政院設計委員會委員兼政制組召集人。1954 年 7 月，任政治大學行政研究所主任；11 月兼任總統府光復大陸設計研究委員會秘書長。

4　李宗仁，字德鄰，廣西桂林人。行憲第一任副總統，1949 年 1 月蔣中正宣布引退，代行總統職務，國共和談失敗，年底轉赴美國。

5　廖文毅，本名溫義，臺灣雲林西螺人。以發表「臺灣民本主義」聞名，在二二八事件前主張聯省自治，在事件後開始主張臺灣獨立，曾任總部位於日本東京的「臺灣共和國臨時政府」大統領。

上星期反省錄

一、中東約但為暴徒受俄共指使，反對約但參加巴克達反共防俄公約而起暴動，政府雖改組且聲明不參加公約，但其動亂未已。

二、近閱杜勒斯三次嚇阻共匪侵略之戰爭邊緣談話，威爾生[1]軍備競爭與武器進步之報告，及泰勒[2]對共匪小戰擴張之戰備，又美陸、海、空三部長原子戰備之聲明，其對俄共集團之作戰決心，可說毫無保留之餘地，余認為美國此次聲勢不可與往日虎頭蛇尾之言行並論，以其動力乃出之於俄赫[3]對美之挑戰，而根據於新年愛克對議會國情咨文之由來，而且泰勒聲言準備小戰鬥一語，是其與往日根本解決與準備大戰之戰略實更進一步，不能認其為空言也。

三、英國朝野對杜勒斯談話引起不安，加以大反對，美國民主黨亦大加反對，可笑之至。

四、民航活〔滑〕翔公司教練機之偷飛投匪三人[4]，共匪又藉此造謠，為和談使者又一材料，可惡。

本星期預定工作課目

1. 召見留美參回臺將領。

2. 召見研究員。

3. 視察陸軍通信學校。

1　威爾生（Charles E. Wilson），美國商人與政治家，曾任通用汽車公司執行長，1953 年至 1957 年間，擔任國防部部長。

2　泰勒（Maxwell D. Taylor），又譯太勒，美國陸軍將領，曾任第一〇一空降師師長、陸軍副參謀長、第八軍團司令、琉球民政長官，時任陸軍參謀長。

3　俄赫即赫魯雪夫（Nikita Khrushchev）。

4　即韋大衛、翟笑梧、梁楓三人。翟笑梧，四川成都人，服務於臺北市警察局刑警隊。梁楓，又名正中，廣西桂林人，原任陸軍總司令部第一署經歷管理處文書。

4. 批示上年讀訓心得。

5. 蒲立德[1]回美。

6. 審核戰爭論下卷第四次開始。

7. 研究院結業典禮。

8. 讀訓心得之批示。

9. 宴評議委員。

10. 審閱去年日記。

11. 暮氣與朝氣之分（動與不動），懶、怕、拖、偷、散、私、貪、污。

一月十五日　星期日　氣候：陰晴

雪恥：一、讀訓守則淺解，對大中小學校之講習。二、臺北道路與市容之整指示。三、商科教育特重信實。四、敵情教育。五、國民就業之輔導工作。六、總動員會報項目。七、文廟之整理。八、本年縣市長選舉之準備。

朝課，記事，召見毛趙璧[2]與歐學忠[3]。膳後散步，訪魚問鳥。禮拜後記上周反省錄。午課後與妻車遊淡水道上視察回，重審各將領去年讀訓心得之批示，約二小時餘。晚膳後散步，讀詩，晚課。

本日正午特往大龍峒孔廟，視察其內住考試院分類任職委員會及其家屬，污穢零亂，不堪入目，痛心極矣。此種政府何能望其復國建國，若不澈底改造，則民族與國家皆將絕望，心理建設刻不容緩矣。

1　蒲立德（Alfred M. Pride），又譯蒲列德、普萊德、蒲賴德、蒲倫脫，1953 年 12 月至 1955 年 12 月任美國第七艦隊司令官，1955 年 4 月至 11 月擔任美軍協防臺灣防衛司令部（USTDC）第一任司令，1956 年轉任太平洋區航空司令。

2　毛趙璧，號秦崇、超北，浙江江山人。時任總統府警衛隊隊長，1957 年 3 月調任憲兵第二一三營營長。

3　歐學忠，時任總統府警衛隊指導員。

一月十六日　星期一　氣候：晴

雪恥：一、屬電羅勃生[1]同杜[2]訪華，以便解除嫌隙。二、強調創造，發展主動負責與自動聯系解決問題之精神。三、主官對其所直屬各機關工作與人事之負責督導監察的業務之重要為第一首務，其次為各業務財政人事政策之研究與調整支配。

近三日來起床時間皆在七時前後，實為起床最遲之日，惟熟睡亦足，故體重增加至百廿九磅矣。本日朝課，手擬講稿要旨約一小時半後，到國防大學紀念周召集黨政軍幹部千人，致詞約二小時，指示心理建設要旨，以抱殘守缺、暮氣沉沉為戒。與臺省黨代表大會照相回，記事。午課後審閱戰爭論二小時畢，散步，晚讀詩，殲甲，又散步散[3]小時回，審閱研究員成績後，晚課。

一月十七日　星期二　氣候：陰雨

雪恥：昨夜睡後忽憶廿五年西安事變後，放任共匪作惡叛國之往事，此為民國廿年以來在贛剿匪時起，常以共匪負隅東南贛閩一隅，而未在西南與俄接近之地區為幸，此乃對匪一貫之政策（不允其漫延西北），而乃於廿五年杪已將澈底消滅之最後階段，竟轉變政策允其存在，以致形成今日之浩劫，誠為百身莫贖之罪愆，當時所以改變政策之原由，其一為日寇進逼日急，非及時收撫不能禦外，因此一心理又影響對匪觀念，以為若輩皆為華冑黃裔，終有愛國保種觀念，決不至喪心病狂，賣國害民，甚至滅種亦所不惜之思想，更認為以余革命之歷史地位與經驗，對匪不難感召之信念，孰知其將養癰貽

1　勞勃生（Walter S. Robertson），又譯饒伯森、羅白生、羅勃生，美國外交官，曾任駐華大使館公使銜參事、軍事調處執行部委員，1946 年 1 月參與國共軍事調處執行部美方代表，1953 年 4 月至 1959 年 6 月任國務院遠東事務國務助卿。

2　杜即杜勒斯（John F. Dulles）。

3　原文如此。

患至此耶。故偶一思觸所及，竟不成寐，乃又服藥（安眠）矣。惟此一關鍵，實繫於國家存亡、人民禍福，與革命之功敗垂成，能不痛切悔悟乎。

一月十八日　星期三　氣候：雨

雪恥：一、軍事會談應增每周對匪情（政、經、社等）及國際情勢的報告一項。二、散、懶、奢、爛、怕、貪、污、私之社會習風，只有以管教養衛方法糾正之。三、育、樂二篇為建政之本，應具體研究設計與實施。四、社會建設之要點：甲、長期性（分期分類）。乙、整個（程序）計畫逐期進展。丙、事先宣傳。丁、設計指導、監督考核而由社會公舉執行人員。戊、公平教育與習性之養成。己、勞動、熱情、負責、守法、創造。

昨朝、午、晚各課如常，記事，入府召見日本明治大學球隊，召見趙桂森[1]等七員後，聽叔銘[2]報告（赴日考察情形）。午後召見研究員十五人回，見美密細根大學校長[3]後，審核戰爭論。晚散步，閱報，晚課。

一月十九日　星期四　氣候：雨

雪恥：昨（十八）日朝課後記事，到中央召見空軍赴美人員五名後，主持總動員會報，政治與文化二組報告似均有進步，指示今後建設政治與社會工作，應以育、樂二篇內容為設計之標準，期以五年完成，其他心理建設亦另有指

1　趙桂森，字君粟，江蘇江都人。1954 年 3 月，任國防部高級參謀室主任高級參謀，10 月調升國防部總務局局長。1956 年 2 月，調升聯合勤務總司令部副總司令。

2　王叔銘，本名勳，號叔銘，山東諸城人。曾任空軍官校教育長、空軍副總司令。1952 年 3 月至 1957 年 7 月任空軍總司令。

3　海契爾（Harian Hatcher），時任美國密西根州立大學校長。

示，費時約一小時畢，未知果能有效否。午課後召見研究員十七名，比上期程度整齊矣。晚觀唐伯虎影劇，頗能消遣發笑也，晚課。

本十九日朝課，記事，膳後乘火車到宜蘭，視察陸軍通信兵學校，教材皆比前進步，惟電子與電攬〔纜〕修護班尚未設立也。十三時聚餐致訓後，與各顧問談話照相，並與校本部人員照相後出發，仍乘火車回臺北，即往木柵，對臺省黨員代表大會訓話，約一小時畢，回寓途中審閱戰爭論。午課、晚課如常。本日視察通信學校，乃二年來之目的也。

一月二十日　星期五　氣候：雨

雪恥：一、許副組長[1]之調職。二、第四組副組長二缺之人選楊孔鑫[2]（中央社）、王維理[3]（內政部調查局）。三、經濟作戰機構與人選。四、統一戰線之組織與工作及人選。五、譯電人員訓練班結業學員，應受通信學校之高級譯電教育。六、三軍初級學生同校教育之研究。七、魚雷整理工作之督導。八、研究共匪對美國交涉之聲明。

朝課記事後，往三軍球場一江山殉職烈士紀念會致祭畢，往祝蔣夢麐〔麟〕[4]七十壽辰後，直往研究院聽取演習經過報告與講評，失望之至。午課後審閱戰爭論後，與蒲立德敘別，其意尚誠也。晚審核今日演習報告，其程度低劣至此，幾乎出人意外。晚課後寢，失眠，又不能不服藥矣。

1　許聞淵，號介孫，浙江海寧人。1952 年 11 月任中國國民黨中央委員會第四組副主任，1972 年 5 月改任中國國民黨中央委員會文化工作會副主任，1975 年 9 月調任《中華日報》董事長。

2　楊孔鑫，筆名莫染，河北商城人。歷任中央通訊社記者、翻譯部副主任、英文部主任、《英文快報》主編等職。

3　王維理，號千一，江蘇無錫人。時任內政部調查局第一處處長。

4　蔣夢麟，原名夢熊，字兆賢，號孟鄰，浙江餘姚人。曾任北京大學校長、教育部部長、行政院秘書長、國民政府委員。1948 年 10 月，任中國農村復興聯合委員會主任委員。

一月二十一日　星期六　氣候：雨

雪恥：一、許朗軒[1]調戰略研究會主委。二、國防會議兼籌政治與經濟動員有關的計畫，並督導人口普查事宜。三、參校校長人選之研究。

朝課後手擬研究院聯合作戰演習之總講評要旨，甚歎侯騰[2]與吳文芝[3]等，既受美國教育而又任國防大學與步兵學校校長，其對軍事之無常識一至於此，不勝惶恐之至。十時到研究院，舉行畢業典禮後總講評約二小時，未知果能有效否，惟盡我心力而已。聚餐畢回，午課後記事畢，往博物館參觀軍中克難展覽會，各業都有進步也。晚閱報，讀詩，散步二次，晚課，廿二時寢。

共匪聲言，如美國對其日內瓦會議不照其提議解決，則彼將宣布其秘密會議之經過矣，未知美將作何感想矣。

上星期反省錄

一、大陸工商業數日內，完全被共匪公私合營之邪計所併吞無遺，甚至手工業亦皆所不免，試看共匪之結果如何矣。

二、本周重要講辭：甲、國防大學擴內紀念周。乙、星三總動員會報。丙、星六研究院軍事演習總講評，各在二小時左右，對於心理與社會以及軍事之指示，已盡其心力。丁、星四宜蘭通信學校之視察。此皆新年來重要之工作也。

三、美國自杜勒斯對金、馬與戰爭邊緣之報導以後，以杜氏之證明與愛克之

1　許朗軒，號永洪，湖北沔陽人。1954 年 5 月，調任第九軍軍長。1955 年 4 月，調任國防大學校學員、國防部戰略研究會主任委員。1957 年 7 月，調任國防部史政局局長。

2　侯騰，字飛霞，湖北黃陂人。曾任國防部第二廳副廳長、廳長、國防部副部長等職。1952 年 4 月調任國防大學校長。

3　吳文芝，四川宜漢人。時任陸軍步兵學校校長，6 月調任陸軍總司令部第五署署長。1957 年 12 月任國防部第五廳副廳長。

支持，故此談話已引起其國內兩黨之重大爭論，此或於其共和黨競選有利也。愛克競選雖未公開承認，但余以為其已經內定矣。

四、十八日共匪對美國指責其在日內瓦會議之無誠意的恐嚇，以及美國廿一日反駁共匪之拖移獪計，此皆無足重視，而其美國之聲明對於協防臺灣的一點，甚至不敢提及中華民國，此種怯弱態度焉得不被俄共所侮蔑，其無識無膽至此，殊堪痛心，其實彼已在無形中承認共匪之地位，是可忍乎？應嚴重抗議。

五、杜魯門[1]發表回憶錄，此時仍指摘余不能容共為大陸淪陷之口實，其愚誠不可及矣，難怪為其各報所痛斥。

本星期預定工作課目

1. 對美英愛、艾[2]會談之注意事項之研究。
2. 共匪與美國為日內瓦會談所發表互相指責之聲明，如何利用與對美抗議。
3. 顧[3]大使調職手續。
4. 宴評議委員。
5. 高級軍職之調動計畫。金門與戰略委員。
6. 軍事重要指示之手令。
7. 國防會議與行政院設計工作之聯系配合。
8. 心理建設與臺省建設方案之督導。
9. 視察兵工學校與情報學校。

---

1 杜魯門（Harry S. Truman），美國民主黨人，原任副總統，1945 年 4 月 12 日接替病逝之羅斯福總統，繼任總統，1949 年 1 月連任，1953 年 1 月卸任。

2 愛、艾即艾森豪（Dwight D. Eisenhower）、艾登（Robert Anthony Eden）。

3 顧維鈞，字少川，江蘇嘉定人。1946 年 6 月擔任駐美大使，1956 年 4 月辭職獲准，轉任總統府資政。1957 年 1 月，經聯合國大會和安理會多次投票，當選海牙國際法庭法官。

一月二十二日　星期日　氣候：陰

雪恥：一、軍官校長劉鼎漢[1]、步校長李惟錦[2]。二、馬安瀾[3]、吳嘉葉[4]可升師長。三、對共匪公私合營應切實宣傳。

朝課後記事，記本年預定工作表，膳後閱報，審核戰爭論，往禮拜如常。正午約宴美國衛理公會會督王〔黃〕安素[5]與我周[6]、盧[7]各牧師聚餐。午課後續審校戰爭論防禦篇第四次完。晡與葉公超、顧少川分別談話，顧甚想繼續連任駐美大使，似無自動辭職之意，人不自知，奈何。散步後，重閱過去對於建設三民主義等心理與政治、經濟等演[8]。晚閱育與樂二篇補述，甚覺自慚，此後專心督導過去講稿之實踐與設計，不必再多贅言也。晚課，寢又失眠矣。

一月二十三日　星期一　氣候：陰　溫度：攝九度

雪恥：一、臺大學生衣服雜亂，見之心痛，如何使之守秩序，重紀律。二、對美英愛、艾[9]會談與我及匪有關問題：甲、美匪日內瓦會談之停止。乙、共匪入聯合國說之阻止。丙、對匪禁運不放鬆。丁、日本附俄之趨向。

1　劉鼎漢，字若我，湖南鄠縣人。1955 年 4 月調任第七軍軍長，1956 年 3 月調任第一軍軍長。

2　李惟錦，四川成都人。時任第三軍第十師師長，1956 年 5 月，調任澎湖防衛司令部參謀長。1963 年 3 月，調任臺灣警備總司令部警備處處長。

3　馬安瀾，原名青海，遼寧遼中人。1954 年 5 月調任總統府武官室參謀。1955 年 7 月調任第二十七師副師長，1956 年 6 月調任第十師師長。

4　吳嘉葉，號其蓁，浙江浦江人。1952 年 3 月，調任第四十一師副師長。1952 年至 1955 年 7 月，任總統府第二局參謀。1958 年 6 月，調任預備第六師師長。

5　黃安素（Ralph A. Ward），美國傳教士，美以美會及衛理公會傳教士、會督。

6　周聯華，筆名羅鶴年，生於上海，祖籍浙江慈谿。1954 年 9 月擔任凱歌堂主日崇拜講員、臺灣浸信會神學院教授、浸信會懷恩堂主任牧師。1960 年擔任東海大學董事長。

7　盧祺沃，美國佩帶聖經會臺灣分會負責人、恩惠福音會創辦人。

8　原文如此。

9　愛、艾即美國總統艾森豪（Dwight D. Eisenhower）、英國首相艾登（Robert Anthony Eden）。

朝課後手擬本日講稿要旨。十時到木柵中央黨部訓練所，舉行各黨部（青年、產業與省黨部）新委員宣誓典禮，並對工作會議訓話二小時餘，勉以今後實行歷年以來作有計有系統之訓示，與加強活力朝氣之革命精神。午課後記事，記上周反省錄畢，散步。膳後再散步，讀詩，入浴。因昨夜失眠，只睡去三小時餘，故今晚廿時浴後即寢，甚能熟睡為快。

一月二十四日　星期二　氣候：晴　寒

雪恥：一、丁繼榕[1]購書費二千元代還。二、第一軍長華心權[2]或與鄭為元[3]第二軍長對調。三、劉鐵軍〔君〕[4]、傅伊仁[5]可升師長。四、張成仁[6]任第八軍參長或金門副參。五、成年補習教育與工廠、社會之夜校。六、兒童教育。

朝課後記事，入府召見臺北市長高玉樹[7]，加以訓戒，此人游活無信，不能再用。召見李惟錦等七員，報告其留美所得，於我甚有益也。召集宣傳會談，介紹顧大使講話，余以為對俄共通商之誘惑，應使各非共國家知此為以財物

1　丁繼榕，字正焜，四川合江人。1955 年 8 月，任海軍陸戰隊士官學校校長。1956 年 12 月，調任海軍陸戰隊司令部參謀長。1957 年 11 月，調任海軍陸戰隊第一師副師長。

2　華心權，字家駿，陝西商縣人。1952 年 11 月，任總統府侍從參謀、高級參謀。1955 年 3 月，調任第二軍第八十四師師長兼馬祖守備區指揮官、馬祖戰地政務委員會主任委員。1957 年 3 月，升任第二軍軍長。

3　鄭為元，安徽合肥人。1954 年 7 月，任第一軍團司令部參謀長。1955 年 3 月，調任第二軍軍長。1957 年 2 月，調任國防部第三廳廳長，兼中興計畫室副主任。

4　劉鐵君，號友梅，安徽桐城人。1955 年歷任第二軍參謀長、第二軍副軍長。1957 年 1 月，調任國防部高級參謀。

5　傅伊仁，名舉楚，字伊仁，以字行，湖南湘鄉人。1954 年 3 月任第二軍第八十一師副師長，1955 年 9 月調任總統府侍衛長辦公室侍從參謀，暫保留原缺。1956 年升任預備第五師師長。

6　張成仁，字達人，福建長汀人。1955 年 7 月出任國防部參謀總長室參謀主任，1957 年 1 月調任陸軍總司令部第二署署長。

7　高玉樹，日本早稻田大學機械學士。1951 年競選臺北市第一屆省轄市民選市長落選，即赴美參加美國經濟合作總署訓練，1953 年返臺任聯勤第四十四兵工廠技術顧問。1954 年以無黨籍身分再度競選成功，時任臺北市市長。

滲透、顛覆其政府最兇武器，以及承認共黨為合法組織者，五年之〔至〕十年內必歸赤化之意義加以明示，以盡我之責任也。令葉、顧[1]研究美匪雙方之聲明，對美提出抗議，必使其美國停止會談也。批閱公文，午課後重核戰爭論第七篇。晚觀影劇「海棠紅」，膳後散步，閱報讀詩，晚課，入浴，仍失眠也。

一月二十五日　星期三　氣候：雨

雪恥：一、共匪橫暴侮蔑至此，而杜勒斯仍要繼續日內瓦與其會談，豈其真要等待共匪接受其臺灣地區不用武力之聲明，抑或等待共匪先行破裂，不願自承其破裂責任乎，由此看來，只要其不接受周匪[2]面談之要求，則周匪不用武力之聲明無由發表，而其日內瓦會談不破裂，實於美無損，但對我則甚為不利也。惟今日自我既有自主之實力，乃不懼為人所賣，何況周匪邪惡欺詐之幻想絕無實現可能耶。

朝課後記事，閱偽外部對美國聲明之反駁，其目的在與杜勒斯面談，且期挑動美國兩黨之鬥爭而已。主持中央常會，討論文藝鬥爭方案，加以指示要領。午課後續校戰爭論後，散步，入浴。簽發各將領讀訓心得之批示，六十餘份未完，讀詩，晚課，飲酒後寢。以昨夜失眠，今日精神最為不佳，乃不願服藥也。

1　葉、顧即葉公超、顧維鈞。

2　周恩來，字翔宇，浙江紹興人。中華人民共和國成立後，任國務院總理兼外交部部長。

一月二十六日　星期四　氣候：雨

雪恥：一、共匪此次發表其美、匪日內瓦會談之內容，並聲言美如不允其外交部長級會議之要求，則彼將宣布其會談經過之秘密部分以要挾美國者，完全為離間中、美之關係，使我政府與匪所謂「和談」之獪計，如此則彼不僅挾美以脅我，並可挾我以脅美，以達其不戰而侵佔臺、澎之目的，其為計得矣，惟其時已晚，因今日無論中、美政府，對匪無不早防其陰謀，如在十年前，則美如「馬下兒[1]」者，或能已上其當也，惟美與匪提議（秘密）願與匪發表美匪之聯合聲明，殊堪痛憤，是其又一存心賣華之左證也。

朝課後記事，十時視察情報學校後，入府召見毛景彪[2]、皮宗敢[3]等，批閱公文。正午宴評議委員與顧維鈞畢回。午課後續校戰爭論。晡見顧大使，彼露辭意，余允考慮繼任人選。晚審閱共匪第三次對美會談全文。

一月二十七日　星期五　氣候：晴

雪恥：昨晚十時晚課後飲酒睡，初睡尚佳，惟半小時後即醒不能成眠，乃復飲酒過分，至夜半二時後起而解手時，忽昏暈倒地不覺沉睡，幸妻即時發覺，乃扶持上狀〔牀〕，然自此仍未能熟睡，直至今晨（廿七日）六時後，如時起床，朝課、記事如常，精神並不覺其疲乏也，何哉。入府召見岳軍、公超，商討顧[4]調職工作及對共匪在日內瓦責美之聲明，於我中國地位與侮辱我

1　馬歇爾（George C. Marshall），日記中有時記為馬下兒，美國陸軍將領，曾任陸軍參謀長、駐華特使、國務卿、美國紅十字會主席、國防部部長，1953 年底獲得諾貝爾和平獎。

2　毛景彪，號嘯峰，浙江奉化人。1954 年 7 月調任國防部第一廳廳長。

3　皮宗敢，字君三，湖南長沙人。1955 年 10 月調任國防部聯絡局局長。1956 年 1 月調任陸軍運輸學校校長，4 月改調陸軍指揮參謀學校校長。1958 年 1 月調任三軍聯合參謀大學校長。

4　顧即顧維鈞。

政府之詞句，應加痛斥之指示後，召見蕭銳[1]、劉鼎漢等將領六員畢，主持財經會談，指示人口普查及軍費預算方針。午課後續核戰爭論譯稿二小時。晡與妻車遊山上一匝，晚入浴，散步半小時，月圓氣清，養神涵虛，甚想能不失眠也。晚課，飲酒就寢仍失敗，至十二時後服藥，乃始安眠。

一月二十八日　星期六　氣候：晴

雪恥：朝課靜坐默念時，忽覺對美英首領[2]此次在華府會談，余應有致書警告，闡明余對國際共產之意見，如欲求得真正和平與避免第三次世界大戰與人類文明之浩劫，只有我收復大陸消滅共匪，以減殺俄共為患最大之基點，並闡明俄共不僅以北平為向歐非之基地，而其為向東對美最近之捷徑，如其能不阻礙我收復大陸，則我亦必不想其參戰，如此俄共亦無參戰之理由，於是美、俄即可不致衝突，大戰亦無由而起也，此意應令注意，至於能否發生效果，則在不計也，惟余有此致函之責任與資格耳。

上星期反省錄

一、本周對心理建設與三民主義模範省建設之指示，在各次會談中仍不憚疲乏，而盡力以赴，尤其在木柵紀念周中，二小時餘之講演更為費力，故本周失眠最劇，體力雖未受影響，而心神至周末漸覺沉悶，非加休養不可矣。

1　蕭銳，字慎哉，湖北麻城人。1954 年 7 月調任第一軍軍長，1956 年 2 月調任國防大學校教官。

2　美英首領即艾森豪（Dwight D. Eisenhower）、英國首相艾登（Robert Anthony Eden）。

二、戰爭論第七篇譯文之第四次審核已畢。

三、俄布[1]致愛克要求美、俄訂立廿年友好條約，與共匪最近對美匪會談數次反覆威脅之聲明，以及其數月來製造「國共和談」無稽之謠諑，聯帶關係之宣傳作用，皆現其圖窮匕見、末日將至之所為，彼共或猶自以為智，但在客觀者認為其愚拙已極，此乃作惡者無計可施之必然之途也。

四、對共匪各種宣傳與美、英下周華府會議，本周考慮甚切，督導尤力，但本黨幹部乏才，所有文字與宣傳方式皆不得要領，毫無作用為歎，周末對合眾社談話記載亦並不周到也。

五、顧大使辭職事已解決矣。

本星期預定工作課目

1. 續核戰爭論譯稿。
2. 核定赴美考察及留學各將領。
3. 清理積案。
4. 去年日記總反省錄。
5. 發左[2]、陳[3]（含青[4]）等年金。

1 布加寧（Nikolai Bulganin），又譯蒲假人，蘇聯將領、政治家，1948 年起成為共產黨中央政治局委員，1955 年 2 月至 1958 年 3 月出任部長會議主席。

2 左舜生，譜名學訓，號仲平，字舜生，以字行，湖南長沙人。時為中國青年黨委員長。1949 年到香港，創辦反共刊物《自由陣線》。先後在香港新亞書院、香港清華書院任教。

3 陳啟天，字修平，湖北黃陂人。1950 年 1 月，任中國青年黨秘書長，旋代理主席。10 月創辦《新中國評論》月刊。

4 青即中國青年黨。

一月二十九日　星期日　氣候：晴

雪恥：昨（廿八）日朝課後，召見辭修[1]等，與顧[2]大使共同商討致愛克函件之內容，彼等皆同意，惟僅致愛克而不列艾登之名，余亦贊同。相敘四十分時，顧即辭別回美，約在下月中准其辭職也。入府召見六員後，主持軍事會談二小時，指示高級將領，對外員切不可賣智弄巧，與其賣智自誇，不如裝愚示拙也。午課後記美國新〔星〕期六晚報[3]記者畢，記昨事。子安[4]由港來臺，晚觀臥薪嘗膽影劇，晚課後寢。

本廿九日。昨夜仍失眠，服藥後昏迷半醒，故今日精神不佳。朝課，記事，見劉玉章[5]與葉公超畢。往蒔林堂先觀表侄熊、虎[6]受洗禮，再觀徐柏園妻[7]受洗，禮拜回，續核戰爭論第七篇譯稿第四次完。正午宴牧師[8]與杜氏女婿蒯生[9]等。午課後與妻及子安全家上角板山休息。

一月三十日　星期一　氣候：晴

雪恥：昨晡經大溪別墅稍憩茶點後上山，到時已黃昏矣，途中已覺神經鬆舒欲睡矣。晚課後廿二時前即寢，今晚未服藥而睡眠甚安為快。

1　陳誠，字辭修，號石叟，浙江青田人。1954年5月，就任第二任副總統。1957年10月，當選中國國民黨副總裁。

2　顧即顧維鈞。

3　《星期六晚郵報》（*The Saturday Evening Post*）。

4　宋子安，原籍廣東文昌，生於上海。宋嘉樹、倪桂珍之子。兄子文、子良，姊靄齡、慶齡、美齡。曾任中國國貨公司董事、廣州銀行董事會主席、西南運輸公司總經理等職，1948年經香港轉美國舊金山定居。與妻子胡其瑛育有伯熊、仲虎二子。

5　劉玉章，字麟生，陝西興平人。1954年5月，調任金門防衛司令部司令官。1957年7月，任陸軍副總司令，1958年11月，任預備部隊訓練司令。

6　熊、虎即宋伯熊、宋仲虎，宋子安之子。

7　徐柏園，1953年後任行政院外匯貿易審議委員會（外貿會）主任委員。1954年出任財政部部長。其妻陸寒波，創辦《婦女月刊》，為知名婦女運動者。

8　陳維屏，南京凱歌堂牧師、臺北士林凱歌堂牧師、中華民國基督教協會理事長。

9　蒯松茂，安徽肥東人。空軍飛行員，娶杜月笙與京劇名伶姚玉蘭所生長女杜美如為妻，後在約旦安曼工作。

本（卅）日七時後起床，朝課畢，早膳後巡視院中手植花木無恙，且有欣欣向榮之勢，外出至門前右前側園內，有狀如梅樹者五株老梅，初見疑為是梨花，直近其傍即聞一陣清香，凝視之，實即梅花，無任欣喜，惜其中花朵多已謝落，惟有一株正在盛開也，此又無意中獨得之喜信也。巡視街坊與小學後回，記事，記上周反省錄與本周工作表。正午與表侄等遊覽，午課後領表侄等到對岸溪口臺，令其試行鐵索橋，使之經歷險難也。晚觀山地姑娘影劇後，月下散步回，晚課。寢又失眠矣。

一月三十一日　星期二　氣候：晴

雪恥：一、史政處對於陣亡官兵之事跡與名冊，今後應為第一重要任務。二、日本防衛部所設之：甲、防衛研究所。乙、技術研究所。丙、建設本部。丁、計畫部：各部門工作之考察與研究其組織之內容。三、編譯處與審查會之教材整理。四、教育制度之研究。五、三軍同校制之研究。六、人格陶冶與責任義務感。

七時起床朝課後，散步回，早膳畢再散步至小學，巡視一匝回，記事，記反省錄（本月）七則未完。十一時半與妻及子安全家到溪內觀瀑布，野餐後巡視該鄉小學，其校舍有未完工者，准予補助建成也。回途經霞雲新橋，沿左岸至拉合[1]附近，再過河回來，道路比右岸為佳也。入浴後休息。晡批閱公文，重校戰爭論第六篇之第五次完，膳前晚課，膳後以傷風早睡。

1　拉合（Rahao），原泰雅族拉號社領域，現名羅浮，位於桃園市復興區。

上月反省錄

一、法國對美、英提出其中東政策意見，警告英國停止其巴格特公約之擴張，此無異法國對中東政策與英、美之分裂也。

二、俄在「布拉克[1]」（月杪）召集其東歐聯盟會議，以對抗北大西洋（公約會議）聯盟組織，並令東德加入該盟，指定其出兵之數目（十二萬），其會議用意即在於此也。

三、俄布[2]致愛克函，提其美俄二十年友好條約事，此誠匪夷所思，徒見俄共集團圖窮匕見之窘狀，及其末日將至之恐懼心理，此與共匪一面製造「國共和談」之謠諑，一面對美發表其日內瓦大使級會談中之秘密，以威脅美國順從其外長會議之要求，以挑撥中、美之互助盟約，企圖中傷，同一無恥。而其此等言行，實為其整個一貫之陰謀，如其用在十年以前，則美必入其陷阱，惜其在今日為時太晚矣。共匪國共和談之謠，至本月已達於頂點，然亦圖窮匕見、不攻自破矣。

四、印度孟買印共暴動，其勢蔓延未已，未知「泥黑路[3]」將何以自處矣。

五、法國議會大選，法共得票超過其他任何黨派，幾佔總數四分之一，成為法國最大政黨，此實北大西洋聯盟之致命傷也。

六、馬來亞政府與共黨談判決裂，此無所謂也。

七、共匪偽中央二十日擴大會議之後，在廿五日宣布，其社會主義建設自一九五六至一九六七年全國農業發展綱要草案。毛匪[4]對此說明「大約再有三年的時間，社會主義革命就可在全國範圍內基本上完成」，但這個發展綱要，卻說是十二年，其用意即在於此，將要在此一九五八年之內，

1　布拉格（Prague），是捷克首都和最大城市，和歷史上波西米亞的首都。
2　俄布即布加寧（Nikolai Bulganin）。
3　泥黑路即尼赫魯（Jawaharlal Nehru），印度獨立後的第一任總理（1947-1964）。
4　毛澤東，字潤之，湖南湘潭人。1945 年任中國共產黨中央委員會主席。1949 年 10 月，中華人民共和國成立，當選為中央人民政府主席。

澈底控制全部農村，以建立其共匪萬世之業也。

八、共匪偽中央擴大會議中所提「知識分子問題」，是大陸同胞繼公私合營之後，又一浩劫之發生。而毛匪「再有三年時間，社會主義在基本完成」一語，是由其農業發展綱要中所謂五年、七年最多到十二年時期內，在全國農村都可成為集體農莊而來。此所謂五年、七年最多十二年之時期內云者，是其在不知不覺之中，針對我去年十一月所宣布，反攻大陸完成時期最少五年至多七年之聲明所產生，故毛匪急切地要想在三年內以縮短其集體農莊之計畫，可知其心理急燥為如何矣，此實對共匪最重要之心戰，已在無形中制勝矣。又共匪重開其所政治協商會議，其周匪報告亦復如此。

九、美愛克對國會新年咨文與杜勒斯戰爭邊緣之談話，以及國防部長與陸、海、空各首長之談話，尤其陸軍參長太勒對小型戰爭準備之談話，乃知美國對共之決心，已由大型報復戰略前進一步矣，當非往日徒托空言之嚇阻宣傳可比也。

十、自去年杪至本月底，對於黨、政、軍、經本年政策與心理建設工作之指示不厭其詳，以及對美英會談對策之研究，殊為六年來最興奮與緊張之一月，及至月杪卒致疲勞過度而失眠，尤以審核戰爭論譯稿第四次之忙迫，更使日無暇晷，惟自信本月工作必有功效也。

十一、杜魯門回憶錄對中國大陸被共匪所陷，仍歸咎於我政府之失民心，而不願自承其過，乃為其美國輿論所指摘，不待余之計較矣。

十二、狄托與納撒月初發表其共同中立宣言，則所謂土希南聯盟完全破產矣。

十三、東非蘇旦獨立。

十四、約但暴動未已。

十五、共匪與俄寇之陰謀（一切）自今必將一落千丈，美國當不再受其愚弄乎。

二月

蔣中正日記
Chiang Kai-shek Diaries

民國四十五年二月

本月大事預定表

1. 軍事預算（以軍士制之健全）、行政以警察制之加強為第一，又重要預算皆須列預備金。
2. 戰爭論譯稿批核完付印。
3. 休憩時工作：甲、去年日記總反省。乙、整理講稿。丙、和平共存論之重修。丁、三角形戰鬥群之重訂。戊、軍歌之審定。己、和平共存的教訓論稿。

二月一日　星期三　氣候：晴　上午陰雨

雪恥：一、實踐學社演習之課題，應繼研究院同一課題加以重習與指導。二、學社對學員考核項目，必須照美軍方式重訂，對於結業論文之國文程度，應增加項目予以重視，以前各期結業人員之國文亦須重訂修正。

今晨八時前起床，朝課後記事，膳後散步，批閱公文，清理積案一部後，續記上月反省錄。午膳後送子安等在小學離別回。午課後，領二內侄[1]巡遊望月臺、鄉公所等，對地方建設與人民程度，不禁悲觀頓起矣，如何使此一古老

1　二內侄即宋伯熊、宋仲虎。

民族與落後社會人民建立現代國家耶。晡續記反省錄，晚觀影劇，膳後散步，晚課，睡後又起而沐浴。

二月二日　星期四　氣候：晴

雪恥：一、見至柔[1]與經國。二、調華心權、周中峯[2]、廖發祥[3]等資料袋呈閱。三、核定赴美考察將領名單。四、催呈實踐下期學員人選與防大學員人選各名冊。

昨夜睡眠略佳，但未入正常也。今晨朝課後，手擬致愛克電稿約二千字，未發。上午散步如常，正午記事，午睡未能安眠。午課後，續記上月反省錄完，領虎侄[4]散步至小學後回。晚觀影劇「拜金人」，無甚意義，膳後散步回，晚課，二十時寢，仍未能成眠也。

美、英在華府會談，在形式上至今結束，且發表共同聲明，其對遠東特加尚有歧見一語，是其欺共自欺之談，吾心反覺甚安也。

---

1 周至柔，原名百福，字至柔，以字行，浙江臨海人。1954 年 7 月，參謀總長任期屆滿，改任國防會議秘書長。1957 年 8 月，調任第六任臺灣省政府主席，兼臺灣省保安司令部司令。

2 周中峯，字秀三，河北慶雲人。1954 年任第八軍第六十八師師長，駐防金門。1957 年 4 月，調任國防部第五廳副廳長，11 月調任第一軍團參謀長。

3 廖發祥，號實之，四川三台人。1955 年 8 月調任第二軍第八十四師副師長兼馬祖守備區副指揮官。1957 年 3 月升任第八十四師師長。

4 虎侄即宋仲虎。

二月三日　星期五　氣候：晴

雪恥：一、發敬之[1]醫費。二、海軍赴美接艦人員與撞艦事之研究。三、赴美留學人員之組織與監察應如何加強與保證。四、發蕭毅肅[2]醫藥費。

昨夜睡眠仍不正常，今晨六時半起床，朝課後，審核赴美考察將領十五人之人選，與今夏派美參大留學卅人之名冊，約二小時方得初次審畢，記事。與岳軍電話商，致愛克函稿內容暫擱不發。十時後與妻帶熊、虎二內侄同車，下山改行大溪，經中壢公路（已鋪柏油）回臺北，已十三時矣。午課後批閱公文，經兒與至柔先後來見。晡與妻車遊山上一匝回，入浴，晚為熊侄[3]十一歲生日，約武、勇[4]二孫來蒔林，聚餐後散步，晚課，讀詩，廿二時前寢。

二月四日　星期六　氣候：陰

雪恥：一、只要能毀滅敵方目前所可利用的一切，則對於將來自我有害或有利的問題，自可不計，對敵戰爭只有在目前頃刻之間，切勿以為將來終有重來之機會可待也，凡是機會，必然是稍縱即逝，尤其對敵人應抓住機會，澈底殺絕，萬不可大意放鬆，以待將來，此乃今日共匪猖狂與民族浩劫之所由來也。所謂縱敵一時，貽害萬世，能不警惕自悟？

朝課後記事，十時到空軍總部舉行空軍參校第十五期學員畢業典禮後，入府主持軍事會談，指示下年度美援項目及將領儲備計畫等十餘要案。午課後，續核戰爭論第八篇第四次開始。晡與妻車遊淡水道上回，入浴，晚閱報讀詩，散步，晚課。

1　何應欽，字敬之，貴州興義人。1949 年 3 月任行政院院長，同年來臺，擔任總統府戰略顧問委員會主任委員。

2　蕭毅肅，原名昌言，四川蓬州人。時任國防會議國防動員計畫局局長。

3　熊侄即宋伯熊。

4　武、勇即蔣孝武、蔣孝勇。

上星期反省錄

一、本周失眠如常，上角畈山休養，亦以有客同住未能安憩，尤其對於美、英華府會議不甚安心，以及各種積案急待清理為慮也。

二、美、英會談三日，其所發表之公報，除對俄宣傳略有意義以外，其他皆為表面文章，無足重視，尤其對遠東部分所謂尚有岐見一點為然，余以為其在遠東除對共匪禁運放寬與否確有岐見以外，其他如對金、馬與海峽軍事等問題，英國既無力干預，亦無所謂岐見，何況俄國最近對美、對英挑撥攻勢無所不至時，該兩國對共政策當不致再有重大岐見，以今日對俄形勢，除備戰以外，再無其他妥協預地也。而其兩國共同最大之利害關係，當為法國政治已無把握一點上，或不能不作為此次主要之議題，但此種主題，反不能在公報中提及隻字也。

三、法國莫勒[1]新內閣已經由其議會通過成立，共產黨雖未能加入內閣，但其今後政府對俄共必然接近，故其外交政策不能偏於美英，更無法反共，以今日新國會將為共黨四分一之議席所操縱，殊為北大西洋公約與歐洲軍聯盟組織危也，此於英國安危之關係更大，故英國亦不能如往日操縱美國外交政策，以於我國或反有益乎。

四、本周工作仍忙，處理要務亦多，反比在臺北為煩也。

本星期預定工作課目

1. 戰爭論譯稿第四次全部審核完成。
2. 召見軍師長。
3. 與杜勒斯談話之準備。
4. 軍訓班在官校補訓完成之畢業禮。

---

1 莫勒（Guy Mollet），1956 年 2 月至 1957 年 6 月任法國總理。

二月五日　星期日　氣候：陰雨

雪恥：一、軍士制度之建立與加強。二、裝甲預備師二師之設置。三、士兵幹部化，幹部超級化之教育計畫具體之設計。四、二廳職員必須能外國語文，且加強其外語訓練之時間。五、官長體育運動，每日一小時之規定（機關部隊學校）。

朝課後，續核戰爭論第八篇之第三章，加以批示。午課以午睡未能安眠，故精神不佳，起床靜坐、默禱約半小時如常，記事畢，又記上周反省錄。晡與妻車遊山上一匝回，入浴。晚讀詩，散步，晚課，廿二時寢，睡眠仍未能正常也。

本日經兒持「荒漠甘泉」每日手訂標題重鈔一本後繳還為快，以傷風故未前往蒔林堂禮拜。

二月六日　星期一　氣候：陰

雪恥：一、陸軍跳傘訓練計畫之催報。二、魚雷修理經費之支付。三、士兵常識與組織考察領導保防（反情報）方法之訓練。四、考驗要目：甲、邏輯思惟（精密深入）。乙、領導能力（組組[1]、處理、判別、反情報、考察（觀察）指揮等方法）。丙、負責精神（任怨、不怕、盡職、無我（大公）公正）。

朝課後，續核戰爭論第八篇至第六章完，加以批注，頗費心神。午課後記事，批閱公文。召見張柏亭[2]，指示其編譯付印要旨後，與妻視察敦化路畢，轉基隆道上視察基港後，回松山，市容不良也。晚閱報，散步吟詩，晚課，廿二時後寢，今夜睡眠漸入正常為快。

1　原文如此。

2　張柏亭，字相豪，上海市人。原任第三十二師師長，1953 年 4 月離任。後任臺北衛戍司令部司令。時任軍學研究會專員，研究各種戰略，戰史。

二月七日　星期二　氣候：晴

雪恥：一、成績不良學員生與匪諜嫌疑之下級官兵，應由各主官與政工負責處治，不必等待國防部批准之規定。二、陸、海、空三軍種入伍生，皆由陸軍官校主辦，期滿再行分發各軍種官校就學之建議。三、各學校部隊醫藥供給不足之原因何在。四、軍校教授與官長特別挑選優秀有學者充任，對於待遇與住舍須優待。

朝課後記事，批閱公文，入府會客。召見調職人員等七位後，召集一般會談，先談普通大專學校之生活教育，繼談外交問題，約菲國記者費立明[1]聚餐，聽取其南洋華僑考察之報告二小時，頗為有益。十五時半與妻上機，飛臺南視察砲校與孔廟後，到高雄澄清樓，已入黃昏矣。膳後閱報，入浴，晚課後寢。

二月八日　星期三　氣候：晴

雪恥：一、共匪對我與俄共對美近月來之哀鳴求饒與卑鄙之宣傳攻勢，究為何意？除了防其弛懈我戒心與防備，以乘我不備突擊以外，余認為再無其他意義與作用，如其有之，則只有暴露其黔驢技窮，與自知其末日將至、無可幸免之哀鳴心理，是則對於我士氣與信心反有益無害乎？然而明知其此等宣傳必無效用，而且只有發生其反作用，則彼共又何必欲用此無恥不知〔智〕之窮技，應加詳究毋忽。

朝課後，重校戰爭論第八篇第七、第八章。十時到鳳山陸軍官校，舉行第一縱隊（即軍訓班補訓縱隊）及預備軍官班結業與畢業典禮，訓話，並為黃埔紀念塔揭幕後，巡視新建之圖書館畢，聚餐後回。午課後記事，指示軍訓班有反動學生五名，不應給其畢業文憑，並令回原隊再行處治。晡重校譯稿一小時後，與妻車遊左營。

1　萬立明（Vicente Villamin），又譯韋納明、萬立民、費立明、魏拉敏，菲律賓記者、作家。

二月九日　星期四　氣候：晴

雪恥：昨晚膳後又與妻車遊市中一匝回，閱報，晚課，讀詩，廿二時寢。二日來睡眠已入正常。一、駐美武官緩調。二、考察（赴美）人員日期催覆。三、八里鄉覆舟案第九師究死幾人，查報並處治。四、軍人退役為何不發身份證。五、駐外使領與黨部聯系之辦法切實規定。六、對日購機器工業與在臺開煤礦之交涉。七、營房與學校之道路溝渠，以及嚴肅整齊之軍容。八、商品檢驗之加強。

朝課後記事，孝文由軍校請假來陪，十時由西子灣出發，十一時在屏東起飛，途中續校戰爭論，午課後續校戰爭論。晡與妻帶二內侄[1]遊淡水，對虎侄取笑為樂，是侄智慧甚富，可以造就也。晚閱報，晚課。

二月十日　星期五　氣候：晴

雪恥：一、考察人員之組織與準備。二、防毒面具訓練如何。三、特種訓練如何。四、太武山開道工程每月報告一次。五、專派員考察西點軍校教育。六、預訓班學生之經常組訓辦法。七、在鄉預備軍官之管組與青年團之關係。

朝課後，續校戰爭論譯文第四次全部完成，尚有數處仍須查考修正也。十時入府召見胡璉[2]及劉鼎漢等各軍長七員畢，召集情報會談。匪諜在美員機關及在機場服務餐廳不斷發現，乃為無孔不入矣。午課後，批閱公文畢，帶二內侄與妻遊後公園（陽明山）回，重校戰爭論第七篇修正完，入浴。晚帶虎侄車遊市中回，晚課畢，玩耍，廿二時寢。

今晨特令金、馬部隊在舊歷新年特別戒備。

1　二內侄即宋伯熊、宋仲虎。

2　胡璉，字伯玉，陝西華縣人。1954 年 6 月，調任第一軍團司令，1957 年 7 月，回任金門防衛司令部司令。

二月十一日　星期六　氣候：陰　上午雨

雪恥：本日為舊歷除夕，在工作忙碌之中，仍不斷思念故鄉過年時快樂的光景，尤其想念先人廬墓之是否安全時，至今還未能反攻開始，更覺罪孽深重，不知何日果得贖此忤逆之罪，以償此宿願矣，小子能不自勉乎哉。

朝課後記事，十時入府，召見石覺[1]等將領八員，詢問各軍師人事優劣甚詳。十一時半召集軍事會談，聽取加強金馬防務詳細數字畢，指示應辦要務十餘項，而以建立軍士制度為本年第一優先之預算也。十三時回，午課後手擬戰爭論第八篇總評，約二小時完，此為對戰爭論編譯批示之最後完成之一項工作也，數年來之大願至此乃告完成矣。晚子安全家與經國全家以及緯國、華秀[2]夫婦團圞聚餐，與武、勇、熊、虎玩耍，放爆竹流星為樂。車遊市中回，晚課，廿三時寢。

上星期反省錄

一、本周自星一夜起，睡眠漸入正常為樂，尤以周末審核戰爭論第四次全部完成，心神釋然，故睡眠更足也。

二、東南亞八國聯盟，美國突然宣布美、菲、泰三國於月中在泰國舉行聯合演習，而巴基斯坦宣布其不參加，以表示對美援遲延不滿之意，並對俄表示將可接受其經援之態度，據報美之所以突然決定演習者，以暹邏將有中立政策之發表，故以此加以阻止也，此巴、泰二國中立傾向之趨勢，實為美國在亞洲最大之殷憂也，應加注意其今後之動向如何。

1　石覺，字為開，廣西桂林人。1954 年 5 月，調任第二軍團司令。1957 年 7 月，升任參謀總部參謀次長兼聯合作戰計畫委員會主任委員。

2　蔣華秀，蔣中正姪女。曾任安徽立煌縣中正小學校長兼教員，來臺後在靜心托兒所及靜心小學從事教育工作。

三、本周為舊歷年關，本擬遷地休憩以資調息，卒以公務繁重，又恐軍政機構年關辦事鬆懈，故強勉工作，努力督導，自覺確有功效也，尤以戰爭論審核完成，此為重大之成就也。

四、近日來，凡卅歲以前各種羞愧與放蕩言行，洶湧於腦中，而且層出不已，每輒汗顏不置，亦可見余冒昧任性、放蕩不羈與冒險無畏之性格所在，但余一生之進步，自覺無不由此而來，所謂「吃一塹長一智」，此一特性無論在外交與政治上，至耳順六十之年，仍不斷發現也，戒旃勉之。

本星期預定工作課目

1. 召見實踐學員與高級將領畢。
2. 清理去年積案。
3. 戰爭論審定付印。
4. 審閱經兒日記。
5. 去年日記總反省錄。

二月十二日　星期日　氣候：陰

雪恥：本日為舊歷元旦，昨夜睡眠最足而安，余認為戰爭論批註完成，故心神為之放鬆，如釋重負也。今晨六時醒後即起，第一為敬神，第二為致敬先慈[1]遺像也。朝課後，修正戰爭論第八篇總評畢，朝膳後會芝珊[2]與外孫女友

1　王采玉（1864-1921），蔣中正之母親。十八歲前夫故去，二十歲再嫁蔣肇聰為繼配，1887 年，生蔣肇聰次子蔣中正，後又生一男兩女：蔣瑞蓮、蔣瑞菊、蔣瑞青。

2　竺芝珊，蔣中正胞妹瑞蓮之夫婿。1945 年代理中國農民銀行董事長，1954 年真除。

冰[1]，想念培甥[2]不置。上午記事，經、緯、華秀、子安各全家[3]同來拜年。十一時往蒔林堂禮拜如常，武、勇二孫與熊、虎二內侄及子安夫婦[4]在家聚餐。勇孫以女友所贈戒指出視，取笑助樂。午課後，再見友冰，以其母[5]轉嫁於人，思之悲痛。晡與妻往陳辭修、陳英士夫人[6]、張岳軍、于右任[7]、王亮疇[8]各家賀春回。審閱經兒去年日記，其學問與處事進步甚大，惟精強雖到，而寬渾不足也，應戒之。晚觀影劇後，晚膳，審閱經兒日記完，晚課。

二月十三日　星期一　氣候：雨

雪恥：一、島嶼作戰應明示其幾個原則：甲、陣地守備部隊只要與陣地共陣亡，不僅不能後退，而且沒有地區守備司令命令，亦不能離開工事而前進。乙、地區前進出擊的部隊只有地區預備隊來擔任。丙、各部陣地內之逆襲動作，亦應由其陣地預備部隊來擔任。

今晨七時半始起床，昨夜睡眠最佳，足有七小時以上之熟睡。朝課後早膳畢，記事，記上周反省錄，批示經兒去年日記一則，賸〔謄〕清戰爭論第八篇總評。午課後校正四十三年總反省錄，今雖假期幾乎日無暇晷，晡帶二內侄乘

1　竺友冰，蔣中正胞妹瑞蓮之孫女，其父竺培風。

2　竺培風（1916-1948），蔣中正胞妹瑞蓮之子。空軍第一大隊第二中隊飛行員，後調升中尉作戰參謀。1948 年 1 月 12 日執行空運任務，因飛機機械故障墜毀殉職。

3　原文如此。

4　子安夫婦即宋子安、胡其瑛。胡其瑛，廣東銀行董事胡筠莊之女，1941 年 12 月，與宋子安在舊金山結婚。生子伯熊、仲虎。1969 年其夫宋子安去世後，重返母校加州柏克萊大學攻讀亞洲研究碩士，並在舊金山亞洲藝術博物館成立「宋子安與胡其瑛藝廊」。

5　楊郁友，貴州省政府主席楊森第三女，1945 年聖誕節，與竺培風在重慶結婚。婚後有一女友冰，竺殉職時不滿一歲。

6　姚文英，蔣中正結拜大哥陳其美（英士）遺孀，時與次子陳惠夫居於臺北。

7　于右任，原名伯循，字誘人，爾後以諧音「右任」為名，陝西三原人。時任監察院院長。

8　王寵惠，字亮疇，廣東東莞人，生於香港。1948 年 6 月至 1958 年 3 月任司法院院長。

車遊玩，聽童稚講天真話最為快樂與消遣也。晚在家作桌上跳馬競賽，與二內侄合股作莊，喜樂發笑，實為平生所罕有，廿二時晚課。

二月十四日　星期二　氣候：雨

雪恥：一、研究發展之組織具體要領與程序（實施）辦法，凡主官辦公室內必有此一組織，首先要在每日所發現的各種工作之缺點與所核的弊端，加以切實記錄，調查研究後，擬定改進辦法，督導實施，特別注重細節與改革無效之點，如軍人外出吐痰、吸揩鼻涕、服冠不正由來之根源何在，其次行政效率不能提高，與無能人、錢、時、物、地皆不能經濟運用之故，如何乃能發揮其加倍效用，此即發展也。

朝課後，審閱研究院演習講評稿後，記事，入府會客，召見師長六員畢，宣傳會談十三時完。午課後，召見實踐學社學員十四人後回，與妻帶二內侄車遊市內回，作玩具跑馬競賽為戲，引余大笑為樂，晚課。

二月十五日　星期三　氣候：陰

雪恥：一、各種設計對「彈性」之重要。二、金馬彈藥存貯方法之檢討與改正，嚴防被炸爆發與遍地延炸之防止。三、調職命令必須與抵補人選同時發布，否則寧使緩調。四、裝甲預備師。五、「七無四有」情報之根據何來。

朝課後記事，審閱講稿。十時到中央常會聽取匪情，去年杪偽組織挪威大使提國書，由劉少奇[1]以人民會議主席名義，臨時修改偽憲法，代毛匪接受國書

1　劉少奇，字渭璜，湖南寧鄉人。中華人民共和國成立後，先後任中共中央政治局常委、中共中央副主席、全國人大常委會委員長和中華人民共和國主席。

典禮，而毛匪又於一月十三日在北平出現，可知其並非為病重也。此一舉動，除為劉匪代毛酋之準備作地步外，不能再有其他解釋，然應注意以觀其後。聽取僑務報告，甚有益也。午課後，召見學員如昨。晚膳後，召武、勇二孫來家，與熊、虎二侄玩耍，對勇孫行動可慮。入浴，晚課後閱報。

二月十六日　星期四　氣候：陰

雪恥：一、東南亞盟約國昨（十五）日起，在曼谷作軍事演習，法國與巴基斯坦未曾參加，英、澳、紐只作象徵性的參加而已。二、愛克體格檢查後，醫生發表其五年十年內可無問題之診斷書，次日彼又作狩獵之行動，隨從記者二十餘名，可知其決心競選矣，此消對美民主黨是一打擊也。

朝課後記事，十時到政工學校，檢閱保安警察總隊，精神體力皆佳為慰。回寓，審閱戡亂時期對東北與俄交涉之檔案上卷，不勝感慨。午課後召見學員十二名，尚有可用將才也。晚宴葛理漢[1]牧師，彼乃美國青年之有名傳道師也。客散後，再與二內侄合股作跑馬遊戲，晚課。

二月十七日　星期五　氣候：雨

雪恥：一、年齡已到之老兵退伍與否，應由部隊長報核，不可硬性規定。二、補充士兵不易培植，應緩退役。三、醫藥代金重點發給，並照常發給。四、軍眷調查可任小學教員或保姆、護士等業務。五、童俊賢〔明〕[2]四十九

1　葛理漢（William Franklin Graham），美國佈道家，浸信會牧師。

2　童俊明，號自新，察哈爾宣化人。時任第四十九師砲兵指揮官。1957 年 4 月調任第六十九師參謀長。

師砲指揮（留美）調職原因。六、山地團之組訓。七、預備師教育特設注意字母班。八、閩、粵、桂、浙四省將領應分類統計，調整職務。

朝課後記事，記錄人才，十時帶領熊、虎二侄入府觀展，召見師長六員及學員十二員畢回，午課後，入府召見中國銀行各駐外國分行人員十餘名後，召集財經會談，臺幣已發行至十五億圓，通貨可慮。晚閱報後，九時半待妻自三軍球場介紹葛蘭漢講道回來方晚膳畢，再與內侄等作跑馬玩耍一次，晚課。

二月十八日　星期六　氣候：雨

雪恥：一、大專、高中軍訓教官之人選加強與改正。二、訓練預備士官之幹部人選加強。三、新兵助教用臺省預備軍官。四、各級機構之研究發展組織。五、彈性與適應性。六、GOC〔JOC〕單位增加。七、超量補給與儲存之速改。八、考績與淘汰。九、原子作戰教課與教官之速選。十、參二與政工業務如何配合之重要。

朝課後，記事。手草令稿十通，子安與熊、虎來辭行，共進朝餐後，十時到國防大學聽取留美參校特訓班回國之總報告，至十二時半完，甚覺有益，召見劉安祺[1]後回，午課後批閱公文，清理積案。晡見梁棟〔錫〕佑[2]同志（印尼僑領）畢，與妻車遊淡水回，入浴，晚閱報與聽報，俄共赫魔對聯共之報告乃斷定俄之失敗無疑，此誠所謂小人而無忌憚也。晚課後，廿二時半寢。

1　劉安祺，字壽如，山東嶧縣人。1953 年 3 月調任澎湖防衛司令部司令官。1955 年 7 月調任陸軍預備部隊訓練司令。1957 年 6 月調任第二軍團司令。

2　梁錫佑，印尼華僑，先後出任雅加達中華總會常務理事、《天聲日報》董事、《自由報》董事。並於 1950 年、1952 年兩度出任雅加達中華商會理事長。

上星期反省錄

一、美軍本周在琉璜島與曼谷二地之軍事演習，其對俄共之示威行動如何。

二、俄共第廿次之聯共大會，赫魔對統制世界之雄心以及朱可夫[1]對美國為敵人與米高陽[2]對於洲際飛彈之眩耀是對第三次世界大戰已奠定其基因矣。

三、愛克身體檢查可以擔任五年－十年工作無慮之診斷書發表，乃可斷其必再競選矣。

四、本週春節與熊、虎、武、勇各孩作桌上跑馬競賽之玩具，喜樂大笑之情景殊為從來所未有者也。

五、召見實踐學員五十四名、軍師長卅餘名完畢。

六、心神漸復正常，睡眠亦佳，惟指導考核工作以及清理積案皆甚忙碌，仍無暇晷也。

本星期預定工作課目

1. 退伍軍人平時經常之組訓計畫與機構。
2. 休假三星期間之工作：甲、清理積案。乙、去年日記總反省錄。丙、審定軍歌。丁、整理去年講稿十篇。戊、和平共存論之審核。己、高級將領人事調整方案。庚、黨代表大會是否召集之方針。辛、與杜勒斯談話要綱。壬、黨政軍總計畫與三年計畫。癸、反攻準備日期戰略之研究，與發動大陸革命運動之籌備。
3. 黨政軍本年度工作，以及去年工作成績總報告之督核。
4. 每一重要想定逐期繼續研究到底。

---

1 朱可夫（Georgy K. Zhukov），蘇聯陸軍將領，曾任駐德蘇軍司令，1953 年 3 月任國防部第一副部長，1955 年 2 月至 1957 年 10 月任國防部部長。

2 米高揚（Anastas Mikoyan），又譯米高陽，時任蘇聯部長會議第一副主席。

二月十九日　星期日　氣候：陰

雪恥：一、美國民族性優點：甲、程序。乙、科學。丙、熱情。丁、守法。戊、服務。己、負責。庚、素養（風度儀容）。辛、宗教。二、組織教育之專科班。三、國文專修課。四、陳威那[1]調華心權之副司令。五、張鍾秀[2]、王廣法[3]、劉振寰[4]各員工作。六、考察人員姓名不可發表，並令各員不得自我宣傳。

朝課後記事，記反省錄。經兒來見，告以孝章[5]赴美留學必須在大學畢業後再行留學為妥。到蒔林堂禮拜如常回，批閱公文。午課後，審核本年升任將官人員名冊，批准三十五員，並清理積案，審核軍師長候補人選與留美參校特訓班名冊。晡與妻車遊山上一匝。晚閱報，晚課。

二月二十日　星期一　氣候：晴

雪恥：二日來自服胃藥後，睡眠更足，前、昨二夜幾乎各睡七小時之久，中間且未稍醒，亦未便溺為安，以平時夜間至少必有二、三次之小便也。今晨六時後起床，朝課記事後，手擬「天」字釋義四句：「至高至大，自然自在，無始無終，於穆不已」，最後第四句擬改為「直養無害」待後再定，或改最後二句為「眾理自出，萬物資生」。

朝課後記事，口占「天」字要義四句，並審核人事。十一時見叔銘，談空軍

1　陳威那，廣東文昌人。原任第十九軍第七師副師長，1956 年 5 月升任師長。

2　張鍾秀，熱河建平人。原任金門防衛司令部參謀長，1956 年 1 月，調任第二軍團副參謀長。1958 年調任裝甲兵第二師副師長。

3　王廣法，字立言，察哈爾陽原人。1955 年 10 月調任第二軍團副參謀長。1956 年 6 月升任第九軍參謀長。1958 年 10 月國防部作戰次長室助理次長。

4　劉振寰，黑龍江嫩江人，1955 年 9 月調任總統府高級參謀。時任第一軍第六八一砲兵指揮部指揮官，1957 年 5 月調任國防部第二廳副廳長。

5　蔣孝章，為蔣經國和蔣方良長女，1949 年隨家庭來臺。

福利基金是否繼續撥付問題，手擬令稿十通畢。入府見岳軍與孟緝，指示要務，膳後整書。十四時起飛，至臺中轉日月潭休息，晚清理積案，出外散步，春寒未盡也。晚課後，廿二時寢。

二月二十一日　星期二　氣候：陰雨

雪恥：一、休憩期間主要工作：甲、東、西雙方對抗形勢發展如何之研究。乙、和平共存論之審閱。丙、去年日記總反省錄。丁、軍歌之審定。戊、反攻準備之三年計畫（黨政、軍經、外交）。己、代表大會之利害與時期遲早之研究。庚、對美國政策及其對我國心理之研究（與杜[1]談話要領）。辛、三方面軍指揮官人選及各省市主官人選之研究。壬、大陸革命運動計畫與聯合陣線組織問題（和平解放大陸之口號）何如？癸、去年講稿之修正。

朝課（七時半起床）後，早膳畢，散步，記事，清理積案，審閱整頓外交行政意見書等。午睡醒後，考慮黨代大會問題，決定今年無此必要。午課後與妻遊湖回，閱報。晚觀影劇（希臘禮物），美製甚優。晚課，讀詩，廿二時後寢。

二月二十二日　星期三　氣候：雨

雪恥：一、俄共黨大會之宣傳方略：甲、和平方式發展共產制度統治世界之勝利，換言之，即對資本主義之消滅為其基本不易之目標。乙、集體領導方式，以減低敵方對其極權獨裁容易集中國力、發動偷襲戰爭之恐懼心理，且

1　杜即杜勒斯（John F. Dulles）。

可使敵方發生各種幻想：甲、對其內部尚有矛盾分化之可能。乙、對其備戰工作之鬆弛，且可增加其還有一時和平共存之幻想，馴致精神之痲痺，以便其單方建立軍力，待其充足時，即可發動其對敵人突然襲擊，澈底消滅資本主義之陰謀也（未完）。

朝課後早膳，散步回，記事，批閱公文。研究俄共黨會情形與國際局勢甚切，聽報。午課後，搜集輿論材料，與妻遊湖至西隄附近，至陳[1]姓獨家而回。晚研判俄共宣傳方針，完全為麻醉美國軍備、使之無形癱瘓而發，但其對美國軍備競賽實已發生退縮，而另設應付之道矣。晚課。

二月二十三日　星期四　氣候：陰　夜雨

雪恥：（續昨）（二）但其黨會結果最明顯之二點：甲、建立世界共產制度之基本政策，決不改變，最多則以武力統制改為政治顛覆之手段，而其消滅資本主義之目的則一也。乙、此次黨會首由赫氏[2]領導，宣布其長達六小時之指示，最後則由布氏[3]為其收場，而其間各氏所言者，無非遵循赫魔之意旨，無人越出其所言之範圍，是其在黨中央已成為惟一獨裁之事實也。丙、其第六個五年計畫，完全以發展重工業為主，是其仍以充實軍事、發動戰爭為其惟一目的，此雖至愚，亦能了解，而況為美國乎？

朝課後記事，對俄共黨會結果之結論，頗費心神也。本日審修軍歌八十餘首第一次完。晡與妻遊至頭社以南折回，入浴，聽報，批閱公文。晚觀影劇「血巷」[4]，此為美製反對中共之第一影劇，甚難得也。晚課後，廿三時前寢。

1　陳義山，為日月潭之原住民，自 1949 年起即為蔣中正划船遊日月潭，蔣曾三次至其家拜訪並合影。

2　赫氏即赫魯雪夫（Nikita Khrushchev）。

3　布氏即布加寧（Nikolai Bulganin）。

4　《血巷》（*Blood Alley*），約翰韋恩（John Wayne）製片、主演，美國華納公司出品，1955 年 10 月 1 日首映。

二月二十四日　星期五　氣候：陰晴

雪恥：一、金門對敵傘兵降落作戰之演習。二、國民小學對於破爛之什物，必須由校長負責即時修整，不使兒童對破爛污亂成為習性，此乃每年教育預算，必須立有最低十分一之預備金也（例如洗手架之破鏡與自來水龍頭機關不許漏滴，以其宿舍等），拉圾必須倒入桶內，不許散在桶外，或隨便倒在後門與溝坡等處。三、佈告文字仍未改變體制，何耶。

朝課後記事，膳後散步回，續審軍歌與中小學校教育歌詞，其中詞句簡淺，很有可用於軍歌者，乃選之。午課後續修歌詞，對領袖歌增補廬山訓練軍心振奮、先剿共匪後抗戰及以空間換時間等句，至此軍歌審選工作已告一段落矣。晡與妻遊覽埔里聖靈寺，其地勢甚佳也。晚聽報，省察國際與俄共之形勢後，晚課。

二月二十五日　星期六　氣候：晴陰

雪恥：朝課後記事，批閱畢，朝膳。十時前與妻出發往遊關子嶺，經過「集集」、斗南、嘉義而至關子嶺，先到樓外樓茶店休憩，巡視小學校一匝，仍回茶店午膳。極目遠望與垂觀，風景殊佳，尤其遍山皆竹，層巒爭秀，無異第二之莫干山，又動故鄉之思矣。膳後有胡寬川[1]夫婦來迎，來知此店為其所開也，乃同其步行，宿階下山經縣府招待所聽水室外，而至胡家旅館，稍憩片時，即由其陪乘上山，先至「水火同源」處遊覽，污穢不堪，但有此種美景，而且泉水與瓦斯同出一穴，瓦斯燃燒不熄，而冷水亦流湧不絕，堪稱勝地，亦為余生平第一次所見之奇境，惜政府毫不注意經營也。繼往碧雲寺參

1　胡寬川，臺南白河人，曾任白河鎮第二屆鎮民代表會主席及臺南縣參議員，1950 年實施地方自治後，復當選多屆的縣議員，對關仔嶺風景區早期的美化及環山道路之開闢諸多貢獻。

觀其兩廊，新建整齊但臭氣難聞，可惜極矣。遊畢正十六時，乃循原路告歸，途中靜坐默禱。午課如常，回日月潭已十九時半矣，入浴，聽報，晚課。

上星期反省錄

一、本周末夫妻遊覽關子嶺，途中談笑休憩，日間未曾看書，使我雙目亦得有一天休假，最足自慰，但願今後亦能時時休假，使我目光能復元，或不致再減目力，則幸矣。

二、來潭已五日，去年積案公文與高級升晉將官名冊，審核與整理已完，軍歌選定為主要工作，對緯兒工作決令其任參校或步校校長，此亦一久延未決之工作也。

三、俄共黨會以推翻史大林[1]歷史為其中心任務，此一苦肉計乃於其對內，尤其對共產附庸國之心理與精神上之影響，其害多於利，而其對外的策略與宣傳目的，則亦不發生作用，只使民主集團各國認為俄共此舉乃一圖窮匕見所為而已，其愚拙可謂極矣。

四、俄共黨會開會前二日，朱可夫（十二日合眾電）斥責俄共對軍隊指揮官與職業軍官之抨擊，據傳為軍官要求在軍中有較大之自由權，由其三軍區域性黨部開會時所提出之消息如果屬實，殊堪注意。

五、北大西洋公約各國在巴黎開會（二十日），檢討核子防禦問題以及革新聯盟，合乎時代所需要的武器和方法等五項主題，而以改組二次大戰式之陸軍，以使其適合原子戰爭問題，與軍事通信制度之大刀闊斧的改革，雷達警報網的擴大與改善為中心問題，此實亦為我國軍所應急切研討之問題也。

---

1 史達林（Joseph Stalin, 1878-1953），又譯史大林、斯大林，曾任蘇聯共產黨總書記、部長會議主席。

二月二十六日　星期日　氣候：陰晴　夜雨

雪恥：一、養氣章「必有事焉而勿正心」句，此「勿正心」，昔作「勿待正心」解，今再加闡明，此「勿待正心」即「本然自在」不須強勉之意，以此作為最後定解可也。二、大學「止於至善」句，此「至善」即首句大學之「道」的「道」字，亦即末句則近「道」矣之「道」也。所謂「知止而後有定」之「知止」，乃是「知其所止」之意，不過為「知止」之始，而尚未達到「止」的境域，必須「則近道矣」，由「近道」而止於「明明德」的「明德」，乃得謂之「止於至善」也，亦可謂「道」為「明德」之終，而「明德」乃為「道」之初步也，此對於大學章釋義，認為較前又進一步，擬加修正。

朝課後，先審閱夫人著作「必勝之道」譯文，膳後散步回。記事後，續審夫人著作前後二篇，至晚方畢，尚待詳加修正也。午課後，晚課如常，劉安祺等來訪同遊。晚膳後，帶雨觀龍燈、高跤舞獅等戲，以駐埔里軍隊聞我在日月潭，特來助元宵之興也，惜夜間大雨，故未能盡興耳，廿二時寢。

所謂止定靜慮得皆在知之階段，亦可謂知之五個段落，必須到了「明」明德之明字，乃入於「行」之階段矣。

二月二十七日　星期一　氣候：晴陰　夜雨

雪恥：俄共無論如何險惡陰謀與物質進步，如其真與美國發動戰爭，則最後必然失敗，其理為：第一，海權在美英掌握大陸（歐亞）雖大，始終為海洋所包圍，俄共無論如何積極擴充海軍，在此二十年之內無法奪取此海上霸權。第二，科學與工業經濟程度，俄共雖將趕上美國，但在此二十年之內決不能超越美國之上，至於精神道義上與政治、社會制度、生活上，則可不計在內，乃無足比較，故俄共如欲戰勝美國統治世界，除了試圖突襲美國中心，先加以毀滅，而後方有萬一之望的冒險襲擊，先發制人以外，再無其他之道。但於此二、三年之內，其熱核子武器數量未充足以前，尚不敢出此險着，惟亦決不能踰越一九六〇年之外也。

朝課後記事，上、下午皆審閱「和平共存」論第二次稿第一編完，朝、午散步，與午、晚課如常，晚觀影劇後聽報。

昨為舊歷元宵，此次來遊日月潭，本為觀月，但昨、今二晚皆大雨如珠，不能如計欣賞湖月為歉。

二月二十八日　星期二　氣候：晴

雪恥：一、黎鐵漢[1]參加第七期受訓。二、和平共存論中應補正各點：甲、俄宣布俄、盛[2]秘密交涉經過，及其俄軍撤退哈密之經過。乙、西安事變中，余對夫人相見時第一要件，為囑其切勿與叛徒商談任何條件，以叛徒已對余脅誘，要求我簽字即可脫險回京，余堅拒不之理也。丙、中國之命運一節可刪去。丁、不允日本共同防共要求之決心與理由。戊、夫人獨自入新疆慰盛。

朝課後記事，膳後散步回，聽報後，批閱要公。核定留美參校特別班學員名單，頗費心力，並嚴拒美顧問團所提學員人事之要求。正午與妻乘舟，到潭西之水閘上野餐畢，再循公路回來。午課後，續審和平共存論第二編完。晡與妻散步三刻時回，晚課，廿二時半寢。

1　黎鐵漢，號瀛橋，廣東瓊州人。1952 年 6 月任總統府參軍，1966 年 2 月轉任總統府國策顧問。

2　盛世才，字晉庸，遼寧開原人。1933 年至 1944 年間主掌新疆軍事、政治，有「新疆王」之稱。期間在蘇聯、國民政府間反復周旋。1944 年 8 月至 1945 年 7 月，任國民政府行政院農林部部長。抗戰勝利後，任西北行營上將參議。1949 年隨同政府到臺灣，先後受聘為總統府國策顧問、國防部高級參謀、行政院設計委員等職。

二月二十九日　星期三　氣候：晴

雪恥：一、和平共存論應續補各點：甲、對馬下兒明告的：（子）與共和談等於與虎謀皮。（丑）又告以美國和談的政策，最好能明告中國，使中美政策互相了解，只要中美精誠一致，不使共黨離間得逞，方不致失敗之言，記述其中。乙、結論要點：（子）製造中立。（丑）聯合陣線（統一戰場）。（寅）對等和談與疲勞會議（獲得合法地位）。（卯）滲透。（辰）分化。（巳）過渡與轉變。（庚[1]）突變（中斷）。（辛）矛盾與不安定（辯證法）律。丙、（毒瘤）對共治療：（子）隔離。（丑）割除（治本）。（寅）注射（防止蔓延）清治其外衛，縮減其毒素。（卯）使之孤立被包圍。（辰）外衛毒素縮減削弱以後，再注入新的血精，使之內部暴發革命，根絕其毒瘤，方能有望。故必須先使其附庸國能積極解放，而後自可制其死命也，此則必須由外而內，決不能幻想其內部自發也。

朝、午、晚各課如常，上午審閱共存論第三編完，以感觸與刺激太深，閱完時疲痶之極，幾至不可名狀。午後與妻到霧社，視察水電壩基建築工程，感想極深，引起我樂觀心情。晚聽報畢，廿二時寢。

1　原文如此。

上月反省錄

一、美英華府會議之宣言與談話聲明之公布，對共產集團之陰謀似已一致覺悟其妥協無望與積極備戰之決心乎。

二、美、菲、泰在曼谷作機動增援軍事之演習。

三、美在琉璜島兩棲登陸與原子作戰之演習。

四、高棉總理[1]訪問共匪與聯合宣言。

五、巴基斯坦中立傾向甚為濃厚。

六、約但反英美運動愈為激進。

七、法國莫勒新內閣組成，其外交屢發對美、英反共政策之指斥，甚為露骨，尤其對中東與越南政策表示憤慨，而其對北非各殖民地政策則漸趨寬和矣。

八、英國前三年失蹤之外交官麥[2]、白[3]二人，竟在莫斯科公開對英、美記者談話，此實予英以重大打擊也。

九、英國最近反俄之言論與態度之露骨，實為其從來所未有：甲、英外相[4]廿七日稱俄勢闖入中東，乃為韓戰以來，最使大戰接近之最大危機所在。乙、英駐聯合國代表稱，俄所喊競爭性共存口號，其背後可能向西方發動其新的偷襲陰謀。丙、英發表其國防白皮書（十七日），斥俄圖統治世界，西方須大量增強核子武器，以備反擊。丁、英駐日大使館正式反俄之聲明。

---

1 施亞努（Norodom Sihanouk），曾任柬埔寨國王，1955 年 3 月退位，後改任首相。

2 麥克林（Donald Maclean），曾任英國外交官、英國駐美國大使館辦公室主任兼英美核武器項目協調員、蘇聯劍橋五人組之一的著名雙重間諜。

3 伯吉斯（Guy Burgess），英國外交官和蘇聯特工、劍橋五人組成員，該小組從 1930 年代中期到冷戰時代初期一直運作。1951 年與麥克林（Donald Maclean）一起叛逃到蘇聯，導致英美情報合作遭到嚴重破壞。

4 勞埃（Selwyn Lloyd），英國保守黨政治家，1955 年至 1960 年擔任外交大臣。

十、俄共第廿次大會之情形：（甲）赫酋[1]在十四日首致開幕詞作政策報告，達六小時之久，發表五項主張，而其重點在共產消滅資本主義，且強調資本主義危機正在繼續發展中。（乙）米高陽、朱可夫聲言，俄製導向飛彈可對美本土及世界任何地區皆能投擲，而準備原子戰爭，並「打破美英意圖戰爭局限於歐洲大陸的任何計畫」，並斥美國從事侵略。（丙）米高陽首先發動清算史大林個人專制之為害黨國，馬[2]、莫[3]等皆隨聲附和，乃以集體領導制，掩飾赫酋今日之獨裁與集權型態。（丁）「布哈人[4]」提出新五年計畫大事，重工業實為其卅年來最大之五年計畫也，綜核共會經過與英國露骨反俄之事實，其第三次世界大戰實已從此奠立其基礎，此其果能再有五年之拖延乎，余認為不出於一九六〇年之內乎。

十一、本月工作：甲、休假二十日遊覽關子嶺、霧社壩基工程與旗山指揮所，皆甚有益。乙、海軍參校第五期畢業典禮親自主持，惟第二次海、空聯合演習不能參加，乃派辭修副總統代表也。丙、舊歷度歲之大笑與快樂，實為卅年來所未有者也。丁、戰爭論譯文第四次審批完畢付印，此一大事也。戊、軍歌已審定。己、和平共存論第二次稿修畢，但尚未告成耳。庚、上校以上晉升官階者已核定，其他留美參校特別班學員亦已核定，惟訪美參觀高級將領名單提出後，因周至柔自我宣傳而受阻礙耳。[5]

---

1 赫酋即赫魯雪夫（Nikita Khrushchev）。

2 馬林可夫（G. M. Malenkov），蘇聯共產黨，1953 年 3 月至 1955 年 2 月任部長會議主席，1955 年 2 月至 1957 年 6 月任部長會議副主席。

3 莫洛托夫（Vyacheslav M. Molotov），蘇聯外交官，時任部長會議第一副主席、外交部部長。

4 布哈人即布加寧（Nikolai Bulganin）。

5 第十二及第十三條反省錄內容，記於 3 月 3 日之後。

三月

蔣中正日記
Chiang Kai-shek Diaries

民國四十五年三月

本月大事預定表

對杜勒斯談話要旨：

1. 俄共對美反嚇阻政策，利用美、英害怕氫彈戰爭的心理弱點，乃以「和平攻勢」投西方之所好，藉以增加其反嚇阻政策，故俄共「和平的嚇阻政策」早以比美、英猛着先鞭，應加注意。
2. 東北亞聯盟方式：甲、中、韓、菲、美。乙、中、韓、越、菲。丙、中、韓二國。丁、美應在琉球設立聯盟軍指揮本部，以指揮其聯盟在東北亞各國軍事。
3. 美何不利用我反攻宣傳，以對抗共匪勒索政策。
4. 美、毛談判，是明示亞洲反共與非共國家以美國終要與毛共妥協，乃為美在亞洲姑息主義之實證，那又何必希望亞人從事反共運動，亞人自然要走「中立路線」。
5. 美國在亞洲既無獨立堅決之政策，更無政治理想之表現。
6. 美國嚇阻政策如要使之有效，第一目前似嚇非嚇的作風應即糾正。第二美國在遠東應擔起單獨行動的責任，以英國必然跟隨美國行動無疑，不然：甲、要嚇，乙、要餂[1]，結果阻不得敵人，反阻了自己。

---

1 「餂」字語出孟子盡心篇，「士未可以言而言，是以言餂之；可以言而不言，是以不言餂之也。」意謂「誘取」。

7. 俄共使用熱核子作戰之偷襲心理，及其不敢發動戰爭與怕戰心理之檢討，以及其和平共存之宣傳。
8. 屬杜[1]告英，中共如坐大大陸，而反對國軍反攻大陸，則俄共對「非洲」擴張，中共對亞洲擴張永無止境，能不設法阻止與牽制乎？
9. 俄最怕戰爭，證明其只敢用政治滲透顛覆手段，美之對策如何。
10. 對杜以援助共產附庸國與亞洲反共國家自動解放政策的利害為主題。
11. 共匪要在一九五八年完成其社會主義建設之基礎，其與俄共第六個五年計畫中發動大戰之政策配合。
12. 共黨一月間擴大會議，其共產主義之基礎要在「三年內之奠定」。

三月一日　星期四　氣候：晴

雪恥：一、愛克昨日宣布其競選後屆總統，此乃對其美國民主黨重大打擊，如其果獲當選，則對我國外交政策或無變更，但不致有特別助益，惟其對俄共是否有作戰決心以消滅世界共產浩劫，則非敢所望，但彼實有成此空前大業之機會，故亦不能不作萬一之望耳。二、全臺公路側植樹護路之成績，應作其各縣市長考績之要項。三、教育視導工作之要項：（甲）學校各種整修問題與經費出納之情形，及解決意見。（乙）教育方法與用具。（丙）學生衛生與體力。

朝課，記事，膳後視察小學，加以指示，續審軍歌與夫人著必勝之道各稿。十一時後與妻乘車，至文武廟遊覽，再乘船回旅舍午膳。一時前啟程到臺中，妻上機回臺北，余與經兒乘車。乘車經彰化、「西螺」大橋、新營，至高雄已七時半，即入浴，膳後散步。幸經兒自臺北來伴，四小時半車行不致寂寞也。晚課。

1　杜即杜勒斯（John F. Dulles）。

三月二日　星期五　氣候：晴

雪恥：一、四九師與預八師在行人道樹架電線，應各記過一次。二、每月軍事功過賞罰表總公報有否刊行。三、無論軍政機構與工作業務及用具房舍，應隨損隨補，並定期檢查修理，如有破損與污穢零亂不整之事物，對於其主官與負責管理人員之處分以外，應對其年終考績為重要之標準。

朝課，記事，續修「必勝之道」夫人文稿後，十一時與希聖[1]談俄共大會經過情形與今後之影響如何，相談二小時半，並將和平共存論應增補之要點加以指示。午課後，續修夫人文稿。晡與經兒在海濱沙灘上散步，晚觀劇後，再與希聖談對中共宣傳方針。晚課後，廿二時半寢。

三月三日　星期六　氣候：雨

雪恥：一、對杜勒斯之討論：甲、共匪對「美民」人質的釋放，必須在美與匪談判破裂或宣布不承認共匪，與反對其加入聯合國政策之後，才有釋放可能的希望，如其再橫暴不釋，則亦決不敢殺害美民，美實毫無所失。乙、（子）共匪虐待美俘白皮書。（丑）選舉宣傳明定反對共匪加入聯合國的政策，必須如此，英才得安心跟隨。（寅）解放赤幕，奠定世界和平之基礎。丙、俄共大會之總結，決不願在其武力準備未充分以前，投入戰爭或引起大戰，故其主張用政治和平政策，達到其共產制度世界化目的。

朝課，記事。上午到左營主持海軍參校畢業典禮後，參觀咸陽艦新設備，以該艦前日由美初接回國也。午課後，續修必勝之道完，重修軍歌完，批閱要公。晚觀影劇，晚課。

1　陶希聖，名匯曾，字希聖，以字行，湖北黃岡人。歷任立法委員、革命實踐研究院總講座、中國國民黨中央常務委員會委員。1955 年冬受命撰寫《蘇俄在中國》，1956 年 12 月出版。

續上月反省錄

十二、上（二）月初旬，雖在舊歷度歲之中，手擬令稿與軍政指導之工作勝於平時，以去年未了之工作，皆須於舊歷元宵前趕工完成耳，並提前召見實踐學社第四期學員與軍師長，亦皆依例召見完畢。

十三、俄共今後對其統治世界之陰謀政策大體如下：甲、國家權力的一切工具 – 共黨、軍隊、政府機構，均集中於其主席團和中央委員會之下，而以赫酋第一書記為實際之集權領導者。乙、延緩暴力主義，而改變其戰爭不可避免之意念，新定和平共存口號，為其世界革命之新指導方針。丙、建立中立國家。丁、聯合各國社會主義、職工組合主義和自由主義者統一陣線，以不同國家由不同方式進入社會主義。戊、使殖民與半殖民地國家，所有民族主義分子組成反西方的聯合陣線。己、製造第三個陣線，分世界為東、西與和平三個地區。庚、新五年計畫成功後，以剩餘之工程司技術員，援助落後各國經濟與工業之開發。辛、在最短期中，主要工業量超過美國，最高度發展資本主義之國家。壬、經濟軍事化，優先發展重工業，強調國防第一，保持對敵國之警覺。癸、綜核俄共政策。子、和平共存。丑、集領導。寅、製造中立。卯、組成聯合陣線。辰、重工業之發展。巳、高度國防實力。午、待機偷襲美國，消滅資本主義以統治世界。

本星期預定工作課目

1. 南部軍用道路橋梁之趕修。
2. 搜索部隊組訓之加緊與通信部隊。
3. 退伍士兵工廠與公營事業中先用權。
4. 軍眷工作之介紹。軍用品製衣等應先分配。
5. 偽藥與包標之弊端。

6. 咸陽號有蒼蠅，應速除。
7. 修正重要講稿。
8. 綜核俄共黨會與杜勒斯講演，以及英、美對俄之輿論，及其心理與影響之結論。
9. 清理公務與積案。
10. 實踐學社畢業典禮。
11. 魚雷整修工作之督導。

三月四日　星期日　氣候：陰晴　溫度：六四

雪恥：一、使日本信美反共，必先助我反攻大陸的事實之表現。二、美國在亞洲解放政策，應使越南固守現地，而使韓國待我反攻，克復沿海一、二省以後，乃影響中國對北韓開始反攻並進。三、中、韓、越同盟之建議。

朝課，記事，朝餐，聽報，九時半與石覺、經兒出發，經楠梓、嶺口到旗山視察指揮所，昔為日軍建築，現在加以修整其地下室，尚可用也。再往美濃視察警察分所後，至養魚池遊覽。此地山峰秀麗，略似蘇杭地方富庶，且其地皆為梅縣客家人所聚族而居，其婦女至今猶保守客家風俗，聞其各姓多有家譜，數百年來相傳不失也。在糖廠「打尖」（午餐）後，至「新三角子」一三六團營房巡視後，與石覺同車回高雄，已十五時餘，午課如常。

三月五日　星期一　氣候：晴　溫度：六六

雪恥：昨晡閱報，審察國際形勢。文孫來侍，乃同觀影劇「金字塔[1]」畢。晚餐後回軍校，余乃散步，晚課，廿二時後寢。

朝課後記事，聽報。麥克阿瑟[2]駁斥杜魯門回憶錄，對於中、美關係上更有必要也。共匪昨在日內瓦又發表其美、毛談判拖延之責，歸罪於美國不肯放棄中美互助協定為非法，並對放棄施用武力之宣言，必須在外長級會議才能實施之意，以脅誘美國，此其談判之癥結所在，以理測之，乃不能有所結果也。上、下午皆修正上次研究院畢業演習之講評，未完，不知果能有效否。妻自臺北回聚，晡迎於屏東市外。晚閱報，省察時局。午、晚課如常，經兒晚餐後回臺北，廿二時半寢。

三月六日　星期二　氣候：晴

雪恥：一、目前中東的危機，乃是由於遠東共禍的延續與結果。二、愛克第二任當選時，亞洲人民之最大希望為在避免大戰的範圍內，而消除亞洲共禍、解放鐵幕，即協助反共各國驅除俄共傀儡，重獲自由與獨立統一，此實愛克此後天賦之任務，亦惟他方能擔負此一重任也。三、世界共禍根源雖產生於俄國，但成長於中國，如無中共，則俄即孤立不能有所作為。四、遏制共產發展，惟有對鐵幕內外製造其困擾，使之自顧不遑，此為惟一策略，但必須先由外攻，而後方能發生內應，否則只望其內幕變亂，無異助長其坐大與其內部統制而已。

1　《金字塔》（*Land of the Pharaohs*，法老王之地），美國華納兄弟電影公司出品，霍華霍克斯（Howard W. Hawks）導演，約翰・霍金斯（John E. Hawkins）、瓊・柯林斯（Joan H. Collins）、杜威・馬丁（Dewey D. Martin）等主演，1955 年 6 月 22 日在洛杉磯首映。

2　麥克阿瑟（Douglas MacArthur），又譯麥克阿薩、麥克阿塞、麥克合瑟、麥克約瑟，西南太平洋戰區盟軍最高司令，1945 年 8 月任盟軍最高統帥，1952 年參與美國共和黨黨內總統初選失敗。

朝、午、晚各課如常，記事。上、下午皆修正對研究院演習（上月）之講評稿，甚費心力也。哺往海軍醫院，美醫修正假牙。晚聽報審時頗有所得，廿二時後寢。

三月七日　星期三　氣候：晴

雪恥：一、俄「馬林可夫」不久訪英之消息，此乃以其緩和派的關係，對英要結之作用也。二、愛克不願尼克生[1]為其副總統之候選人已公開表示，此乃共和黨中不一致之又一現象，而愛克之氣焰似乎過火乎。

朝課，記事。膳後散步，沿海濱向北獨步前進，約十餘分時而回，清理公文。十一時往左營修牙一小時，所有不適合之處皆已澈底修正，從此食物乃可放膽無忌矣。午課後審核臏〔謄〕清之講稿，至晚未完。哺見洛杉磯鏡報[2]之主人賓君[3]，其人對華甚關切，實為良友也。晚聽報，讀詩，晚課。以傷風乃入浴後，廿二時半寢。

三月八日　星期四　氣候：晴陰

雪恥：一、俄共大會的要點：甲、避免世界大戰。乙、延緩暴力革命，而為聯合戰線和平發展（對各國共黨革命方式之指示）。可知其決不敢參加中國反共戰爭，反自冒其大戰之危險也。丙、對鐵幕外之和平攻勢，引起共存

1　尼克森（Richard M. Nixon），又譯尼克生，美國共和黨人，曾任眾議院、參議員，1953 年 1 月至 1961 年 1 月為副總統。

2　《洛杉磯鏡報》（*Los Angeles Mirror*），即今《洛杉磯時報》（*Los Angeles Times*），1881 年 12 月 4 日在洛杉磯創刊，屬「時報 — 鏡報公司」，其影響與地位僅次於《紐約時報》和《華盛頓郵報》，被稱為美國的第三大報。

3　賓克雷（Virgil Pinkley），時任《洛杉磯鏡報》發行人。

苟安之幻想。丁、對鐵幕內之寬大宣傳，減少恐怖自危之影象，此其對內對外羈縻一時之陰謀也。二、俄共與中共此時對其理論與歷史，正在落空脫節之際，在其新的理論與歷史未產生造成以前，在此空隙中，吾人應定如何宣傳策略，以搖動其人心耶。

朝課後重審講稿，加以增修「反間假情報」一節，實甚重要。午課後記事，審閱上月日記，草擬自反錄未完。晚觀影劇（美國建國初期歷史），甚多感想也。晚課，廿二時後寢。

三月九日　星期五　氣候：晴　溫度：六十八

雪恥：一、俄共對於狄托的黃色工會與印度的中立路線之利用，實為其世界革命在此階段中之二大主幹，彼共今後策略，當向此發展也。二、（軍事哲學）心物一體論的精神，重於物質之軍事哲學的要領：甲、戰爭無時不在危險之中，必須有一物為之主宰。乙、其主宰就是心。丙、心與性與道的關係。丁、道在心之中，心之所在即道之所在，故心即道。戊、道即明德，新民至善。己、如何得見心，必先使精神止定靜安，所謂止定靜安：（子）不暴燥忙亂。（丑）不恐怖慌急（就是無憂無懼，不慌不忙），所謂前有「毒蛇後有猛虎」、「我慮則一彼紛不紛」。庚、所以將領心神必須安靜，乃能應戰裕如，指揮若定，故將領作戰處事必須有精神修養，而後明心見性，無憂無懼，不見死生，全神貫注也。王[1]、但無憂無懼，必自內心無愧無怍始也。癸、無愧無怍，必是明德合理而得道也，然後一切思慮決心不致錯誤而失敗也，是將領第一要在修神修養求得止定靜安，此為戰爭哲學之主旨也。

「神定不攝，誰敢侮余。」

1　原文如此。

三月十日　星期六　氣候：晴

雪恥：昨日朝課，記事。膳後散步，指示植樹回，記上月反省錄，以是月國際變化與要事最多，故記錄頗費心力，直至午課後，續記到十七時方完也。晡約南部海陸軍各首席顧問夫婦茶點，且為海軍蒲勞第[1]夫人祝壽，其實原意只為對美牙醫為我夫妻醫牙完畢，故約其茶點表示謝意而已。晚閱皮宗敢所呈美國戰爭九大原則之講義，故又增補前日講評稿目標原則說明之一段也。晚課，以楚秘書[2]外出，臨時找不着其人，故不悅。廿三時睡後失眠，乃又服藥也。

本（十）日朝課，記事，手擬對杜勒斯談話要領，至十一時後，與妻由屏東起飛，至恆春轉鵝鑾鼻打尖遊覽，靜觀海洋平靖不波為樂。特往雷達站視察，對測高與測遠新式機械之運用方法，又多得一種智識也。十五時回程，乘車直達高雄，正十八時也。入浴後，續擬談話稿二小時，膳後散步，讀詩，晚課，廿二時後寢。

上星期反省錄

一、約但罷免英國駐約總司令[3]職，此為英國殖民地歷史所未曾有之大辱，亦即為其國家沒落之先聲也。

二、英國先幫兇侵佔大陸，今則受俄共之逼迫，其殖民地之命脈根本動搖，其為俄共間接之侵害，終將與我陷入同一之苦境。此為我放棄大陸、退

1　蒲勞第（Robert Brodie），又譯卜勞迪、卜蘭地，時任美國駐華顧問團海軍組組長。其妻（Dixie Plummer Hill Brodie）。

2　楚崧秋，湖南湘潭人。1954 年 6 月，奉調陽明山革命實踐研究院黨政軍聯合作戰研究班第三期，獲擢拔為總統府侍從中文簡任一級秘書、新聞秘書。

3　格魯布（John B. Glubb），英國陸軍將領，阿拉伯軍團指揮官，1956 年 3 月 1 日被約旦國王解除職權，象徵約旦軍事獨立地位。

守臺灣的原因，亦為我使美英好自為之，促其悔悟一種不得已之方法，而使俄共與中共多方受敵，以減輕我單獨抗俄反共之重任也，而今則英美不能不與我真實立於同一陣線矣。

三、巴基斯坦之東南亞聯盟會議，仍為紙上空談，並無實質之進步，可歎。

四、美國總參謀長會議將在波多利谷島秘密集會一週，何耶。

五、毛酋代表在日內瓦與美大使[1]談判，又指斥美國無誠意，而美亦加以反駁，實無意義極矣。

本星期預定工作課目

1. 問美對亞洲殖民地民族多援助其獨立自由，如韓、越、菲、印尼、緬、印度，而獨對我與美在大戰中並肩作戰、犧牲最大、忠實不二之中國四億人民，反袖手不援，使之陷入鐵幕，造成俄國在亞最大之新殖民地，美國所謂平等、博愛、民主之立國原則，以及公理正義外交與戰後政策之目的，究竟何在？
2. 準備與杜勒斯談話。
3. 見俞大緯〔維〕[2]、蔣廷黼〔黻〕[3]、何敬之與赫斯塔[4]等。
4. 實踐學社結業訓話。

1　詹森（Ural Alexis Johnson），美國外交官，1953 年至 1958 年任美國駐捷克斯洛伐克大使，1955 年 8 月 1 日起，在日內瓦舉行的中美大使級會談中與中國代表，中華人民共和國駐波蘭大使王炳南會談。

2　俞大維，浙江紹興人。曾任國民政府軍政部常務次長、交通部部長，1954 年 9 月 20 日起至 1965 年 1 月 25 日任國防部部長。

3　蔣廷黻，字綬章，湖南邵陽人。1947 年 11 月至 1962 年 7 月，任中華民國駐聯合國代表。1958 年 4 月，當選中央研究院人文及社會科學組院士。

4　小赫斯特（William Randolph Hearst, Jr.），國際通信社社長，赫斯特報系創始人赫斯特（William Randolph Hearst）次子。阿畢生・赫斯特（Randolph Apperson Hearst），又譯阿畢森・赫斯特，赫斯出版公司董事長，赫斯特報系創始人赫斯特三子。

5. 屬俞[1]備款匯瑞[2]。

6. 被香港扣留之飛機與李少校[3]之交涉。

7. 本年訓詞應以荒漠甘泉與中國哲學為主要資料。

三月十一日　星期日　氣候：陰　寒　地點：臺北雨

雪恥：一、對杜[4]談話方式：甲、屬轉英國首相。乙、以亞洲人之普遍心理立言。丙、對反攻意見，如美同意的話，乃由自身所見立言。二、談話重點：甲、闢斥「兩個中國」之說對美利害立言。乙、「反攻大陸」為對俄共限制侵略，使其內顧不遑，為惟一之道。三、略提去年否決外蒙案，不能與美一致，亦是為美的道義與政策之關係，而非僅為中國本身也。

朝課後，即續擬對杜談話要領稿，自八時至十三時止，幾乎全神貫注，草成此稿也。與石覺談話後，午膳，文孫同聚畢，即由屏東起飛。午課如常，回蒔林後記事，重核談話稿畢，見岳軍。膳後審閱講評小冊，晚課，廿二時後寢。

三月十二日　星期一　氣候：晴　寒

雪恥：一、美俄戰爭將來結果，美國必勝之原因：甲、美以制海與制空權包圍統制歐亞整個大陸，加以原子毀滅其戰力（國力）。乙、俄雖能以原子轟炸美國本土，但無海軍制勝而無法越洋對美佔領。丙、美國戰略以無限之空

1　俞國華，浙江奉化人。1955 年自美返國，出任中央信託局局長。1958 年初派兼中華開發公司籌備處主任委員。

2　瑞即瑞士銀行。

3　李盛林，空軍飛行少校，時任第六大隊第十二中隊政治指導員。1956 年 1 月 31 日駕機執行偵照任務，返航時遭共機追擊，迫降香港羈留四十餘日，經外交當局折衝，於 3 月 12 日安然返隊。

4　杜即杜勒斯（John F. Dulles）。

間，對俄有限大陸之目標，以活動戰力（海空軍）對俄大陸不動之目標，此其所以最後勝利也。

朝課記事後，與大維部長談話，聽取其訪美經過之報告，彼對軍力建設之政策與我完全相同也。上午到石牌實踐學社，對第四期結業學員致訓，聚餐回。午課後，再往學社聽講滑鐵路[1]與庫爾姆[2]之戰史，以及科形陣之戰史二小時畢，仍與學員在社聚晚餐也。晚閱報，晚課，廿二時寢。

三月十三日　星期二　氣候：晴

雪恥：一、取消或減輕禁運品目，無異抱薪救火。二、英對匪如能維持禁運，則我在海峽不掃射英輪，但應保留臨時檢查權。三、放還我在港之軍用機與人員表示好感。四、對華僑宣傳與經援工作之合作。五、美國在亞領導權，與亞人對美、對俄之心理，加以檢討。六、對受美援國家之顧忌防範與限制之不良影象〔響〕。

朝課，記事，整理談話要目，入府召見劉景山[3]等中東考察團。與廷黻談話後，召集一般會談，商討對杜[4]談話要旨後，批閱公文。午課後，審核陶[5]擬函稿（于勸戒共匪之心戰）後，見甘納德[6]主教等完。晚與希聖談話後，散步，晚課。

1　滑鐵盧戰役（Battle of Waterloo），1815 年 6 月 18 日英國、荷蘭、普魯士共同對抗法國，在比利時布魯塞爾南方滑鐵盧作戰。這場戰役中，以拿破崙戰敗告終。後世經常將重大的失敗代稱為滑鐵盧。

2　庫爾姆戰役（Battle of Kulm），指 1813 年 8 月 30 日拿破崙的法國軍隊與反法聯軍在庫爾姆爆發的戰役，以法軍戰敗告終。

3　劉景山，穆斯林，河北天津人。曾任北京政府交通部路政司司長、中東鐵路公司會辦、中國銀行總稽核、中國建設銀公司協理、中美塑膠公司董事長兼總經理。時任經濟部及交通部顧問。

4　杜即杜勒斯（John F. Dulles）。

5　陶即陶希聖。

6　甘納德（Harry S. Kennedy），美國聖公會，1953 年曾來臺視察駐臺美軍軍中聖公會教務，1956 年 3 月 16 日來臺祝聖聖約翰堂。

三月十四日　星期三　氣候：晴

雪恥：一、赫斯搭〔塔〕系記者史密斯[1]說：「將來世界歷史之悲劇，就是民主國家不能擁護你反共的主張。」余聞此語，更增我過去反共失敗之慚愧心情，而亦鼓勵我今後反共必勝之信念與勇氣，能不積極奮勉乎。

朝課後記事，審閱于[2]致毛匪訓斥文稿，認為可以發表也。主持中央常會，研討補習教育方案，加以指示後，重付審查。又研討心理作戰計畫，會中多以共匪在香港進行猛烈之懷柔與誘惑攻勢為慮，且發生悲觀，殊為可痛。此次北回以來，發現幹部間消沉悲觀之一般態度，如何使若輩能擔負今後反共之重任耶。午課後，審核對記者問答稿，多不得體，重行手擬，甚歎幹部之不得力也。晡與赫斯塔兄弟等五人談話一小時餘，晚車遊，散步，重修問答稿，晚課，廿二時半寢。

三月十五日　星期四　氣候：晴

雪恥：一、與杜[3]談話要點：甲、反攻大陸為主題。乙、中韓越聯盟。丙、不要為近東問題而忽略遠東形勢，以中俄共聲南擊東之獪謀。丁、實行解放政策，不應靜待鐵幕內之革命，令人徒托空言之感。戊、共匪決不敢殺害美之人質。己、明確表示反對匪入聯合國。庚、俄共特出任務與打破西方的限於歐洲之戰略二點，應特加注意。辛、俄共新政策的作用，在使美國長期軍備競賽而無用武之地。壬、共匪虐待美俘僑之白皮書。癸、經濟戰。

1　史密斯（Joseph Kingsbury-Smith），赫斯特報系副總裁兼總經理，主跑外交、國際政要專訪。

2　于斌，字野聲，黑龍江海倫人。1946 年為南京總主教，創辦《益世報》，當選制憲國民大會主席。1949 年遵照教廷命令，離開南京前往美國，在紐約成立中美聯誼會。1954 年到臺灣出席國民大會。1956 年受教廷任命籌備輔仁大學在臺復校。

3　杜即杜勒斯（John F. Dulles）。

朝課後，修正對記者問答稿，入府。菲使[1]呈遞國書後，與英廣播公司記者談話畢回，記事，批閱公文。午課後補修談話稿。晚宴赫斯塔報主人與記者，廿二時後完，晚課。
◎中立主義與日泰問題。
◎政治理想與美援代價之比較。

三月十六日　星期五　氣候：晴

雪恥：朝課後記事，往靜觀室送赫斯塔兄弟夫婦回，聽報。十時入府，審閱談話稿，見鄭騫[2]後，情報會談。午課後，審核談話稿交譯。十六時半杜勒斯來談，先問其此次訪問亞洲各國情形，彼很誠實的報告約一小時餘，其中最重要的，錫蘭總理[3]問其將來是否會放棄蔣介石，彼答「決不放棄」，該總理復言「如果放棄，則我們錫蘭不得了。」錫蘭乃為隨英承認共匪之國家，而其對我國重視如此，更使杜不能不加警惕也。晚宴後，又續談二小時半，大部時間皆由余談話另錄存稿，綜核結果，雙方意見互相了解，余亦盡其所言，對反攻大陸一段，余本不望其此時發生效果，而為一年後之希望也，最後與勞勃生[4]談話十分時，晚課後，廿四時寢。

1　羅慕斯（Narciso Ramos），又譯陸穆祿，1956 年 3 月至 1965 年 12 月任菲律賓駐華大使。
2　鄭騫，字因百，祖籍遼寧鐵嶺。1948 年秋，應聘擔任臺灣大學中文系教授，至 1974 年 8 月退休。
3　科特拉瓦拉（John Lionel Kotelawala），錫蘭政治家，曾任外事和國防部長，1953 年 10 月至 1956 年 4 月任總理。
4　勞勃生（Walter S. Robertson）。

三月十七日　星期六　氣候：晴　熱

雪恥：一、臺北市應為中央直轄市，由政府直接管轄，其市長不由民選，而用委任制，如此則易於建設與整頓矣。二、林獻堂[1]在日本致杜勒斯書，主張臺灣由臺人自治與獨立，而反對國民黨與共產黨統治，此種老漢奸奴隸成性，惟利是求，絕無國家觀念，聞之痛心，亦可知臺灣人現時受日美外力雙方之鼓惑，而對民族之向心力漸增，不能不設法防制也。

朝課記事後，重修對杜談話錄，入府先見由印度驅逐回國之忠貞華僑余緒賢[2]等，繼見美駐菲[3]、紐[4]各大使與藍欽[5]，屬其轉告杜卿，對共匪虐待美僑之白皮書應速發表為要。主持軍事會談，十三時半完。午課後，整編荒漠甘泉稿開始，入浴，與妻車遊山上一匝。晚觀影劇，晚課，廿二時後寢。

上星期反省錄

一、杜勒斯來訪，談話結果未有阻隔，余對彼亦不作任何要求，專以協助我解放大陸為主題，而以對共產集團必使之內部不安為言，彼似有所悟乎。

二、此次休假回來之初，對於政府各部門工作及幹部言行皆現消極與悲觀之象，不勝憂惶，如此幹部而欲求復國革命之成功，竟使我亦喪失信心，但未幾仍能自強如常也。

1　林獻堂，名朝琛，號灌園，臺灣霧峰林家出身，臺灣日據時期右派反日親中的代表性人物。1946 年 5 月當選第一屆臺灣省參議會參議員。1947 年 2 月二二八事件發生，列名「臺省漢奸」。1949 年 9 月離臺寓居日本。

2　余緒賢，廣東台山人。時任印度加爾各答僑團聯合會理事長、中國國民黨駐印度總支部書記長。

3　費格森（Homer S. Ferguson），時任美國駐菲律賓大使。

4　韓傑生（Robert C. Hendrickson），時任美國紐西蘭大使。

5　藍欽（Karl L. Rankin），又譯蘭卿、藍卿，美國外交官，曾任駐廣州總領事、駐香港總領事、駐臺公使，1953 年 2 月至 1958 年 1 月任駐華大使。

三、本周工作重要者：甲、實踐學社第四期五十餘員結業。乙、草擬與杜[1]談話稿，集中於反攻復國，使之能同情之一點上。丙、答赫斯[2]（談話）問稿。丁、軍事會談，督促「退除役輔導工使〔作〕」與軍援計畫提早完成工作，皆有效力乎。

本星期預定工作課目

1. 駐日大使人選。
2. 武官（侍從）職期調任。
3. 侍從室編組與人選。
4. 侍從人員聽訓日期。
5. 召見預備訓練團長與師長。
6. 參校將官班優等人員之召見。
7. 實踐學社副主任。
8. 與杜談話備忘錄。
9. 召董[3]回國。
10. 召見盧福寧[4]與段昌義[5]。

---

1 杜即杜勒斯（John F. Dulles）。
2 指赫斯脫（William Randolph Hearst, Jr.）。
3 董即董顯光。
4 盧福寧，浙江杭州人，南京中央軍校十期。1954 年任第二軍團司令部參謀長，1957 年調任駐美大使館武官。
5 段昌義，號仲斌、龍望，安徽合肥人。1955 年 10 月任第九十三師副師長，1956 年 2 月調任國防部高級參謀，1957 年 2 月調任第六十八師副師長。

三月十八日　星期日　氣候：晴

雪恥：一、駐日大使人選。二、侍從武官職期調任。三、侍衛組織之審核。四、侍衛官兵之訓話。

朝課後，在院中散步，訪魚問鳥為樂，在靜觀自得室早膳畢，再散步回，記事。審核國防大學第五期學員人選名冊。十一時禮拜，聽韓國之韓牧師[1]報告，韓國教會前後被日、俄逼迫之經過，以及其孫牧師[2]二子與其本人殉道之情形，乃知今日臺灣教會無異已入天堂也。午課後，續審閱防大學員名冊完，批閱要公十餘件。晡約顧問團新舊參謀長茶點畢，與妻車遊山上一匝。晚閱報，散步，晚課。

三月十九日　星期一　氣候：陰雨

雪恥：一、自我國抗日結果，亞洲印度、緬度、印尼、泰國、南韓等，以第二大戰勝利而皆獲得解放與獨立，其人數約在六億，如不由我國抗日勝利，則此等東方民族，決不能有今日自由平等之地位，然而我大陸四億以上人民，反因此而為俄共所奴役與統制，無法生存，此理甚為簡明。但是此等國家，今日不僅不能報德，而且排斥我國視為無物，尤以印度之「泥黑奴[3]」：「今日世界不知有這中華民國那樣之一個國家」為言，此種無信無義，自私自利之民族，焉得不為白人所輕侮，彼尚不知今日如無我國反共，則彼等又將為新殖民地之亡國奴，不久必為俄共所滅亡，而彼暴棄自大如此，可不悲乎。

朝、午、晚各課如常，記事後，主持研究院聯戰第七期開學典禮，讀革命教

1　韓秉赫，另有華名韓宗善，1932 年華北神學院畢業後佈道。韓戰期間和伍德柏在巨濟島、濟州島戰俘營傳教。

2　孫良源，韓國全羅南道愛養教會牧師，投身痲瘋病照顧，死於韓戰。

3　泥黑奴指尼赫魯（Jawaharlal Nehru）。

育之基礎二小時完，午課，清理積案。晡與妻車遊後閱報，審編荒漠甘泉，晚課，讀詩。

三月二十日　星期二　氣候：晴陰

雪恥：一、對軍事會報訓詞要旨：甲、天才之解釋。乙、天才主官必須有健全參謀之配合。丙、「成功不必在我」之解釋，以國家團體為個人生命與歷史所寄托。丁、生命之意義。戊、戰爭原則之改正。己、考核人才之要領或原則。1、合作（聯系與服務）。2、主動（積極）。3、負責（研究、發展、創造、企圖）。4、熱情（無我）（坦直）（不計恩怨）（不遷就、無情面）。5、實踐（澈底準確）。6、領導統御，運用僚才，組織、情報、通信、宣傳、保防、程序、準備、公正、果斷、明確。7、思惟（邏輯、（正確）程序，「先後」科學、辯證、事理、目的與手段）。8、均衡（勇氣、智慧、忍耐、冷靜、鎮定）。9、信心、氣節、自反（自責、知恥、改過）。

朝課，記事，入府會客，批閱，召集宣傳會談。午課後，批閱公文。晡與妻車遊後，觀影劇「美空軍戰略中心司令部」，甚有益也，散步，讀詩，晚課。

淘汰不稱職部屬為建軍第一任務。

三月二十一日　星期三　氣候：晴

雪恥：一、理想的軍事天才：甲、研究多於創造。乙、概括全體，而不偏於一面。丙、頭腦冷靜，而不過度熱烈（以上為克氏[1]之言）。二、改變氣質，

1　克氏即克勞塞維茲（Carl von Clausewitz）。

即革除舊習：甲、投機。乙、取巧。丙、欺妄（虛偽）。丁、籠統（含糊）（模棱兩可）。戊、消極（多一事不如少一事）等惡習澈底自反革除。己、苟且（因循，敷衍）。庚、遲延。辛、情面（遷就，怕怨）。壬、本位主義。癸、自我宣傳（矜持）。三、大陸革命運動之具體研究。四、心戰與宣傳。
朝課記事後，主持總動員會報，指示十餘問題，但尚未詳盡，而自覺說話太多矣。午課後，鑲修假牙畢，準備訓詞要旨，到軍務會談訓話一小時畢，在防大參加聚餐。晚到中山堂參觀漢宮春秋，演藝較優而服飾與布景太差，必為外國使節等所輕視也。回後晚課，入浴，臨睡將一時矣。

三月二十二日　星期四　氣候：晴

雪恥：一、國家與人的的[1]靈魂。二、精神上最高境域，就是接觸到靈魂。三、國家無靈魂不能生存，人生無靈魂即無意義。四、傑法生[2]說，自由之花是要拿烈士和暴君之血去灌溉，那才是天然的肥料。五、靈魂、精神、性、命、天五者之意義的解釋。六、佛教、回教、道教、耶教等宗教，其對靈魂各種之解釋。七、魂、魄、靈、命，古典中之解釋。
朝課後記事，記革除舊習要目九項。九時半到國防大學，聽講作戰協調中心之組織職務與演習，約三小時半畢，加以指示。膳後修補假牙，約一小時後，午課畢，與妻遊覽草山後公園。晚經兒為夫人作媛〔暖〕壽後，觀影劇（七小虎），晚課，廿二時半寢。

1　原文如此。
2　傑佛遜（Thomas Jefferson, 1743-1826），美國第三任總統，英文原句：The tree of liberty must be refreshed from time to time with the blood of patriots & tyrants.

三月二十三日　星期五　氣候：晴

雪恥：一、盧福寧派駐美武官。二、蘇揚志[1]調陸軍師長或副軍長。三、本黨為民服務，應做傳教受苦耐煩與犧牲精神。

朝課後記事，入府與岳軍、公超談駐日大使人選，及對杜勒斯備忘錄等問題畢。召見金門與馬祖來參加軍務會報自連營長至指揮官等各軍官十餘人後，召集財經會談，聽取下年度預算計畫，以及六年來財經收支與增減情勢，頗有助益。午課後，再修假牙後，接見來賀夫人生日之賀客，閱報。晡與夫人車遊山上一匝。晚會餐畢，與賀客作跑馬玩耍助興，廿二時散步回，晚課。

三月二十四日　星期六　氣候：晴

雪恥：一、耶穌受難節講詞：甲、生命。乙、自由。丙、救人救世。丁、博愛。戊、鬥爭。己、犧牲。庚、真理。辛、靈心。壬、魂魄。癸、信仰。

朝課，記事，入府見第十軍顧問麥康納[2]，談半小時有益。召見宗南[3]、豪章[4]，以及金門來臺參加軍務會報之連長、指導員、營長等三人，並召見將領數人。召集軍事會談，十三時後方畢。午課後，審閱青年節文稿，不中用，應另擬稿。又修整與杜勒斯談話記錄稿，足有三小時之久完成。膳後與妻車遊山上一匝回，入浴，晚課，讀唐詩，廿二時寢。半夜二時醒後，為黨婦女

1　蘇揚志，號仰三，山西平遙人。1953 年 1 月調任海軍陸戰隊第二旅旅長，1956 年 8 月調任海軍陸戰隊第一師師長。

2　麥康納（McConnell），美國陸軍軍官，駐華軍事顧問團派駐國軍第十軍顧問。

3　胡宗南，原名琴齋，字壽山，浙江孝豐人。1951 年 8 月化名秦東昌，出任江浙反共救國軍總指揮兼浙江省政府主席。1953 年 7 月，任總統府戰略顧問委員會顧問。1955 年 9 月，出任澎湖防衛司令部司令官。1959 年退役，復任總統府戰略顧問。

4　于豪章，號文博，安徽鳳陽人。1953 年 1 月出任海軍陸戰隊參謀長。1955 年 1 月調任海軍陸戰隊司令部副司令。1957 年 4 月調任第五十一師師長。

工作會與婦聯會為夫人生日設禮堂祝壽登報事，反覆不能成眠，該會主任等不識革命道理，將革命精神之損失不可限量也。

上星期反省錄

一、英國在南中國海香港與新加坡之間，大規模軍事演習，美、澳、紐亦皆有一部分海空軍參加其間，此乃對共匪示威也。
二、研究院聯戰班第七期學員開學。
三、軍務會報訓話二次，對人事考核原則之指示當有益乎。
四、作戰協調中心之組織與各部分職掌之演習，乃為第一次所初見也。
五、國防大學第五期學員名冊已核定。
六、下年度預算方針已審定。
七、召見外島參加軍務會報之連、營長。
八、中東問題美提聯合國要求開理事會。

三月二十五日　星期日　氣候：晴

雪恥：一、補受難節要旨：甲、耶穌蒙難之前禱文：「願上帝旨意成功」之精誠的表現。乙、以盜犯之悔改准其同進天國。丙、復活的意義即永生。丁、臨難自動就義，毫不退避疑懼的忠勇精神。戊、受審沉默，不發一言自辯的順從天命（上帝的旨意）。
昨夜間醒後，為婦聯會與黨的婦工會不識大體、招搖諂奉之祝壽案憂慮不寐後，忽悟青年節文告要旨，應以俄共清算史魔[1]事為主旨，以說明思想信仰主

1　史魔即指史達林（Joseph Stalin）。

義與歷史，對革命黨員精神力量之基因，以勗勉全國青年，或較有力也。朝課後，早膳畢，與希聖談文告要旨，屬其試擬。在院中與經兒散步，指示其薇美[1]嫁女事，記事。到禮拜堂聽道，午課後，手擬受難節文告三小時，尚未完成，車遊後續擬未完。晚散步吟詩，查經，晚課，入浴，廿二時半寢後不能成寐，至廿四時後服藥睡去。

三月二十六日　星期一　氣候：晴

雪恥：一、聯合國顧問張純明[2]履歷查報。二、李濟之[3]等學者約見。三、為民服務工作項目與方法，應倣效教士服務，不厭不倦與研究改革社會辦法。四、教育方針與升學制之準備以及基層職業教育補救升學之方針。五、旅行遊客招徠與風景整建辦法。六、研究大陸實情之分工計畫。

朝課後記事，手擬耶穌受難節文稿未完，十時到陸參校主持紀念周，對分院男女學生及省行政研究會致詞，約三刻時畢。與岳軍談話，發給廷黻以一等慶雲勛章。正午續擬文稿畢，午課後，閱勝利的生活（龔斯德[4]著），甚有益也。晡約美戰術空軍司令惠來[5]茶會畢，散步。晚約蔣廷黻便餐授勳，彼對教育宣傳外交皆有意見貢獻。晚課。

1　孫薇美，浙江奉化蕭王廟孫益甫次女，嫁蔣中正長兄蔣介卿之子蔣國炳為妻，有一子四女，分別是子蔣孝倫，女蔣靜娟，蔣志倫，蔣環倫，蔣明倫。

2　張純明，字鏡軒，又名永昭，河南洛寧人。1948 年在河南省第六選區當選第一屆立法委員。1949 年大陸易手之際，應駐聯合國代表蔣廷黻之聘，赴美擔任代表團額外顧問。1951 年，註銷立法委員名籍。1956 年，調任公使級副代表。

3　李濟，字受之，改字濟之，湖北鍾祥人。主持河南安陽殷墟發掘，使殷商文化由傳說變為信史。1948 年當選中央研究院第一屆院士，1949 年創立臺灣大學考古人類學系，出任首任系主任。1955 年接任中央研究院歷史語言研究所所長。

4　龔斯德（E. Stanley Jones），美國衛理公會傳教士。

5　魏蘭（Otto P. Weyland），又譯惠蘭、韋蘭德、惠來，美國空軍將領，曾任戰術空軍司令部副司令、遠東空軍司令，時任戰術空軍司令部司令。

三月二十七日　星期二　氣候：晴

雪恥：一、司法次長應授勳。二、鄰里街道清潔競賽。三、軍事教育與戰史電影之借用。四、滲透鑽隙方演習專研之重要（混入敵人逃退之隊伍中等法）。五、甲種與乙種壯丁訓練之方針。六、考核人事原則之規定。七、張敦仁[1]履歷成績（在參校）之查報。

朝課後記事，入府召見調職人員六名，批閱公文，召集五院院長審核預算會議，于[2]病而張道藩[3]神經質復發，在辭職中，對於此等神經衰弱之幹部，前有季陶[4]與布雷[5]，今則以道藩為最，殊為煩惱，如何能完成革命重任耶。午課後續修文稿，並授療養院長密勒[6]勳章後，車遊淡水道上。晚課後，本擬休息不閱文字，復因青年節文稿陶[7]已呈繳，乃於臨睡前審閱一過而又失眠，直至翌晨三時半後昏沉睡去，二小時即醒。

三月二十八日　星期三　氣候：晴

雪恥：一、俄共國際新政策：以政治鬥爭代替了武力戰爭，以（各國）滲透革命代替了軍事侵佔。

昨夜失眠，到今晨三時半後昏沉睡去。二小時醒後，考慮青年節文稿修補之

1　張敦仁，時任澎湖防衛司令部第三處處長。

2　于即監察院長于右任。

3　張道藩，原名道隆，字衛之，貴州盤縣人。時任立法院院長、中華日報及中國廣播公司董事長。

4　戴傳賢（1891-1949），字季陶，號天仇，原籍浙江吳興，生於四川廣漢。1928 年 10 月至 1948 年 7 月，任考試院院長，近二十年。1948 年 6 月，發表國史館館長，因病未到職。1949 年 2 月 11 日，服藥自殺。

5　陳布雷（1890-1948），名訓恩，字彥及，筆名布雷、畏壘，浙江寧波人。曾任中國國民黨中央宣傳部副部長、中央政治委員會副秘書長、國防最高委員會副秘書長、軍事委員會侍從室第二處主任等職。1948 年 11 月 13 日，服用過量安眠藥致死。

6　密勒（Harry W. Miller），基督教復臨安息日會臺灣療養院（臺安醫院）首任院長，院方譯名米勒耳。臺灣療養院於 1955 年 3 月 28 日落成開幕，由宋美齡女士啟鑰應診。

7　陶即陶希聖。

要點。六時起床，朝課畢，着手修正文稿，至九時半初稿修畢。十時半到中央黨部，主持第二次常會，討論電力加價案畢，對於中學免考入學案，再由曉峯[1]部長詳加說明其可行計畫，因求中央意見一致，故令重組研討小組，務使黨中對此案見解不致紛歧，而余則贊成其分期進行也。會畢，對中央婦女工作會為夫人生日設禮堂祝壽事，加以指責，以戒其後，認此非尊敬夫人，而為侮辱也。午課後，續修第二次文稿，又二小時餘也。晡與妻車遊山上解悶，妻亦為其文稿太苦，精神亦甚疲乏也。晚散步，晚課，讀詩，入浴，廿二時後服藥就寢。

三月二十九日　星期四　氣候：陰晴

雪恥：一、俄共不能參加中國反共戰爭之根據：甲、對國際以政治鬥爭滲透方法，代替武力戰爭，故其在新五年計畫未完成以前，決不願引起世界大戰。乙、對中國之傳統政策，其侵華的勢力範圍，向以黃河以北為限界，故戰爭未到華北以前，決不願參加中國局部戰爭，以避免世界大戰。丙、惟此時大陸情勢，只要在華南任何一地區為我國軍佔領，則共匪內部必發生全部動搖，而全國人民自必立起響應，乃可斷言。

本日為革命總紀念日，亦為青年節，朝課後記事。十時到圓山忠烈祠主祭後，即到三軍球場對青年團致詞畢，入府，召見嚴主席[2]與沈覲鼎[3]。審閱致愛克函稿，尚待修正。午課後，為妻修正受難節證道中文稿後，車遊敦化路回，審核實踐學社學員名冊。晚觀美影劇後，散步，晚課。

1　張其昀，字曉峯，浙江鄞縣人。1950 年 7 月，任中國國民黨中央改造委員會委員；8 月兼任秘書長。1954 年 6 月，出任行政院政務委員兼教育部部長。

2　嚴家淦，字靜波，江蘇吳縣人。1954 年 6 月出任臺灣省政府主席，並兼任美援運用委員會副主任委員（至 1963 年）。1958 年 3 月，二度出任財政部部長。

3　沈覲鼎，字淯新，福建福州人。曾任駐巴拿馬公使、駐日代表團副團長、駐古巴公使、駐巴西大使。1956 年 5 月調任駐日本大使。

三月三十日　星期五　氣候：陰晴

雪恥：一、過去外交之失敗，全在於對歐美之情形與文化太不研究，甚至對其普通一般之風習生活與心理，亦毫不注意，所以雖能戰勝日本，而反為俄英美所陷害，故今後對於歐美之心理與生活，不能不特別注重而深切了解也。

朝課後記事，入府召見調職人員六名，召集情報會談。大陸組織去年幾乎被匪破獲半數，但仍能繼續進行，其成績並不太差也。正午到蒔林堂，為耶穌受難節證道，夫妻前後宣讀證詞後回寓，整理文稿，至十五時進食，以朝、午皆禁食也。午課如常，晡與妻車遊山上消遣，妻為我修正英文，甚費心力，而其身體最近亦不甚好也。入浴，膳後散步，晚課，讀詩，廿一時半寢。午夜仍服藥睡去。

三月三十一日　星期六　氣候：晴

雪恥：一、致愛克函首段應修正，自由世界今日對俄戰略：甲、等待俄共征服世界之軍事準備完成，發動大戰而加以反擊與報復。乙、主動的消弭大戰之禍因，使之無法如計準備，根本不能發動大戰。丙、希望俄共改變其主義，最後共產制度統治世界之基本目標，而讓其他主義－我們亦能與其並存，此即今日俄共「和平共存」欺世之手段（香餌），吾人決不為其所惑，否則無異自動放下武器，而聽任其統治，實行其共產制度世界化之理想，此一問題之如何解決，實為閣下對美國、亦為對世界之禍福最大任務也，故不憚冒昧陳詞，尚希諒察。

朝課後，修改致愛克函稿未完，入府會客，召集軍事會談。午課後記事，續修函稿完，與妻車遊淡水道上。晚觀影劇，膳後散步，晚課。

上星期反省錄

一、美國在美、加、墨三國首長會議，愛克堅決表示不允共匪入聯合國之態度，以及副國務卿胡佛[1]在參院對中國與共匪貿易之報告自認錯誤，並聲明中國與美國合作之精神，為其各受美援國之友邦莫過於中國者。

二、本周發表青年節與受難節兩篇文告，頗自得意，而以青年節一文為最有效乎。

三、下年度總預算案核定後提出立法院，電力加價案亦已批准提出。

四、妻病流血症漸加嚴重，決定入院用手術。

五、對致愛克函稿甚費心力，大體已定矣。

1　小胡佛（Herbert C. Hoover Jr.），美國共和黨人，胡佛總統之子，1954 年 10 月至 1957 年 2 月任國務次卿。

上月反省錄

一、高棉總理西哈努以親共中立，其邊境為越南與泰國東西雙方所封鎖而辭職，並以其駐美公使繼任，美國此一行動，余認為逼不得已而出此，實甚適當，應為投機中立者戒也。

二、法國政府態度反美益烈、而親俄日顯，自其內閣總理、外長至其駐俄大使，其反美親俄之言行皆露骨無遺，此為英美在歐最不利之事實也。

三、美、加、墨三國會議中，美愛克反對共匪加入聯合國之態度明顯，而一面顧大使傳來消息，以為美對英印關於共匪之主張已漸（改變）接近，其二種相反之消息，對於後者更應注重研究也。

四、小胡佛在其參議院之答語，以自由中國亦有與共匪貿易來往之離奇消息，彼雖於次日改正，自認其為錯誤，然而對我政府之損害已難補償矣，美國之幼稚乃如此也。

五、杜勒斯本月在巴基斯坦召開東南亞會議後，訪問亞洲各國，來臺相晤，其結果對我或有益，而其回美後，即宣布印度泥黑路[1]於七月初訪美之消息，殊出意外，可知美國外交政策無常，尤其府院之意見紛歧莫測，不能不加注意。

六、約但驅逐英國司令後，英在中東地位根本動搖，此乃美俄無形之激鬥，或於國際反有利乎。

七、美匪日內瓦談判未已，相互指責雖甚露骨，而終未破裂也。

八、美陸軍正在積極試改編組與方式，應特加研究。

九、本月除人事調學調職之審核以外，幾乎集中精力在致愛克之函稿，與杜勒斯談話之準備工作上也。

---

1 泥黑路即尼赫魯（Jawaharlal Nehru）。

四月

蔣中正日記
Chiang Kai-shek Diaries

民國四十五年四月

本月大事預定表

1. 俄酋訪英。
2. 以、埃衝突。
3. 越南選舉問題與俄、英態度。
4. 倫敦裁軍會議。
5. 泥黑路[1]七月訪美之研究。
6. 義國議員來華訪問。
7. 泰國訪華團之接待。
8. 我親善訪日團之指示。
9. 中俄和平共存之經歷稿付印。
10. 致愛克函之發出。
11. 對董[2]使美之指示。
12. 克氏[3]戰爭原理之重核。
13. 師團長調任人選之核定。
14. 赴美考察將領之指示。
15. 去年總反省錄之擬定。

---

1 泥黑路即尼赫魯（Jawaharlal Nehru）。
2 董即董顯光。
3 克氏即克勞塞維茲（Carl von Clausewitz）。

16. 三角形戰鬥群要領之審定。
17. 作戰準備限期完成之督導。
18. 瑞士特款之撥匯。
19. 美、匪日內瓦會談延續之注意。
20. 五月四日大陸發放青年節文告。
21. 退除役官兵輔導之人選。

本星期預定工作課目

1. 參校長：皮[1]、危其尚[2]。吳文芝：步校長。謝[3]：軍校長。緯國。
2. 實踐學社學員及國防大學學員體格檢查，皆須特別認真。
3. 致愛克函稿之核定。
4. 第七次全會之準備工作。
5. 和平共存論第三次之審核。
6. 第四十五年度師團長之調動名冊。

四月一日　星期日　氣候：陰

雪恥：一、教育會議講詞要旨：甲、民族復興與教育及教師的關係。二、社會中心教育與實驗教育之成績。三、發展鄉村教育，達到鄉都市化的政策－學區制度之重要。四、免考入中學制之試辦期間注意各點：甲、經費。乙、

1　皮即皮宗敢。
2　危其尚，1958 年 7 月調任國防大學校教官。
3　謝肇齊，福建武平人。1954 年 9 月至 1957 年 3 月擔任陸軍軍官學校校長。

教室。丙、師資。丁、質量。戊、時間。己、學費。庚、逐年擴充與普及目的。辛、以職業為中心。壬、體育、音育、農業、工業與實驗課目之加增。五、師範第一。六、常識與現代生活整潔規律與守則之重要。七、教育方法與督學制。

本日為耶穌復活節。朝課，記事，膳後散步回，續修致愛克函稿，十一時禮拜。午課後續修函稿。晡少谷[1]來談函稿事畢，與妻車遊山上一匝，妻已決定明日入療養院醫病，須用手術也。晚審核實踐學社新學員人選，晚課，散步如常。

四月二日　星期一　氣候：晴　寒

雪恥：一、美國的解放部隊編組與訓練方法之研究，國軍正規部隊中每師必須有此特種隊之組訓，尤其平時演習時必須增加此一課目，並特別注重與講評。二、演習中必須加入前線宣傳與反宣傳之課目，其課目內容應專組研究編成教令。三、劉詠堯[2]職務之研究。四、徐傅霖[3]之聯絡。

六時起床，以昨日改為夏令時間提早一小時，故尚未天明也。朝課，與妻禱告後記事。八時半陪妻到療養院施用手術，余因教育行政會議開幕典禮，故先離院，而由經兒護侍也。在教育會議講演一小時後，赴院視察，妻尚在麻醉昏眠中，至十三時後去看方蘇醒如常，回午課後，審核實踐學社第五期學員與黨營事業各人事批完。晡再赴院視妻，談話卅分時回，入浴，膳後經兒來談畢，晚課，廿三時前寢，失眠。

1　黃少谷，湖南南縣人。1954 年 5 月，任行政院副院長。1958 年 7 月，調任行政院政務委員兼外交部部長。

2　劉詠堯，字則之，湖南醴陵人。1950 年，調任總統府戰略顧問。1954 年 7 月，兼行政院設計委員會委員；10 月兼光復大陸設計研究委員會委員。

3　徐傅霖，字夢巖，廣東和平人。1953 年 7 月，出任光復大陸設計研究委員會副主任委員。1954 年，競選第二任總統失敗。1955 年 1 月，當選中國民主社會黨主席。

四月三日　星期二　氣候：晴

雪恥：一、新加坡之宣傳。二、保安處員對華僑工廠與投資機構之勒索與不協助。三、保警人員守法與為民服務之教育。四、警官校長之人選趙龍文[1]。五、宣傳技術與政策及指導與設計。六、後備軍人會與師團管區之打成一片關係。七、師團管區應為治安憲警情報系統之一個單位。八、甲種國民兵訓練系統，行政與訓練分立之改正應歸統一。

朝課後記事，經兒早起赴院視其母夫人之病，回報今晨照X光線後即可出院回家為慰。十時入府，主持月會畢，召見空軍剛葆璞[2]中校與馮紀[3]中尉，嘉獎其對照測惠州機場被匪機十八架包圍追擊，仍能達成其任務之勇敢精神，誠足懾匪膽，而揚我國軍之聲威，記錄其最優功績也。午課後清理積案十餘件。晡散步，晚審閱和平共存論之第三次未完，晚課。

四月四日　星期三　氣候：晴

雪恥：一、聯絡官的條件：甲、自尊自愛。乙、警覺與情報。二、賀敏[4]可用。三、工兵器材庫副長李克昌[5]與羅曙[6]召見。四、召見陸戰隊何[7]旅長。五、解決各校長人選皮宗敢、危其尚。六、調吳文芝為第五廳副。七、召

1　趙龍文，原名華煦，字風和，號盾庵，浙江義烏人。1954 年 12 月，出任海軍總司令部政治部主任。1955 年 3 月，調任國防部戰略計畫研究委員會委員。1956 年 5 月，接任中央警官學校校長。

2　剛葆璞，號仁義，遼寧遼陽人。曾任空軍第五聯隊第六大隊作戰科長，時任大隊長。1957 年任駐日大使館空軍武官。

3　馮紀，時任空軍第五聯隊第六大隊作戰官，1956 年 3 月 29 日，奉命跟隨副大隊長剛葆璞中校，駕 RF-86 機，偵照平潭島機場。

4　賀敏，字敏之，時任國防部聯絡局主任。

5　李克昌，湖南長沙人。時任陸軍工兵器材基地庫業務主任。

6　羅曙，時任陸軍工兵器材基地庫代庫長。

7　何恩廷，河北正定人。1953 年 7 月，任海軍陸戰隊第一旅旅長，以代號「河北支隊」，率領第一旅進行東山島戰役。1957 年 7 月，調任海軍陸戰隊學校校長。

見海空軍上校主官。

朝課後修正和平共存論，擬改名為「中蘇和平共存之經歷」。十時主持中央常會，對赴日親善訪問團人選決由政府指定，以免立法委員競爭。午課後記事，審核黃[1]擬致愛克函稿，重加修補未完。晡散步後再修函稿，初修完。晚膳後散步，晚課，讀詩，廿二時半寢。夜間二時醒後又不能入睡，昏沉至六時半起床。

四月五日　星期四　氣候：晴

雪恥：一、新兵團長田榮祖[2]之來歷，張道一[3]、郎世忠[4]皆未任營長。二、計畫局組長侯尚遠[5]無營長資歷。三、新兵團之教育：甲、臺藉〔籍〕預備士官任班長。乙、科目太多，訓期應延長。丙、新兵訓練期間，不准縣長訪問作政治活動。四、召見何恩廷與太字、陽字號以上艦長。

朝課後修改致愛克函稿第二次畢。十時後入府，召見新兵訓練團長九員與憲兵團長一員畢，見岳軍與公超後，乃知藍欽對其國務卿在臺北新提節略意見要點，與我所說者相同也，藍誠為中國良友也。正午往三軍球場，祭大陸殉難同胞之靈，以今為清明節，每念葛竹四、五舅父[6]與族親死者，無任悲傷。回寓再整函稿，至十四時完。午課後清理積案。晡獨往研究院視察禮堂工程，消遣。晚閱報，入浴，散步，晚課。

1　黃即黃少谷。

2　田榮祖，山西汾陽人。1954 年 5 月時任北部防守區第三處處長。時任新兵訓練第五團團長。

3　張道一，山東萊陽人。歷任第四編練司令部副參謀長、陸軍大學兵學教官、國防大學校教官。時任新兵訓練第四團團長。

4　郎世忠，號偉烈，河南汲縣人。時任新兵訓練第六團團長。1957 年任預備訓練司令部新兵第四訓練中心指揮官，1960 年 5 月調任特種作戰部隊第一總隊總隊長。

5　侯尚遠，河北香河人。1954 年 6 月，任國防會議國防計畫局組長，1955 年 5 月，任國防會議國防計畫局計畫官。後任國家總動員委員會計畫官，1967 年 4 月，轉任國家總動員委員會第二組副組長。

6　葛竹四、五舅父即王賢力、王賢裕。

四月六日　星期五　氣候：晴

雪恥：一、俄在倫敦裁軍會議中，提出共匪與俄帝及美國各裁減至一百五十萬人兵數，此一陰謀，據美國代表史太生[1]之意，以為國際裁軍問題，共匪必須在此裁軍範圍之一單位，是正合俄共之陷阱，但此一會議雖無結果，亦不能不加注意也。

朝課後續修函稿，入府召見預備師長四員畢，召集財經會談。外匯存額在美金二千參百萬元以上，實為遷臺以來之最高記錄，故經濟情形亦頗良好也。午課後記事，清理積案。晡藍欽與應格索[2]（第七艦隊司令）來談金、馬後勤接濟擬改小艇，以分散敵人目標與加強空軍訓練事，余皆同意。晚以審閱和平共存論至西安蒙難前後各節，感慨萬千。晚課，散步，今夜又失眠矣。

四月七日　星期六　氣候：晴

雪恥：一、致愛克函補充之點：甲、說明在亞洲人對俄共動向之看法。乙、美對全局之整個問題，或對此另有不同之看法，自無相妨，余惟貢其所得以供參考，蓋吾人對如此大事各人意見自不能盡同，但亦無礙於共同檢討，以求得一致也。二、國防大學開學之講詞要旨。

今晨四時後不能入睡，六時半起床，朝課，審修和平共存論第三次稿。十時入府，召見美國記者與徐傅霖後，見旅日華僑二十餘人畢，召見陳德煌[3]、石覺等畢，軍事會談。聽取美顧問團對我三軍種戰力與人事制度關係之季節報告，頗詳而有力，殊於我得益非尟，無任興奮。午課後記事，續修論稿。晚膳後為妻題畫三幅。晚課，散步後寢。

1　斯德生（Harold E. Stassen），美國總統特任裁軍特別助理，出席 1956 年倫敦裁軍會議。

2　殷格索（Stuart H. Ingersoll），又譯英格索，美國海軍將領，1955 年 12 月至 1957 年 1 月任第七艦隊司令，1955 年 11 月至 1957 年 7 月任美軍協防臺灣司令部司令。

3　陳德煌，號國屏，湖北漢川人。1955 年 7 月任預備第七師師長，1957 年 2 月調任第三軍第五十七師師長。

上星期反省錄

一、倫敦裁軍會議，俄提出中共與俄、美皆減至一百五十萬兵員為限之一國，可知此一會議徒費時間，且為俄共宣傳與提高共產集團之身價，而於美國毫無利益，並知其必無結果而強勉為之，美代表且聲言，共匪應在裁軍中包括在內，史太生誠為幼稚無聊之極者也。

二、聯合國派韓馬紹[1]秘書長為調解以、阿糾紛使者，而以、阿衝突反更激烈矣。

三、致愛克函稿本周方修正完成。

四、和平共存論重審第三次已畢。

五、本周失眠次數又增矣。

本星期預定工作課目

1. 國防大學第五期開學典禮。
2. 赴美考察將領之指示。
3. 親善訪日團之指示。
4. 對董[2]大使之指示。
5. 第七次全會之準備。
6. 中蘇和平共存之經歷稿覆核。
7. 對蕭勃[3]之指示。
8. 瑞士匯款。

---

1 哈馬紹（Dag Hammarskjöld），又譯韓馬紹、哈孟少，瑞典外交家和作家，1953 年 4 月至 1961 年 9 月擔任聯合國秘書長。

2 董即董顯光。

3 蕭勃，字信如，湖南湘鄉人。時任駐美大使館武官。

9. 師團長人選之督導。
10. 英、俄對越南協定案交涉之注意。
11. 約正綱[1]等談話。

四月八日　星期日　氣候：陰

雪恥：一、高級軍官本年度職期調任，延至年終訓練完成時再實施，以免耽誤教育計畫。二、防大開學訓詞要旨：甲、本校學課改正後之要點：甲[2]、對於剿戰術應注重。乙、哲、科、兵三學並重。丙、克氏[3]戰爭論新譯本。丁、九大原則。戊、主官指揮官服務守則之重要性。己、補給（經濟）軍紀。庚、三角形戰鬥群。辛、美國陸軍編組之改革與解放軍組訓之原則，皆應切實研究。

朝課後記事，膳後在院中遊覽，約少谷與希聖來談稿事，禮拜如常。午課後批示公文，清理要件四、五件，頗為有益。晡國柄[4]大女聘〔品〕雨結婚後來見。晚記上月反省錄後，散步，讀詩，晚課。

四月九日　星期一　氣候：陰晴

雪恥：一、錫蘭選舉左派之勝利，實為民主國家之重大打擊。二、挪威與俄國成立不准外國軍隊進駐之協議。三、冰島議會要求美軍之撤退。四、

1　谷正綱，字叔常，貴州安順人。1954 年 1 月，出任國防部參謀次長，8 月改任亞洲自由國家聯合反共聯盟中國總會理事長。
2　原文如此。
3　克氏即克勞塞維茲（Carl von Clausewitz）。
4　蔣國秉，又名國柄，字寶華，一字翼虎，蔣中正同父異母兄蔣介卿之子。歷任第八十八師參謀、團附、江西第四行政督察專員公署參議。1949 年後移居臺灣。

英國朝野斥責美國對中東緊急之危局熟視無睹。

朝課後記事，準備講詞要旨。十時國防大學第五期開學典禮，致訓半小時，與美顧問談防大教育應注意各點，彼對人事課目特加注重為慰。午課前後皆審核克氏「戰爭原理」小冊未完。晡約顯光談美國宣傳與發展之計畫，彼乃誠實而無遠識之人，甚以中國人才之難也。因傷風故停止外出散步，晚閱報，晚課。

四月十日　星期二　氣候：晴

雪恥：一、據匪、俄新協定，其蘭洲〔州〕、伊犁至阿拉木度鐵道定一九六〇年完成，但余仍認為，該條鐵路最遲亦必可於一九五八年內完成，惟預料其本年完成之期則已為不可能，否則不必在此偽約中作此期院之聲明也。二、伊朗王[1]定於六月一日訪俄，此舉殊出意料之外，乃是俄共中立戰術之又一成功也。

朝課後記事，審閱戰爭原理至戰略章。入府召見錢其琛[2]、姜潤田[3]等畢，召見周至柔等十五將領，赴美考察之指示後，宣傳會談。對美宣傳計畫之決定後，批閱公文。正午重核致愛克函稿，作最後之決定。午課後續審戰爭原理。十七時約請各國使節茶點，作年中定例之會見也，準備與布置皆甚完備，夫人之病亦能親自招待矣。晚散步，閱報，晚課。

1　巴勒維（Mohammad Reza Pahlavi），伊朗國王，1941 年 9 月 16 日至 1979 年 2 月 11 日在位。

2　錢其琛，字公南，號貢埔，江蘇南通人。時任交通部常務次長兼電信總局局長，奉派出席國際電信行政理事會議。

3　姜潤田，遼寧海城人。原任第八十七軍副參謀長，1955 年 1 月調任第十師第三十團團長，1962 年 2 月調任第八十四師副師長。

四月十一日　星期三　氣候：陰晴

雪恥：一、臺北機場憲兵改為便衣。二、機場鳴禮砲時軍人一律立正，不許行動之命令。三、臺灣旅行設備之實施計畫。四、留美軍官來回途中之招待，由駐美、日、菲各處武官聯繫與監護上船與下船，待船離岸時為止。五、駐外副武官與語文武官之設置與任務之指定。

朝課後記事，十時主持中央常會，討論黨務幹部調職制度案，並指示要領。午課後審閱克氏戰爭原理篇完成，此為三年前審修後所編印者，及今重閱乃覺錯誤尚多，再加修改，似可無誤矣，對余個人補益亦多。晡見蕭勃尚有進步，入浴後，膳畢散步，晚課。

四月十二日　星期四　氣候：晴

雪恥：一、電董[1]與美遠東空軍司令[2]聯絡。二、整頓實踐學社與動員訓練班人事。三、實踐學社學員之考核，擬訂具體辦法。四、派余伯泉[3]代理軍長？

朝課後記事，見至柔，指示其赴美考察注意之點，寫致顧[4]大使函。十時前入府，見張柏亭，對克氏戰爭原理重修本之附印於克氏戰爭論之後冊，必於讀者更有補益，並將余在前年修正本與跋文交彼，應以此為新訂本之標準也。見檀香山華僑卅餘人後，見陳大慶[5]等赴美考察人員，並召見調職人員五名後，批閱公文。指示孟緝注意各點，十二時前回寓，與妻散步，觀蘭圃之

1　董即董顯光。

2　庫勃（Laurence S. Kuter），又譯庫特，1955 年 5 月至 1957 年 7 月任美國遠東空軍司令，1957 年 7 月到 1959 年為太平洋空軍司令。

3　余伯泉，字子龍，廣東台山人，留英劍橋大學及皇家軍校，返國投身軍旅。1952 年 5 月，任三軍大學教育長。1954 年 8 月，任國防部副參謀總長。1958 年 8 月，兼任計畫參謀次長。

4　顧即顧維鈞。

5　陳大慶，字養浩，江西崇義人。1954 年任國家安全局副局長，1959 年 12 月升任局長。

蘭會，並測度新添餐室地基。午課後修改和平共存論第四次稿。晡與妻車遊山上一匝，此為其病後第一次也，閱報，晚課。

四月十三日　星期五　氣候：晴

雪恥：一、戶政歸警問題，限一個月內決定明令宣布。二、走私條例第二條具體項目限期宣布。三、郵政包裹之檢查應在郵局拆包時實施。四、金門高射砲殺害連營長案，應澈底研究與檢討。五、烈嶼逃亡士兵李興中[1]屍體，與共匪廣播因李被痛打思逃之消息，應重加研究。六、再申禁止處刑與打罵之命令。

朝課後審閱「和平共存」稿。十時入府，見調職人員及黃文〔王恩〕華[2]與馮啟聰[3]，此二海軍將領皆甚有望也。召集情報會談。正午往博物館，參觀共匪暴行展覽會，並巡視圖書閱覽室。午課後記事，續審和平共存稿第一編完。晡與妻車遊山上回，入浴。晚散步，修稿，晚課後廿三時前寢。

四月十四日　星期六　氣候：晴

雪恥：一、孫立人[4]開除黨藉〔籍〕。二、高砲隊政工人員應特別負責整理。

朝課後記事，十時入府，召見張道藩等訪日團十五人，指示注意之點，約

1　李興中，第八十一師駐鼠嶼（今獅嶼）士兵，與莫維就一同叛逃。

2　王恩華，字澤中，江西南康人。1955 年 9 月調任海軍艦隊指揮部指揮官。1959 年 3 月調任國防部參謀總長辦公室主任。

3　馮啟聰，字伯曼，廣東番禺人。1954 年 3 月，任海軍兩棲部隊司令部司令。1959 年 3 月，兼任海軍六二特遣部隊指揮官。

4　孫立人，字撫民，號仲能，安徽廬江人。1950 年 3 月出任陸軍總司令部總司令。1954 年 7 月調任總統府參軍長，1955 年 8 月 20 日，受「郭廷亮匪諜案」牽連，遭革除總統府參軍長職務。

二十分時畢。召見崔之道[1]、黃震白[2]等海軍將領，皆可用之才。軍事會談，聽取美顧問團對我空軍戰力估計之書面報告，甚為有益，指示今後對此報告書中所陳人事計算技術部門應特別注重外，其他亦應為今年國防部最優先之實施工作也。十三時完，批閱公文，午課後續修和平共存論第二編，增補數段。晡與妻視察華興育幼園新址後，並視察研究院大禮堂工程，以鋁樑不固乃換鋼樑，故延期落成也。晚散步，晚課。

上星期反省錄

一、克氏[3]戰爭原理重校又修正一次完，此書簡明有益。

二、和平共存第三次稿審修已完，或於反共世界有其補益也。

三、軍事考察團赴美與訪日親善團，皆於本周前後出發矣。

四、國防大學第五期已舉行開學典禮。

五、招待各國使節之春季茶會今年開始以後，應定為常例。

六、俄對共匪貸款廿五億羅卜[4]，無足為奇。

七、錫蘭選舉中立主義大勝，其將親共反英、美矣。

八、中東沙地、亞丁、也門皆聯合反英，約但與敘利亞軍事聯合行動，此皆反英之尤者也。

九、倫敦裁軍會議並無進步。

---

1 崔之道，湖北武昌人。歷任海軍第三艦隊司令、第一艦隊司令，1955 年 1 月任海軍驅逐艦隊司令，參與協助南麂島軍民撤退的「飛龍計畫」，擔任打擊支隊指揮官。1959 年 3 月調任海軍兩棲部隊司令部司令。

2 黃震白，四川華陽人。1955 年 5 月，任海軍兩棲訓練司令部司令，1956 年 7 月，調任金門防衛司令部副司令官。1957 年 7 月，調任海軍總司令部海軍作戰計劃委員會委員。

3 克氏即克勞塞維茲（Carl von Clausewitz）。

4 即俄幣「盧布」（RUB）。

本星期預定工作課目

1. 俄酋赫、布本周訪英，其必以放款對俄禁運之通商問題與裁軍問題為餌以誘英，余以為英國不易上其鉤也。
2. 團師長人事調動案之催報。
3. 孫[1]之開除黨藉〔籍〕案。
4. 孫派人名冊與處理情形。
5. 七中全會之準備。
6. 實踐學社第五期召集。
7. 巴克達公約在伊朗開會，而伊朗王將在下月訪俄，此一矛盾之消息應加注意。
8. 高棉與俄建交之報導。
9. 對戰區民眾受共匪脅制人民之約法，應以毒制毒，不可寬容。

四月十五日　星期日　氣候：晴

雪恥：一、國防部各廳之間有關工作，應直接面協解決或電話協議，不得多用公文交涉。二、各廳內部分工，凡組以上必須以各軍種副廳長聯合討論，共同解決，不必以公文業務類別分類辦理。三、放寬外交人員出入證與機場態度。四、共匪利用各宗教、社會秘密結社與黑團體流氓、娼妓等，對共產最反對的黑社會，他更是滲透運用，以反對政府為其同盟軍。五、宣傳情報組織滲透戰之總體戰及其實施的方法。

朝課後記事，膳後散步遊覽，續修和平共存稿，禮拜如常。午課後續修和平共存第二編完。晡與妻到後草廬，視察修理房屋回，觀影劇美製片名「野餐」，頗佳。膳後散步，晚課畢，入浴，廿三時寢。近夜皆甚安睡為快。

1　孫即孫立人。

四月十六日　星期一　氣候：晴

雪恥：一、自我對共匪行動上與決心上之缺點：甲、缺乏警覺心，自認為有實力，有資格，人民有信仰，社會有信望，自信過分，故對共匪不加戒備、不怕叛亂，認為對共匪制裁與赦免，皆可自動處置。乙、人民對共匪反對，社會對共匪厭棄，而且共匪反固有文化與民族精神，為傳統倫理所不容。丙、共產思想不適於中國，一般社會決不致為他所動搖。丁、認為共產黨人是中國國民，終有民族觀念，最後不難精誠感召。戊、人類弱點與共匪的手段，即前者為苟且偷安、投機取巧，後者為殘忍欺詐、無恥寡廉等，未能澈底戒備而疏化。

朝、午、晚各課如常，終日審修「和平共存」第三編與結論皆完。晡見藍欽，談一小時半，彼解釋我致愛克電意非絕對無望，但仍須待時也，余亦同意其看法。晚車遊後閱報，散步，晚課，入浴。

四月十七日　星期二　氣候：陰沉

雪恥：一、共產特性為陰性（女）（否定、消極、突變），故陰狠陰險，以陰剋陽，以柔剋剛，而亦剛柔並用的。二、以民族觀念與道德觀念來觀共匪，此我所以失敗也。三、聯俄容共是我派赴莫斯科考察的基本任務，而余亦認為本黨只有這一政策，方能對抗西方列強之殖民主義，達到我獨立自由之目的，而且相信俄共是誠意協助弱小民族之解放的，故聯合陣線政策乃是我所主張的，但是在俄考察三月的結果，對於我過去之幻想完全消失，認為聯俄雖可對抗西方殖民主義，但不能解救我國家的獨立，而且是更加危險，故我對與俄共聯合陣線絕對反對，而中立政策更是我總理[1]所痛惡，認為革命

1　孫中山（1866-1925），名文，字逸仙，化名中山樵，廣東香山人。曾任中華民國臨時大總統，中國國民黨總理。

絕無中立餘地，此乃本黨傳統思想與一貫政策也。

朝課，記事，與希聖談增補論稿要點。入府召見調職人員與越南保安廳長[1]後，宣傳會談畢，批閱。午課後記上周反省錄，約美醫藥援華會長[2]茶點。晡與妻車遊淡水，晚閱報，散步，晚課。

四月十八日　星期三　氣候：晴

雪恥：一、論稿軍事勝利一節中，應綜計共匪致勝的因素，其實際的軍事力量不過百分二十，而其對國際宣傳與情報力量佔有百分之四十，其餘百分之四十全為在國內運用其聯合陣線中立戰術，使社會各種黑團體乃至與共產勢不兩立之各宗教團體，皆設法滲透，先使之中立不反共，再進一步使之反政府，及其形勢轉優以後，使之不能不對共匪附和靠隴〔攏〕，而無形投入其陷阱。故共匪不僅對政府機關、學校與軍隊黨部全力滲透，傳播失敗主義，而對於一向反共之團體社會與各種組織，亦同樣深入滲透，以達其顛覆內潰之目的。

朝課，記事，增補論稿兩段，與希聖談話。主持中央常會，接俄共取消共產國際情報局之消息，此為俄酋本日訪英之宣傳，而實為對中立國家共產陰謀與俄無涉作張本也，可笑之至。午課後審修考核原則之講稿，巡視學社，閱報，晚課。

致愛克函今日正式簽發，惟其大使[3]先已摘要電告矣。

1　梅有春，越南共和國政治、軍事人物。最終軍銜為陸軍中將。1951 年至 1954 年擔任越南國家警察總長，時任越南安寧局局長。

2　American Bureau for Medical Advancements in China（ABMAC），由美國醫藥援華會更名為美國對華醫療援助局，為協助衛生計畫、護理及醫學教育醫院建設的民間機構。局長為葛故森（Magnus J. Gregerson）。

3　藍欽（Karl L. Rankin）。

四月十九日　星期四　氣候：晴

雪恥：一、共匪對腐敗落後分子如軍閥哥老會等之利用勾結。二、對反共商人及商會學會教職員之威脅利誘，與商人各團體工廠之滲透。三、中立分子之心理：甲、共產軍隊可以消消[1]，但不能消滅其共產思想與主義。乙、對共產黨鬥爭，非軍隊剿共之所能制勝，如用武力進攻共產，無異製造共產等失敗主義心理之造成。

朝課後續修考核原則稿。十時入府，先應美國電視公司談話與攝影，甚費目力，再與空軍李曆[2]等詳詢其十二夜在湘西受匪方攔截追擊情形及劉隊長[3]在沙涅上空，我 F84 機擊落匪米格機情形，我空軍精神與技術之優勝，殊令匪膽為寒矣。召見海軍將領。午課後記事，批核人事，毛景彪無能無方，甚為痛憤，斥責之。見郭永[4]後，與妻車遊一匝。晚散步，晚課。

四月二十日　星期五　氣候：晨前雨　日間陰

雪恥：一、各單位廣播系統與組織之統一。二、召見黃正成[5]。三、周承菼[6]為顧問。四、軍眷生產與生活問題限期解決。五、召見副官局代局長。

朝課後審修考核原則講稿。十時入府，見美造船公司負責人後，召見調職將領六員，主持財經會談。美國經援似較前放寬，對其造船公司來臺利用我基

1　原文如此。

2　李曆，空軍第八大隊作戰長，1959 年 5 月 29 日恩平空戰殉職。

3　劉景泉，時任空軍第一大隊作戰長。1956 年 4 月 14 日在馬祖上空擊落一架米格 15 型共機。

4　郭永，號頤卿，又名濟中，湖南醴陵人。1954 年 5 月，改任第八軍軍長。1957 年 5 月，任臺灣省警務處處長，6 月兼任臺灣省民防司令部副司令。

5　黃正成，號景岳，浙江杭縣人。1950 年 3 月，任浙江省政府委員兼軍事處處長，5 月調任臺灣北區防守司令部高級參謀。1953 年 10 月，調任國防部總政治部第九組組長。

6　周承菼，字赤忱，浙江海寧人。辛亥革命元老。來臺後任總統府國策顧問。

隆船塢投資合作，亦於我有利也，現時財政經濟與對外貿易皆較順利，但不可疏忽大意也。午課後記事，續修講稿初完。晡與妻車遊基隆道上回，觀美製影劇（軍人之妻）頗饒興趣。膳後散步，晚課，廿三時寢。

四月二十一日　星期六　氣候：陰沉

雪恥：一、陳德坒[1]任師長之保荐人何人，用何種資料，判任師長查報。二、張嶸生[2]履歷查報。二、付白鴻亮[3]款。

朝課後記事畢，續修考核原則第三次稿。入府召見杭世麒〔騏〕[4]及海軍張仁耀[5]等將領七員後，主持軍事會談。聽取美顧問團對於下年度軍費預算審查意見書報告，與陸戰隊訓練進度之報告，指示解決問題數則。對毛景彪柔弱無能，人事計畫仍無進步，不勝腦怒。午課後續修講稿完，甚費心力，秘書之無能徒歎奈何。晡車遊山上一匝回，入浴。晚約美軍醫[6]及史麥斯夫婦便餐後，散步約四十分時，甚覺疲乏，晚課。

1　陳德坒，號惕生，四川梁山人。1954 年 6 月任第十七師師長，1956 年 7 月離任。

2　張嶸生，號芷錚，江蘇江都人。1955 年 5 月任第三十二師副師長，1958 年 3 月調任國防部高參，入實踐學社聯戰班第七期。

3　富田直亮，前日本陸軍第二十三軍參謀長，化名白鴻亮，1949 年 11 月 1 日抵臺，協助訓練國軍幹部，為實踐學社（白團）之總教官。

4　杭世騏，安徽定遠人。1955 年 10 月任國防部入學高參，1956 年 5 月調任第八軍第三十三師師長。

5　張仁耀，字瀾滄，江蘇鎮江人。1954 年調任漢陽艦艦長，後任海軍後勤艦隊司令部司令。1966 年 10 月出任海軍軍官學校校長。

6　翟寧甘、金特，均為美軍軍醫。

上星期反省錄

一、俄宣布解散共產情報局之消息，此其欺騙英、美必無效，而對中東與印度、印尼各中立主義無知識者，則將能發生相當作用。

二、俄酋赫、蒲[1] 訪英。

三、美國參、眾二院皆重提反對共匪入聯合國案，此乃對英作間接之警告，不得與俄酋協訪此事也。

四、愛克在周末講明美國對外交政策之三條指示路線，其第二條或為無形中對余函意之作答乎，「即為幫助別人而作謹慎份子」，其意以不敢助人作軍事冒險乎。

五、和平共存論第六次稿審修已完，但仍須補充也，考核人才原則稿修完，頗費心力。

本星期預定工作課目

1. 師長候補人選之指定。
2. 團長以上各級主官候補名簿之督製。
3. 營長在六年以上者調職計畫。
4. 電至柔訪蔡斯[2] 與注意研究發展工作。
5. 和平共存稿之核定。
6. 宴泰國訪華團。
7. 召見留美參校特班生。
8. 全會議案之準備。

1　赫、蒲即赫魯雪夫（Nikita Khrushchev）、布加寧（Nikolai Bulganin）。
2　蔡斯（William C. Chase），美國陸軍將領，曾任第一騎兵師師長、第九軍軍長、第三軍團參謀長、援華軍事顧問團團長。

9. 俄酋訪英情形。

10. 留美參大特別班學員之訓示。

四月二十二日　星期日　氣候：陰晴

雪恥：昨夜解手二次，皆感腦暈頗激，今晨起床時仍感昏暈，此乃初次現象，應加留心，其或以昨為毛景彪事發怒與修稿疲勞過度之故歟。

朝課後散步，遊覽庭院，至靜觀室閑坐回。膳後聽報，俄柯克洛夫[1]著俄國內已醞釀革命論文，實較有意義。召見張柏亭後禮拜。經兒來談美國尚有對我要求放棄金、馬之企圖，此乃日內瓦美、毛會談作祟，但其主權全操我手，無慮也，記事。午課後批閱公文二小時。晡與妻車遊淡水河畔，晚審閱講稿訂正本，膳後散步，晚課。

四月二十三日　星期一　氣候：陰晴

雪恥：一、汽車鳴笛聲太噪之改正。二、公路平安島草地之禁人進入或跳過。三、各機關門前與周圍草地不准踐踏。四、省廳各機關之疏散遷移。五、臺北公路修建之督導。六、環境衛生與六門洞之情形。七、黨員服務之模型與標準。八、監犯工作服役之實施。九、士兵對匪宣傳敵愾心之激發，與回鄉不見家人親友之故事編述。

朝課後記事，記反省錄。十時主持陸參學校紀念周，宣布考核原則之講稿畢，

1　柯克洛夫（Nikolai Khokholov），自由俄羅斯聯盟（主席波倫斯基）成員。

召見趙善蔭[1]等，據第一廳報告，俞伯音[2]師長有被俘資料，惟此等消息最使內心惶懼痛苦也。午課後批閱公文，審核和平共存論第五次稿。晡車遊，膳後散步，晚課。

四月二十四日　星期二　氣候：晴

雪恥：一、和平共存論之目錄修正：甲、第四編名題為中俄和平共存之實例，與世界和平共存之構想（或發展）。乙、中國為俄共和平共存之最初目標，未知其最後之目標何在。丙、結論只以我們反共失敗之自反缺點與錯誤一章為宜。子、反共的組織散漫，而行動不能一致。丑、宣傳被動，而理論不夠充實。寅、意見紛歧，而力量不能實中。卯、外交消極，而國家陷於孤立。

朝課後重修和平共存論稿二小時，未完，入府見白鴻亮等。召見陳智[3]等六員後，主持一般會談畢，批閱。午課後續修論稿二小時半完，並對希聖加以指示。晡與妻車遊回，入浴，膳後散步，獨步月下，幽閒自得，並在靜觀室晚課畢回。

四月二十五日　星期三　氣候：晴

雪恥：一、政工現階段要務：甲、打破士兵思鄉觀念。乙、加強其個人技藝興趣。丙、利用共匪惡毒無稽誣蔑謠諑之加強我敵愾心。丁、心靈歸宿之宗

1　趙善蔭，號肇松，廣東新會人。1955 年 3 月任第三十二師師長，1957 年 2 月調任第二軍團參謀長。

2　俞伯音，號正善，浙江桐廬人。時任第六十九師師長。

3　陳智，原任運輸學校教育處處長，1954 年 7 月調任國防部第五廳第四組組長，1955 年 7 月升任陸軍供應司令部參謀長。

教精神。戊、共匪在農村拆散家庭、強迫遷移之事實。己、必須收復全國在天涯邊嵎，乃得重逢團聚。庚、考核方法與忍耐服務之重要。辛、學習臺語。

朝課後記事，另擬和平共存稿結論之標題四則，到臺大醫院訪亮疇病，尚未脫離危險為慮。十時在中央主持動員會報。午課後到國防大學，觀美製第二次大戰中之中途島及瓜達康乃爾島與地中海各實戰影劇，頗有所感，自覺在我國以十八世紀之程度，而要擔任二十世紀中葉之戰爭，焉能不敗，但我國居然仍能對日獲得最後之勝利，是乃完全由民族精神之力量所致，故大戰期間所受之一切恥辱，反不覺為異矣。車遊，散步，晚課。

四月二十六日　星期四　氣候：晴

雪恥：一、師團長對其人事所轄人員優劣黜陟之報告，及其不正之處理，應予負責之處分，每月調職之意見與考核結果之申報。二、供應部地位之提高，其司令應升為副總司令。三、部隊中與學校課程應有宗教之研究組織。

朝課後修正政工幹校第一期開學訓詞未完。十時舉行政工幹校第四期正規班畢業典禮，致訓約一小時後，召見史麥斯與政工學校顧問畢，入府見韓國崔德新[1]，彼轉達李承晚[2]之中、韓、越三國同盟意見後，召見留美參校特班學員徐汝誠[3]等卅員。午課後記事，續修講詞，約美海軍次長[4]茶會畢，與妻車遊回，入浴。晚宴泰國訪華團畢，晚課，散步，寢。

1　崔德新，時任大韓民國副參謀長。1956 年 4 月退役後，轉任韓國駐越南共和國公使。

2　李承晚，字承龍，號雩南，韓國黃海道人。長年推動韓國獨立運動。1948 年至 1960 年任韓國大統領。

3　徐汝誠，字午生，浙江餘姚人。原任第三軍軍長，1955 年 4 月離職赴美國參謀學校特別班受訓。1957 年 4 月接任陸軍軍官學校校長。

4　參與茶會者有：美國海軍部副部長蓋茲（Thomas S. Gates Jr.）、美國海軍部主管航空助理部長史密斯（James H. Smith Jr.）等十九人。

四月二十七日　星期五　氣候：陰晴

雪恥：一、由美回國人員禁帶物品，對海軍應特別告戒。二、金門太武山隧道進度如何。三、被俘之解釋（標準）。四、王廷宜[1]召見。

朝課後續修政幹學校開學詞完，入府見天主教雷震遠[2]神父，報告其在越南工作情形，頗熱心而有魄力也。見俞伯音，慰之。主持情報會談，聽取最近大陸整個情報之部署與實施情形及各種統計表，惟對軍隊情報尚難着手也。批閱，午課，記事。審核行政院與省府各部門去年成績優劣得失之報告與指示，雖未詳盡，但已有進步，亦可了解其概略也。車遊山上回，往國防大學，參觀二次大戰盟軍登陸北非夾擊德隆美爾兵團與諾曼第登陸及新幾內亞戰役等影劇，頗多感愧，自覺其當時能力智識程度，何能參加如此大戰也。回，膳後散步，晚課。

四月二十八日　星期六　氣候：陰雨

雪恥：一、英、俄領袖在倫敦聯合聲明：甲、對於貿易，俄以十億英磅之數字誘英作為繼續討論案。乙、裁軍問題聲言五大國而未其國名，此以俄言自指共匪，而其之所以未敢明指其名者，其必英國恐美國之不快歟，此外似皆空洞浮泛應酬之文也。

朝課，記事，審核講稿，入府見美第五航空隊司令（賴密[3]）與美駐阿比西尼亞（席蒙斯[4]）大使詳詢北非情形，始悉阿國宗教為基督教，而與其他北非及

1　王廷宜，字冀之，遼寧瀋陽人。1955 年 12 月調任國防部第三廳第一組組長。時任國防部第二廳副廳長，1957 年 9 月調任預備第六師師長。

2　雷震遠（Raymond J. de Jaegher），比利時天主教神父，長期在華傳教，1955 年後任越南政府顧問。

3　賴密（Roger M. Ramey），美國空軍將領，1954 年 6 月到 1956 年 6 月為第五航空隊司令。

4　席蒙斯（Joseph Simonson），1953 年 10 月到 1957 年 5 月為美國駐衣索比亞大使。

中東信奉回教各國最大區別之點也，阿國自俄沙皇時代已設有俄國醫院為阿民服務，至今繼續設立，此亦余所初聞，可知俄國對非洲之經營早在沙皇時代已着手也，與左舜生談話後，召集軍事會談，解決建立軍士制預算經費，午課後為妻寫冊頁序文，妻亦為經兒生日題畫也。晚為經兒四十七歲家宴畢，觀美製黑貓賊影劇後，晚課，廿三時寢。

上星期反省錄

一、經兒生日今年能在家中團圓聚餐，夫人親題其山水，賜兒祝福一樂也。

二、俄酋訪英既完，其英俄公報皆屬互欺之談，惟俄國要求英國不以軍貨接濟中東各國（暗示巴克達公約國），則俄亦可不予埃及等各國之軍貨，此無異要英國斷絕其命根也。此次俄英會晤，余認為二方皆無所得，如其真無所得，則將必有所失也。

三、政工幹校第四期正則班畢業致訓，考核人事訓詞完稿，參觀美製大戰實戰影片六幕，皆於我有益也。

四、修養心意工夫仍無進步，應加戒慎為要。

本星期預定工作課目

1. 美顧問團第五年紀念集會。
2. 對董[1]大使之指示。
3. 三角形攻擊戰鬥群之導言。

---

1 董即董顯光。

4. 七中全會之議案與開會詞要旨。
5. 約宴行政院省政府各主官例會。
6. 和平共存論核定付印。
7. 老將領假退役公事之呈核。
8. 對美援交涉之注意。
9. 美海軍參謀長訪臺之準備。
10. 令孫立人遷臺中居住。
11. 庫特將軍之約晤。

四月二十九日　星期日　氣候：雨

雪恥：一、和平共存稿內應增補者：甲、俄使館人員為共匪情報與指揮機構復交為最大之失策與不利，以殖共匪復活與造成鐵幕惟一之基因。乙、群眾運動與群眾路線，為共匪掩護與顛覆政府公開之最大利器工具，凡阻止剿共、阻止肅奸、為其各地地下工作者求情與保證、反對征兵、反對征糧以及戡亂動員之法令，都通過其群眾路線而行施，故社會經濟、教育與民心士氣，皆由此而沮喪而破壞，故凡有共產組織與思想未澈底清除以前，決不能有民眾遊行示威或集體請願等各種為共匪利用之運動。

朝課後審核和平共存稿第四編，禮拜。午課後記事，續核共存稿。晡車遊淡水道上，雨水皆已充沛為快，回入浴，晚核稿，晚課。

四月三十日　星期一　氣候：雨

雪恥：一、共存論結語：甲、不接受俄國調處與匪協議簽訂一個字，反共到底。乙、對聯盟的盟約與聯合國憲章，始終遵守擁護無負，未曾有任何斑疵愧色，自信對於無畏無懼、竭忠盡智、不怨不尤、克己自反之中國傳統道義，以及不屈不撓、不愧不怍之中華民族精神，信守不渝，尚能自慰而已。二、對顧問團官兵講話要旨：甲、第二次世界大戰中、美並肩作戰，打敗了往日侵略者。乙、戰後中國為俄共侵略大陸淪陷，美國又仗義援華，而且與國軍共同防衛前線，這種共同患難之戰友，殊令我軍民感動。丙、臺、澎實為西太平洋防衛圈之中心，不僅為中國復興基地，亦為美國防之生命線。丁、無金、馬即無臺、澎，亦就拆斷了美國生命線，故保衛金、馬，實即保衛臺、澎，亦即為保衛中、美兩國之國防生命也。

朝課後記事，與希聖談共存論修補與結論要旨，往祝于[1]壽，記上周反省錄。午課後閱報，自閱十二年日記，草率無狀為愧。車遊一匝後，到防大觀戰史影片，膳後散步，晚課後入浴。

1　于即于右任。

上月反省錄

一、俄酋訪英結果並未達到其任何目的，此乃其去年訪印以後最大一次之重傷，印度豈果不祥之物耶。

二、俄解散共產國際情報局之宣布，其意在迷惑中東與印緬之中立主義者。

三、俄貸共匪貨款廿五億羅卜（以三年為期乎），仍以易貨行之，剝削我同胞血汗脂膏更無止境矣。

四、中立主義蔓延歐亞，尤以北歐為甚，冰島反對美國基地，挪威、瑞典與俄親近，而法、義更險矣。

五、錫蘭中立主義者選舉勝利，高棉西哈努雖辭職，而其新政府親共如故也。

六、倫敦裁軍會議破裂，無結果而停止。

七、韓馬紹在中東調停以、阿爭端，並未獲得具體解決。

八、愛克發表外交政策，其反共立場雖仍堅定，而以不幫助他人武力解放為宗旨，是其無異間接答覆余之函件乎。

九、泰國訪華親善團總算實現來訪矣。

十、致愛克私函已盡我心力，自信最後當有效果也。

十一、克氏[1]戰爭論批注完成付印，此一大工作也。

十二、本月工作可指者：甲、「和平共存」書初稿完成。乙、國防大學第五期開學。丙、政工幹校第四期正規班畢業。丁、訪日團結果平常。戊、將領訪美考察與美參校特訓班皆已如計出發矣。己、經國已就退役官兵輔導委全代主任之職。

---

1 克氏即克勞塞維茲（Carl von Clausewitz）。

五月

民國四十五年五月

本月大事預定表

1. 全會議案與指示。
2. 開會詞要旨之研究。
3. 全代會日期之方針。
4. 反共救國會議有否必要。
5. 和平解放大陸口號之利害得失如何。
6. 宣傳與僑務僑教如何加強。
7. 自清運動與大陸革命運動。
8. 對共匪假開放策略之運用。
9. 大陸革命運動方案與具體實施計畫。
10. 利用大陸與香港之靠隴〔攏〕與中立分子訪問。
11. 培殖〔植〕與物色宣傳與外語人才。
12. 建立模範省工作之檢討。
13. 對於俄共每一宣傳事件之研究，如何利用其弱點與矛盾，轉為我攻匪重要之武器。
14. 對董大使在美政策與方式之指示。
15. 黨務外交僑務聯合計畫與教育人才之方案。
16. 去年總反省錄之草擬。
17. 三角形攻擊戰鬥群原理之編著。
18. 外交組織與人事之修正。
19. 國際宣傳計畫。

20. 馬來獨立運動之僑務計畫。
21. 省府遷移臺中之督導。

五月一日　星期二　氣候：陰雨

雪恥：一、太武山隧道之夜工加強。二、星四日軍事會談。三、共黨製造與運用矛盾律：甲、滲透即接觸之果。乙、滲透與宣傳之聯系。丙、時間今日不成，明日持續，本周無效，下周繼進，本年不行，明年再來，乃至無年月日時進行宣傳，必至達其目的而後已。丁、空間本人不成，移轉於左右，左右不信，擴張於整體，整體不夠，遍佈於社會之全民，必使你中心本人無法自主而動搖。戊、製造目標影像與環境第一，目標不成再製第二、第三目標，使你不能不轉移對共有害之目標而造成錯誤，以達到其避害趨利、避重就輕而適合其預定之目標。

朝課後記事，審閱民國元年前後之紀事（勉廬先生[1]編）。上午主持國父月會後，會客，批閱。十二時對美顧問團官兵千餘人致訓，以今日為顧問團成立五周年紀念也。午課後修正講稿。十七時在中山堂，召集美軍官千餘人茶會紀念，晚宴會後晚課。

五月二日　星期三　氣候：陰

雪恥：一、全會訓詞要旨：甲、俄共之破綻與敗象畢露。乙、我國反共之基礎已照預定計畫建立。丙、國際之陰謀與中東問題之關鍵。丁、世界第三大

1　毛思誠（1873-1939），字勉廬，為蔣中正啟蒙老師。歷任國民政府主席辦公室秘書、監察院委員等職。曾編纂《民國十五年以前之蔣介石先生》及蔣中正著《自反錄》，為研究蔣中正早年之重要資料。

戰形勢已在今年決定，但發動尚有相當時間之期待。戊、今日我國之成敗，皆決定在吾人之本身。己、革命乃鼓動風潮、創造時勢之事業，而非待時投機之所能成。庚、如何決定本身之成功，必須建立本身之力量，而建立力量之基礎，全在精神與心理之建設，故本黨以此「領導心理建設」為第一職責。朝課後記事，為林頂立[1]擾亂物價，司法機關又因循塞責，不敢依法懲治，乃嚴責谷鳳翔[2]限期法辦，否則臺灣經濟將無法安定矣。主持中央常會，檢討全會議案。

五月三日　星期四　氣候：陰

雪恥：昨午課後記本月工作預定表後，見健中[3]，屬其速就中央日報社長職，彼對訪日經過報告與觀感頗有見地。晚到防大觀美製實戰影片，潛艇戰、雷伊泰戰與列多公路建築工程，所謂「通蠻得勒之路」，初見自我之影，眾皆熱烈鼓掌，而我只有益增悲痛與恥辱之感慨而已，甚望今後十年內，上帝能賜我湔雪此恥也，晚課。

本（三）日朝課，記事，審閱「和平共存」最後稿未完。入府見日本大同社記者後，對沈局長[4]嚴加訓斥其翻譯之不實在，與代稿之不肯用心也。召見調

1　林頂立，臺灣雲林人。1953 年 9 月任《聯合報》發行人。1954 年 6 月任第二屆臨時臺灣省議會副議長。1955 年 4 月轉入實業界，任民營臺灣農林公司董事長兼總經理。後因違反《違反糧食管理治罪條例》，被判刑八年六個月。

2　谷鳳翔，字岐山，察哈爾龍關人。1952 年 10 月，任中國國民黨中央委員會副秘書長。1954 年 6 月，調任司法行政部部長。

3　胡健中，原名經亞，又名震歐，字絜若，筆名蘅子，原籍安徽和縣，寄籍浙江餘杭。1952 年 12 月至 1953 年 4 月出任中央日報社董事長，1956 年 5 月至 1961 年 6 月，再任中央日報社社長。

4　沈錡，號春丞，浙江吳興人。1952 年 4 月，任總統英文秘書，11 月兼機要秘書。1954 年 8 月，兼任中國國民黨中央委員會第四組副主任。1956 年 2 月，卸任秘書工作，擔任行政院新聞局局長。

職人員後，批閱公文。正午見美遠東空軍司令庫特畢，與藍欽夫婦[1]便餐，午課後續核稿件。晡見道德重整會卜克門[2]等二十餘人，茶會畢，與妻車遊山上一匝。晚續修稿件，自擬結論最後之一節完，散步，晚課。

五月四日　星期五　氣候：陰晴

雪恥：一、黨員服務的示範，應以傳教士無我與愛人的精神為典型，獎勵無名英雄之德性，而不以權利吸引青年。二、黨員守則與軍人讀訓淺說為領導之信條。三、退守臺灣之目的：甲、只求一片乾淨土為復興基地，而放棄複雜紛歧不可收拾之龐大巨塊。乙、避免為世界眾矢之的，而使敵人成為眾矢之的。丙、促使世界大國醒覺，中國反共戰爭不僅為中國。丁、顯示政府在亞洲地位之重要。四、遷臺以來克復重重之艱危，自信其必能達成反共抗俄之使命，自助天助與人助之例。

朝課後續修稿件，入府召見調職人員，主持軍事會談。午課後記事，續修稿件。晡車遊山上，回入浴，閱報，散步，晚課。本日倫敦裁軍會議毫無結果，宣告停止。

五月五日　星期六　氣候：晴

雪恥：一、美國有一位將軍問我，馬歇爾調處國共工作之前途，其成功之成分究竟如何，我當時答覆他說，這個問題應該要問莫斯科。我反問他說，莫斯科是否能允你美國在中國調處國共問題成功麼？他應之曰，你為什麼不將

1　美國駐華大使藍欽（Karl L. Rankin）及其夫人波林．喬登（Pauline Jordan Rankin）。
2　卜克門（Frank Buchman），路德教派牧師，1938 年推動道德重整運動。

這意思直告馬將軍？我答道，現在尚非其時，容後再說罷。和平共存論中應增補上述一段為宜。

五時後起床，朝課後重修和平共存稿。九時到石牌主持七中全會開幕禮，訓話後主持預備會議畢，巡視實踐學社講課後回，續修論稿。午課後記事，閱報，重修最後一節之論稿，並擬改書名為「和平共存與統制世界」。今晨妻病，晡彼強欲車遊山上，幸無加重。晚仍核論稿，散步，晚課。

上星期反省錄

一、倫敦裁軍會議無結果而告中止，此為俄酋訪英失敗之第一反應也。

二、北大西洋聯盟國外長會議，杜勒斯重申其對共匪不妥協，以及不放寬其禁運（對共匪）之政策，此次會議中並提議增設經濟組織，以對俄共冷戰經援政策，或比前數次會議之收獲較大也。

三、巴勒斯坦以、埃衝突問題，聯合國秘書長哈嗎紹調解似已收效，但其並非根本解決也。

四、本黨七中全會依期召開。

五、「和平共存」篇上周幾乎每日不斷校核修正，至周末方告大體完成第四編，全在本周內親自續成也。

本星期預定工作課目

1. 侯騰應調職為史政處長或戰略委員。
2. 各司令部（師部以上）均應設匪情研究專員。
3. 整飭海軍由美帶運私貨之紀律。
4. 行政院省政府各級主官年宴。

5. 總統府諮〔資〕政、委員等年宴。
6. 總統府職員年宴。
7. 對董[1]大使之指示。
8. 宴訪日代表團。
9. 陳德坣缺之速補與副師長之調換。
10. 郭寄嶠[2]派職。
11. 三角形攻擊戰鬥群緒論之研究。

五月六日　星期日　氣候：晴

雪恥：一、香港游離與中立分子之組織，使之從事大陸情報工作或進入大陸潛伏。二、陳德坣與俞伯音之副師長，對告發事有否關係之根究。三、太武山洞工作加強之具體計畫催報。

朝課後續修和平共存稿，十時後到中央全會巡視並核稿。午課後記事，到全會視察回，與緯兒遊覽庭院，聽其講德國軍士制度與實施辦法。晡審閱上次六中全會講稿，此為楚秘書[3]記錄最佳之一篇，但仍須修正，約需時二小時也。晚與妻車遊回，觀影劇「新疆馬車夫之戀[4]」，此為國製影劇最佳之片也。晚課。

1　董即董顯光。
2　郭寄嶠，原名光霱，安徽合肥人。1951 年 3 月至 1954 年 6 月任行政院政務委員兼國防部部長、國防會議秘書長。1957 年 4 月轉任總統府國策顧問。
3　楚即楚崧秋。
4　《馬車夫之戀》，唐紹華導演、編劇，林翠、丁瑩主演。自由影業公司出品，1956 年 7 月首映。全片在臺灣拍攝，描述兩名新疆維吾爾族少女都鍾情於身份低下的馬車夫，引發家族糾紛，但在團結對外大前提下，化解矛盾。

五月七日　星期一　氣候：晴

雪恥：一、全會閉幕詞要旨：甲、今後反共工作重心與心理建設（考核人事要領）及大陸革命運動與調查報告。乙、俄共情勢：（子）清算史大林的用意，在迎合狄托與附庸之心理為主，而引起西方對俄政策改變之幻想為副。（丑）解散情報用意，在眩惑中立國家，推卸俄共對各國共黨叛亂無關之責任，與接受狄托之要求，使狄托重歸其懷抱為主，而以眩惑西方之幻想為副，但其想法袪除附庸國對俄共控制之戒心，亦是作用之一。惟此二舉，皆可證明俄共無論對外對內之力量已經動搖，不惟不能如史大林時代之堅強，而且其破綻畢露了。

朝課後修正六中全會講稿。十時主持全會紀念周，宣讀和平共存中第四編全文完。午課後記事，修稿，到全會視察。晡與妻車遊，膳後散步，晚課，入浴。

五月八日　星期二　氣候：晴

雪恥：一、俄氫彈與長程機已趕上美國程度。二、西藏東北部與川、康邊境反共游擊隊多處發難起義。

朝課後記事，記上周反省錄，增修和平共存篇，到中央全會視察。午課後手擬講稿要旨。十六時再到全會，與閻伯川[1]談時局，彼以政府應對大陸人民提議和平解放大陸辦法：一、保衛固有文化。二、反對暴力控制而行仁政。三、反對奴役而求自由等條件，要求和平解放，但只對人民而不以共匪為對象，余以為無此可能，應待再加研究。舉行閉幕禮後，兩次講話。晚宴後在中山堂「辛亥大革命」話劇，尚未成熟，廿四時後完回，晚課。

1　閻錫山，字伯川、百川，山西五臺人。1949 年 6 月任行政院院長兼國防部部長，主持中樞遷臺，1950 年 3 月起任總統府資政。

五月九日　星期三　氣候：晴

雪恥：一、此次全會以精神集注在和平共存稿之審核，故對會務指示甚覺欠缺，無形中乃感散漫與消極之象。二、市上小孩受刀割與火災之查究，或有共匪關係也。三、林頂立犯法受拘，對於今後經濟之安定必有大益也。四、林挺生[1]案之覆查。五、郭克悌[2]案之查報。

朝課後重核和平共存修正稿，膳後記事，散步，核稿。與希聖談譯印計畫，擬增聯合政府為共黨政治作戰方式之一種也。午課後審核三角形戰鬥群緒論稿，不妥。晡與妻車遊後入浴，晚審核戰鬥群之研究內各圖案，晚課。

五月十日　星期四　氣候：晴　悶熱　間雷雨

雪恥：一、政治之良腐，全在行法與守法之精神如何，如行法者不能秉公行法，則軍民皆無法可守，更無法可畏，而一切政治之敗壞與國家之危亡皆由此而起，此在大陸上所以失敗之重要因素也。來臺後第一對於軍法必須由余親自判核，六年後之今日舊弊漸清，尤以去年處治軍法處長包啟黃[3]一案後，軍紀日嚴，舞弊案甚少矣，而今日懲處林頂立以後，司法方面或亦可整頓矣。

朝課後記事，入府批閱公文，召見楊繼曾[4]、王東原[5]等八員，空軍聯隊長與

1　林挺生，臺灣臺北人。大同公司創辦人林尚志之子。1956 年創設大同工業專科學校。1957 年出任中國青年反共救國團臺北市團委會主任委員。

2　郭克悌，號書堂，河南孟津人。曾任臺灣工礦公司董事長、總經理。1955 年 10 月至 1956 年 5 月，任中原理工學院院長。

3　包啟黃，江蘇邳縣人，1951 年 8 月出任國防部軍法局局長。1954 年 6 月，因貪污勒索被告發，8 月免職。1955 年 1 月 18 日，執行槍決。

4　楊繼曾，字君毅，安徽懷寧人。1950 年 2 月起，歷任經濟部政務次長，國防部常務次長，臺灣糖業公司董事長、總經理等職。1953 年，當選為中國工程師學會理事長。1958 年 3 月出任經濟部部長，歷時七年。

5　王東原，名修墉，安徽全椒人。時任駐韓國大使，1951 年 10 月到任，1961 年 1 月離任。

大隊長等皆甚優秀可愛也，與孟緝、岳軍談公事。午課後手擬三角形（攻擊戰鬥群）與戰術思想關係講稿未完。經兒來報毛人鳳[1]局長病癌，甚驚駭，應速醫療。晚膳前後車遊山上各一匝，晚課。

五月十一日　星期五　氣候：陰雨

雪恥：一、對董指示：甲、應多與美共和黨左派聯系。乙、與顧少川等聯系研究。丙、對友華報紙之聯系。丁、致艾克函之轉示。戊、宣傳應有重點，並與廷甫〔黻〕商討。己、對留學生之組織與救濟，及考查其成績與履歷。庚、令傑[2]工作與關係。辛、霍夫孟[3]、杜威[4]之接觸與史塔生之注意。王、美國各商發與各部機構統一計畫。

朝課後手擬幾何學三角形與戰術思想之關係稿，入府批閱。召見空軍大隊長六員後，主持財經會談。對財政部與省府辦事遷移延誤，以及對林頂立案要由我親自督促懲治，而省府不敢負責究辦，加以嚴責，事後似覺太嚴，然非此不能振衰起敝也。午課後記事，續擬講稿初成，車遊淡水。晚宴訪日團與董、沈[5]等畢，晚課。

1　毛人鳳（1898-1956），浙江江山人。1955 年 6 月保密局改組為情報局，仍任局長。1956 年 10 月 14 日任內去世。

2　孔令傑，孔祥熙與宋靄齡次子，時為駐美軍事採購處陸軍武官，往來美臺之間，為蔣中正、宋美齡傳訊。

3　霍夫曼（Paul G. Hoffman），又譯霍夫孟，曾任美國經濟合作總署署長，執行馬歇爾戰後經濟復員計畫。

4　杜威（Thomas E. Dewey），美國共和黨人，1943 年 1 月至 1954 年 12 月任紐約州州長，卸任後恢復執業律師身分。

5　董、沈即董顯光、沈覲鼎。

五月十二日　星期六　氣候：陰雨

雪恥：一、致少川函。二、覆舜生函。三、美民主黨史巴克門[1]與李卻茲[2]二人之注意。四、日使館人員之考績。五、機場與稅關之檢查方式態度，應派員監察改正。六、對港澳與日、泰、越、新工作與組訓之加強。

朝課後記事，指示董[3]大使赴美應注意要旨八項，對傑問題頗費心神也。入府召見空軍警衛隊長、高射砲二旅長以及空軍大隊長五員[4]，皆優秀有為之才也。主持軍事會談，解決海軍修艦問題，由美協助預儲器材費一百廿萬美金，乃可解決一切也，研究發展機構設立計畫已決定矣。午課後重核三角形與戰術思想的關係講稿修正完。晡在府接見美國防大學員四十餘人後，與妻車遊淡水。晚觀美製影劇「賭博與歸主」，頗佳，晚課。

上星期反省錄

一、七中全會之成績不如六中全會之優良，應由常會重加檢討，對於幹部制度與四大決議案督導實施。

二、香港軍事情報已與我具體合作，其態度亦較前進步，此乃英對匪之趨向，可以測知也。

三、狄托訪法與法聯合聲明主張公平裁軍。

1　史巴克門（John J. Sparkman），又譯斯巴克門，美國民主黨人，1946 年 11 月至 1979 年 1 月為參議員（阿拉巴馬州選出）。

2　理查士（James P. Richards），又譯李卻茲、李查滋、李查斯，美國民主黨人，1933 年 4 月至 1957 年 1 月為眾議員（加利福尼亞州選出）。

3　董即董顯光。

4　接見葉枝芳、蕭知三、蔣紹禹、烏鉞、冷培澍、剛葆璞、劉古班等七人。葉枝芳，號子房，浙江淳安人，時任空軍警衛旅旅長。蕭知三，湖南新化人，時任空軍高砲第一旅旅長。蔣紹禹，四川岳安人，時任空軍高砲第二旅旅長。烏鉞，號孟黃，遼寧營口人，時任空軍松山基地大隊大隊長。冷培澍，號克勝，山東臨朐人，時任空軍松山基地第五大隊大隊長。劉古班，江蘇阜寧人，時任空軍松山基地第二十大隊大隊長。

四、聯合國秘書長調解中東以、阿問題，並未有根本解決之效果。

五、塞島英絞希人二名，希反英沸騰。

六、和平共存論尚待增補，但已交譯。

七、三角形與戰術之基本思想講稿草完。

八、省議會副議長林頂立為違法而扣審，此必於今後臺省法治工作有重大效果，尤其對於穩定物價為然也。

本星期預定工作課目

1. 海軍走私案之從速處治。
2. 毛人鳳赴美醫治。
3. 全會決議案之實施程序督導。
4. 對港澳游離分子之組織與運用方法。
5. 港澳傭人（男女）之組織計畫為重要工作。
6. 難民營之組織與勸回大陸。
7. 日、泰、越、菲青年入大陸之組織計畫。
8. 新、馬黨務之加強。
9. 調職師長名冊之催報。
10. 侯騰調職。
11. 法莫勒訪俄。
12. 機場與稅關檢查方法與態度之改革。

五月十三日　星期日　氣候：陰雨

雪恥：一、召見沈紀鴻〔劍虹〕[1]。二、無不可能之事的口號。三、定期調職之師長名單。四、駐日使館孫玉書[2]成績較佳。

朝課後記事，重核三角形原理與戰術基本思想的關係講稿第三次完。十時見顯光，研討人事，與對美民主黨重要議員之聯系等。十時半與希聖談和平共存中遊俄的報告章，應改名為「遊俄觀感」，其內容亦須略加改變。十一時禮拜如常。正午重修講稿，午課後續核講稿完，交張柏亭研究付印。晡與妻車遊基隆道上，以雨折回。入浴後，審核和平共存中新增聯合政府章，修正完。晚審閱和平共存後，散步，晚課。

五月十四日　星期一　氣候：陰

雪恥：一、登步島與金門二戰役之經過戰鬥詳報，限二月內呈報。二、降共部隊官兵之結果，以及最後被編送邊疆苦工服役，與降將被監視行動之詳情，並將除陳[3]、鄭[4]等數人委派名義之外，其他皆被殺害之事實記錄宣傳。三、對官兵專長測驗時，應注重天才科目（另設）。四、黨的領導軍政之人才，能

1　沈劍虹，號瑞文，上海市人。1948 年 12 月，奉派前往香港設立行政院新聞局辦事處。大陸變色後，先後在香港《中國郵報》、《英文虎報》、麗的呼聲有線廣播電臺工作。直到 1956 年，經陶希聖介紹，出任總統府秘書。

2　孫玉書，江蘇丹陽人。原任駐日大使館一等秘書，時任外交部亞東司專門委員兼幫辦。1956 年 10 奉派出席聯合國遠東經濟委員會在日本東京召開之電力小組委員會第四屆會議。

3　陳明仁，號子良，湖南醴陵人。1948 年出任華中剿匪總司令部副總司令兼第二十九軍軍長、武漢警備司令，後改任第一兵團司令長官、湖南省政府代理主席。1949 年 8 月 4 日，與程潛率部在長沙宣布投共。受任中國人民解放軍第二十一兵團司令員、湖南軍區副司令員。

4　鄭洞國，字桂庭，湖南石門人。國共戰爭期間，擔任東北保安司令部副司令長官、東北剿匪總司令部副總司令、第一兵團司令官、吉林省政府主席。1948 年 10 月，在長春經共軍圍困數月後彈盡援絕而降。1952 年 6 月，任中央人民政府水利部參事。

力如何培育訓練。

朝課後記事，聽報對中東與北非近情之一般約一小時後，遊覽庭院回，批閱要公，清理積案三小時。午課後批閱要公，手批監犯保釋之件等，頗費心力。晡車遊山上一匝，晚觀美製影劇，膳後散步，晚課。

五月十五日　星期二　氣候：陰

雪恥：一、戰爭職責如何實踐及其考核。二、高砲防毒面具之不足與如何練習。三、地方之軍醫院應兼醫軍眷與小兒科醫藥之設備。四、第二期眷舍之籌建。五、侯騰調職。六、師搜索營編制與訓練務近似匪軍，尤其服裝應備匪裝一套，但非遭重要時機不得使用。七、檀香山領事。

朝課後審記人事，記事，入府召見至柔等十五將領，聽取其對美考察各人心得之報告後，見宋越倫[1]等外交人員畢，主持情報會談。俄宣布其取消集中營（明年），與裁減陸軍一百廿萬人之報導，已無人置信矣。正午宴行政院與省府各部會、廳處主官，以每年一度成為常例。午課後往淡水海濱，參觀匪軍基本戰法與編訓演練約二小時，頗為重要，回入浴。膳後散步，晚宴。

五月十六日　星期三　氣候：陰雨

雪恥：一、偽軍演習之講評：甲、喊話方法與次數應加強，對於士兵回家心理等宣傳及對消之對話[2]，亦應在內。乙、敵人陣地喊話時，反可激發我士氣

1　宋越倫，字人騮，浙江上虞人。1949 年參加駐日代表團。駐日本使館成立後，繼續留任。時任駐日大使館秘書。

2　原文如此。

與敵愾心之方法，特加研究。二、對淡水偽軍演習之獎賞速發。三、美陸軍新編制之研究。四、副官學校研究發展課講解之準備。

朝課後記事，批閱公文。十時與妻到中央常會，研討全會決議案處理辦法，對於發動大陸革命運動，以能設法使大陸邊緣反共或游離分子混入大陸，為第一步工作要領，並對黨政當局習慣心理之改革，養成現代辦事精神為第一步要旨。午課後補記上月反省錄及審閱戰爭論，手批文字，尚有錯誤。晡入浴，晚聽報後晚課。

五月十七日　星期四　氣候：陰

雪恥：一、埃及政府昨夜決定承認共匪偽政權，此乃必然之結果，以其新總理（納撒[1]）未叛變謀篡以前，所謂革命委員會中，早已為俄共分子所滲透，自俄共購運武器接濟埃及前後，已與共匪通商往來頻繁，今日實現承認，自無足奇。惟我外交太不警覺預防，美國本已無能為力，由此一端更可窺見，埃及靠俄必更進一步，而中東問題必將擴大至不了之局矣。

朝課後記事，入府召見范健[2]教官等與調職人員六名。審定三角形攻擊戰鬥群緒言畢，與伯川談和平解放大陸之作用，彼意全為心理作戰也。正午宴資政、顧問，午課後批閱公文。晡車遊，晚宴美國防部副部長勞勒生[3]夫婦後，晚課，廿三時寢。

1　納撒即納瑟（Gamal Abdel Nasser）。

2　本鄉健，前日本陸軍砲兵大佐，化名范健，1950 年 1 月抵臺，協助訓練國軍幹部，為實踐學社（白團）之副總教官。1963 年 12 月離臺。

3　勞勒生（Reuben B. Robertson Jr.），又譯勞勒生、羅伯森，1955 年至 1957 年擔任美國國防部副部長。

五月十八日　星期五　氣候：陰

雪恥：一、埃及承認共匪，遺棄我自由中國，而越南吳廷琰[1]政權對日、韓皆已派使節成立國交，而獨對我中國延宕不理，視若無睹，能不警惕，知恥發憤乎？豈可再作邪思妄念，自召禍患，誤國殃民也？二、對聯會致詞大旨：甲、該會對軍對民六年成績。乙、該會會員應為社會家庭模範。丙、對遺族與軍眷撫助特加注重。丁、社會工作特重環境衛生與貧民醫藥之救濟。

朝課，記事，入府見沈覲鼎等與調職人員五名。主持情報會談後，與岳軍、公超談埃及與聯合國情勢。午課後重閱三角形攻擊戰鬥群之研究第一章後，審核和平共存增改之我的遊俄觀感一章，頗費心力。晡與希聖談話後，車遊。晚續修稿，散步，晚課。

五月十九日　星期六　氣候：大雨

雪恥：一、戰地封鎖與控制組織的細則，應制定實習：甲、每村每鄉禁止自由出入。乙、每家每人在每夜之五名檢查。丙、每戶病人之救護。丁、每家長主婦定期訪問。戊、每夜不准出門。己、戰地通行證與居留證之預製。二、金、馬、臺、澎駐軍附近區域，政工人員對民家之清查與慰問之實習。

朝課後記事，續核修補稿。十時與妻到中山堂，對婦聯會六周年紀念會致詞畢，回府接見大坂華僑十餘人後，見阮毅成[2]、張少武[3]等，屬對青年黨警告其不得在國軍中發展效尤共匪之滲透工作。召集軍事會談。午課後續修共存補稿，與希聖談補修各點。晡到婦聯會，聞在會中已捐募軍屬眷舍一百六十一

1　吳廷琰，1954 年 6 月 26 日至 1955 年 10 月 26 日為越南國首相，1955 年 10 月 26 日至 1963 年 11 月 2 日為越南共和國（南越）第一任總統。

2　阮毅成，字靜生，號思寧，浙江餘姚人。時任《中央日報》董事長。

3　張厲生，字少武，河北樂亭人。1954 年 8 月，改任中國國民黨中央委員會秘書長。1959 年 3 月，出任駐日本大使。

棟，成績甚佳也。晚閱報，見梁序昭[1]司令後，晚課。

上星期反省錄

一、近來修養工夫自覺有退無進，而且邪思妄念不絕，何能擔任此復國使命，惟本周以來似有憬悟，內心代神說：「你當尋求我的面」，我的禱告亦有如大衛所說：「神阿，你的面我正要尋求」之意。

二、埃及承認匪共，我即宣布對埃及絕交，此一舉動雖小，但實為世界和戰之重大關節也。

三、英對共匪禁運放寬之自由行動。

四、俄宣布一年內撤消其集中營與裁軍一百廿萬人，無人置信，不能發生其宣傳作用。

五、新、馬獨立交涉在倫敦破裂。

六、法揆訪俄似無重大結果。

七、美拒絕俄酋訪美之要求。

八、婦聯會六周年紀念，為軍眷捐助住舍一百六十棟。

九、三角形戰鬥群緒言完成。

十、本周思慮多有進益。

本星期預定工作課目

1. 軍援特別交涉之件：甲、增二基地師。乙、傘兵訓練中心之建立。丙、火箭砲。

---

1 梁序昭，福建閩侯人。1954 年 7 月，調任海軍總司令。1957 年 6 月，留任海軍總司令二年。1959 年 2 月，調任國防部副部長。

2. 講詞要旨：甲、埃及承認共匪之後果與內容。乙、國際情勢緊張激增。丙、東半球肥美地區（中國大陸、南洋與中東）。丁、英國對新嘉坡、錫蘭與塞島之態度，以及其對阿拉伯油權保守之最後決心。戊、英、美對中東關係不能不取一致態度。己、俄對中東不戰而獲之慣技能否有效。庚、英與大陸通商問題之實質。辛、今後大戰關係：（子）以、阿問題。（丑）越南。壬、戰爭必不能限於一隅。癸、我對聯合國政策。
3. 發動大陸革命運動初步。
4. 養成新時代辦事精神。

五月二十日　星期日　氣候：晴

雪恥：一、愛克覆我上月之函中，雖有足以引起世界大戰一發而不可收拾之行動，皆為其所反對，但其最後一段對俄共各種挑釁之行為，必須以審慎籌畫而出之，以堅決之行動乃可必操勝算之結語，吾知其內心焦急為如何矣。二、省府遷移之限期。三、戶警合一制之實施。四、市政經理制，由市議會聘任議長。五、中央日報組織之改正。

朝課後記事，記本周工作預定表，膳後遊覽庭院魚鳥花木。上午記上周反省錄畢，禮拜，批閱。午課後批閱公文畢，與妻往大溪別墅視察，遊覽公園，應加修理。晚觀美製難兄難弟影劇，膳後散步，晚課，入浴，廿三時寢。

今晨美國以飛機空投氫彈在比基尼島[1]實施成功。

1　比基尼環礁（Bikini Atoll），亦作 Pikini Atoll，馬紹爾群島的一個礁堡。

五月二十一日　星期一　氣候：晴

雪恥：一、據報，埃及納塞此次承認中共之近因，為其接到巴黎情報美、英、法外長此次在北大西洋公約國會議時密商中之紀錄，為俄國所得，轉報埃及情報員：甲、英國認為納塞所領導之阿拉伯集團，對英國在中東石油供應線終成一大威脅。乙、美國已允支持英國之態度。丙、美國在以、埃糾紛中，已改變其態度完全支持以色列之一方云。此乃俄國陰謀之得逞，當係可靠，而其根本原因，乃在俄國潛艇六艘購贈埃及，密抵亞歷山大港之日，乃即發表其承認共匪之聲明，此於十九日納塞接收潛艇時之演說甚明。總之中東問題，有此六艘潛艇，俄對美、英之挑釁，不能不使美、英有所決定矣。

朝課，記事，到防大紀念周，說明埃及承認共匪之內容與後果，未始非我國轉敗為勝之機。午課前後批閱獨力反攻計畫草案，甚詳。晡車遊回，入浴。晚見柏亭，晚課，散步。

五月二十二日　星期二　氣候：晴

雪恥：一、俄共永久根據地，其在烏拉山、貝加爾湖與中亞細亞之「巴爾克什湖」，而以新西比利亞站為中心點，如果要根本解決俄國為人類大患，必須對此一永久根據地區作永久之處決或控制，此應首先警告美國也。

朝課後記事，入府見美顧問二人，聽取其對國軍訓練與通信組訓意見之報告，甚為有益。召見調職人員四名，與梁[1]總司令談南沙群島問題，菲國覬覦甚急，我應派艦巡視與設哨管理。召集一般會談，決定本年在澳洲世運會既允共匪參加，則我聲明停止參加，僉以為此非政治關係，為華僑渴望我參加，且澳已助我國名排在共匪之前，余認為凡共匪所參加之事，我國皆必拒絕參加之

1　梁即梁序昭。

原則不能變更，故決不參加也。午課後批閱公文，核定戰爭原理序言與原譯本付印，為戰爭論之附本。召見東原、世禮[1]後，散步，車遊一匝。晚觀月散步，晚課。

五月二十三日　星期三　氣候：晴

雪恥：一、電董[2]少發表言論。二、賈幼慧[3]、舒適存[4]、董嘉瑞[5]應免職。三、蘇時[6]、王啟瑞[7]、葉會西[8]、王大均[9]似可用。四、對匪區民眾解放時之對待方針，匪以封鎖、控制、奴役與利用的方法之研究對策。

朝課後記事，與妻到中央主持總動員會報，聽取衛生（環境）指導與督導二會各報告，又農復會衛生組報告，全臺環境衛生似較三年前大有進步，但仍須繼續指示與獎懲也。對王德溥[10]阻礙戶政合一政策之建立時，更對一般高級官吏之糊塗無知不僅不能有益建設，而且反增阻礙之情形，益增悲憤，未知如何復國矣。午課後清理積案，與希聖談話。晡入浴後車遊，膳後散步，讀詩，晚課。

1　何世禮，原籍廣東寶安，為香港富商何東爵士第三子。1952 年後，歷任駐聯合國軍事代表團團長、聯合國安理會軍事參謀委員會首席代表、行政院美援運用委員會委員。

2　董即董顯光。

3　賈幼慧，號韞山，陝西韓城人。原任陸軍總司令部副總司令。1957 年 2 月調任總統府戰略顧問。

4　舒適存，湖南平江人。1952 年 3 月，調任國防部戰略計劃委員會委員。1959 年退為備役，任臺灣電力公司顧問。

5　董嘉瑞，湖北沔陽人。1955 年 2 月調任國防部戰略計畫研究委員會委員。

6　蘇時，湖北枝江人。原任金門防衛司令部副司令官，1954 年 11 月調任國防部戰略計畫研究委員會委員。

7　王啟瑞，號文霞，湖南資興人。1955 年 3 月出任國防部戰略計劃研究委員會委員。1963 年調任第八軍軍長。

8　葉會西，號永蓁，浙江樂清人。1955 年 1 月調任國防部戰略計劃研究委員會委員。

9　王大均，浙江臨海人。1954 年 1 月任澎湖防衛司令部參謀長。1955 年 2 月調任國防部戰略計畫研究委員會委員。1960 年調任國防研究院研究委員兼總務處處長。

10　王德溥，字潤生，遼寧瀋陽人。1954 年 6 月至 1958 年 3 月任內政部部長。

五月二十四日　星期四　氣候：晴

雪恥：一、山地行進與迂迴鑽隙訓練。二、預想戰場地形之立體模型與指定部隊之專門演習。三、閩、浙、粵沿海岸之蛙人偵察。四、水底爆破隊之檢閱。五、獸力與手車之製備計畫及帆船之調編工作。

朝課後記事，入府先見國華，復見調職人員七人，批閱公文。與岳軍談戶警合一之立法手續後，乃知實有複雜情形也。午課後重審和平共存總修正稿。五時半起飛，經兒同行，機上審稿初畢，至屏東下機，轉西子灣澄清樓，入浴。晚膳最有味，吃飯二碗。與經兒在海濱月下散步消遣，自在一樂也，晚課。今日不能慎獨主敬，記過一次。

五月二十五日　星期五　氣候：晴

雪恥：一、所謂「紅軍發展小史」與軍事訓練教材之搜集。二、傘兵降落後之主要動作與掌握部隊之要領。三、紅軍掃盪〔蕩〕傘兵之行動。四、裝甲部隊與傘兵未能切實聯絡與應戰。五、此次演習之缺點：甲、無實戰觀念。乙、無協調聯系、互助合作之精神。

五時半起床，朝課畢早膳。七時半與黃達雲[1]乘車出發，經屏東潮州，九時到達新碑〔埤〕閱兵臺，參觀傘兵降落及戰車突擊等動作，並無實戰精神，一如卅九年冬在佳冬演習時相同，可慮。十一時回程，途經屏東舊砲兵營房此次統裁部所在地，視察後即回澄清樓休息。午課後修正和平共存最後稿件中「共匪之暴動」一章，頗費心力。以天熱，腦筋作動〔痛〕。晡與經兒視察愛河右岸新建招待旅館地址，其風景可嘉。晚觀影劇，晚課。

1　黃杰，字達雲，湖南長沙人。1954 年 7 月，接任陸軍總司令部總司令。1957 年 7 月，升任總統府參軍長。

五月二十六日　星期六　氣候：晴

雪恥：一、太武山上公路各小路口及公路兩端，應增築強固工事。

朝課後散步，指示移植椰樹，午前重核和平共存新增各章稿，詳加修正。午課後記事畢，續修上午各稿。五時文孫來見，晡與經兒、文孫車遊左營海濱，途中談及軍校一年級功課，數學程度甚高為慰。惟軍事課程甚少，其實暑期二個月參觀部隊班排動作等於實習，得益必多也。晚膳後兒孫同到海濱散步回，文孫即返校。余晚課後即與經兒上漢陽艦，廿二時開船，以艦上雷達增裝甚重，故艦身頓現頭重腳輕之象，搖動甚急也，啟椗後即就寢。

上星期反省錄

一、第二兵團之軍的對抗演習並不如理想之佳，尤其是無實戰精神也。

二、本月二十日美國在比基尼島空投氫彈，試放成功。

三、綜核埃及承認共匪原因之情報，自以打擊美國為主因，但其他阿拉伯國家除敘利亞之外，其他如利巴嫩、沙地、也門並未受其影響，而約但尚未可知也。

四、美國對俄邀其空軍參長參觀俄空軍節典禮，已表示接受。

五、廿二日記俄永久根據地之記事，應特別注重。

六、夫人發起捐建軍眷眷舍四千棟事，已有半數以上認捐，其成績與進行情形甚佳，此為兩年來時用懷念，而未能實施之事也。

本星期預定工作課目

1. 軍師長調職名冊之審核。
2. 雷達與電子機器使用人員之技術加給。

3. 守夜官兵之加乾糧。
4. 魏[1]員之名義。
5. 與美交涉降落部隊之訓練中心。
6. 直升機增援之重要。
7. 登陸地區立體地形圖之製備。
8. 越山與夜間訓練之加強。
9. 各搜索團服裝訓練，皆應照偽裝軍辦理。
10. 海岸守備任務如何決定。
11. 閩東北山區派偵之辦法。
12. 獸力手車與帆船之準備。

五月二十七日　星期日　氣候：陰晴

雪恥：七時後到金門登陸入防衛部，先舉行簡報約一小時後，早膳畢，視察公墓後側南、北二山洞各口與最南一洞口。皆集合工作官兵訓話與慰勉後，即上太武山公路之中峰毋忘於莒碑後，瞭望大嶝、小嶝等島甚詳。再登海印寺後巔峰雷達站，與再播臺及高砲陣地畢，入寺參觀，乃一小巷，惟其殿前有一泉源，其池清澈無比，在其對面約離三百公尺處，另有一蟹眼泉，聞其味甘，山麓防衛部之用水皆取之於此二泉，難怪此處有此一寺也。回途再參觀空軍控制站，在一岩洞中，據傳有一石桌碁盤，乃鄭成功[2]當時著棋之處也。回部與團長以上官長及顧問聚餐。午課畢，三時到歐厝後山上，參觀陸

1　魏大銘，江蘇金山人。時任國防部技術研究室主任。

2　鄭成功（1624-1662），原名森，字明儼、大木，南明隆武帝賜朱姓，名成功，永曆帝封延平王，為南明重要將領，被視為反清復明活動的代表勢力之一。1661 年，率軍攻佔普羅民遮城、熱蘭遮城，1662 年擊敗荷蘭東印度公司的援軍，以大員為基地建立承天府。

空軍聯合演習畢，與菲島華僑學生攝影。回途巡視民眾公墓、砲兵陣地及總醫院後回部，記事。晚在顧問招待所聚餐，朝、晚課如常。

五月二十八日　星期一　氣候：晴

雪恥：昨晚膳後，觀話劇「鼎食之家」，技術優越可以嘉獎。晚課後，廿三時寢。

朝課後記事，九時半出發，先巡視聯合作戰中心，再到第十九師埕下師部，及其核心陣地視察後，轉散山西首太武山公路東口第二十六師師部，再到西洪「心戰」指揮部，與兩棲偵察隊駐所視察畢回，防衛部約各師長與代軍長及劉司令[1]聚餐。午課後，四時半出發，視察高砲九〇砲兵陣地後，乃上機飛回臺北，已七時矣。入後草廬，妻約軍眷建舍委會各委，商討捐建眷舍計畫與組織。余入浴後休息，晚膳，晚課後十時即寢。金門氣候冷爽，完全是古鄉夏初天氣，依戀不舍，時起何日可回古鄉之念也。

五月二十九日　星期二　氣候：晴　晡大雨

雪恥：一、菲島覬覦我南沙即團沙群島，決派艦巡視，表示我確保領土與主權之決心。

朝課後，膳畢記事，研究金門地圖，認為北部山麓隧道開通後，對金門北面與蜂腰地帶之形勢可以增強不少，不必對北部再另闢隧道矣，惟北面隧道口之防護工事應特別重視，且從速設計也。上午續修「和平共存」新增各章，

1　劉即劉玉章。

尤以「我訪俄的觀感」一章最為審慎，而且合乎當時實際情形也。午課後，續修和平攻勢與中立戰術章，對於中立集團之心理及其後果一節，特別加以闡述，余認為可增加本書之重要性也。晡約菲列塔[1]將軍茶會畢，與妻車遊一匝回，續修補稿至廿三時，晚課後寢。

五月三十日　星期三　氣候：陰　晡雨

雪恥：一、菲海務學校長「克路馬[2]」者，以探測南沙群島為名，進住該群島範圍以北以南之各島，菲政府不承認該等島嶼為菲領土，但亦不承認為我國之領土，而僅認其為無所屬之島嶼，以為將來與我交涉之地步。惟此等島嶼接近菲國，如為共匪正式佔領，則可為其對菲共游擊根據地，對菲之威脅甚大，而其離臺約有八百餘海哩，我猶無法派兵佔領久駐，窺測菲國政府之心理，志在要求其與我協防該等島嶼，如其正式承認領土主權屬我，則協防方式或照中美同盟協防臺灣方式，未始不可考慮也。

朝、午、晚各課如常，上午到中央常會決定幹部制度案，並對林頂立破壞經濟、操縱物價，非依法嚴懲不能安定今後之物價，說明余之方針與決心後，散會，記事。午後續修和平共存對受俄物援一節之增補，頗費心力也。車遊，入浴，晚課。

1　符立德（James A. Van Fleet），又譯菲列德、符理德、菲列塔、菲列得，美國陸軍將領，曾任第八軍團司令、駐韓聯合國軍總司令。

2　克路馬（Tomás Cloma Sr.），菲律賓律師、商人，1948 年成立海事學校。

五月三十一日　星期四　氣候：晴　晡雷雨

雪恥：一、送窮苦教授之節金。二、總統府職員年宴應約其妻在內，並送禮物一件。三、山洞房屋催築。

朝課後，校核「和平共存」修改之稿一遍完，交希聖完稿付印。入府召見俞、彭、梁[1]，聽取其對南洋群島派艦巡視之意見報告，大維以為即使派艦巡視，不必登島，以免與菲人在島上者衝突，更不必派兵進駐其一、二島上，掛一漏萬，只要美、菲對此群島主權屬我中國則足矣，以其珊瑚小島成群，暗礁甚多，航行甚難也。余允其意見，先派艦巡視後，再定方針。對情報高級班第五期學員訓話，復對菲島華僑學生回國服務團訓話後，召見調職人員四名，批閱公文。午課後記事，閱報。到後公園（陽明公園）散步，視察防空洞回，入浴。晚以雨未車〔遊〕，兩夫妻在家閒談為樂，讀詩，晚課。

1　俞、彭、梁即國防部部長俞大維、參謀總長彭孟緝、海軍總司令梁序昭。

上月反省錄

一、共匪報稱：甲、包蘭鐵路、黃河大拱橋已通車。乙、拉薩飛機場完成，月底已通航。如其所傳不虛，則對我將來建國工作不無補益，特記之。

二、康、藏民眾對匪普遍反抗運動，至本月已達高潮，惜已大部為匪制壓平服，但有此一舉，對我將來收復康、藏必更容易也。陳毅[1]匪首已由拉薩回平矣。

三、本月國際情勢：甲、倫敦裁軍會議破裂。乙、英對共匪自動放寬禁運貨單，而未得美國同意。丙、哈馬紹調解「以阿」衝突，並未得到根本解。丁、新、馬獨立交涉，英國主動反對，不允新馬入於中共掌中。戊、狄托訪法。己、法揆訪俄。庚、美拒絕俄酋訪美之要求，但其接受俄國邀請美空軍參長參觀俄空軍節之紀念。辛、俄宣布其裁減陸軍一百二十萬人及明年撤消其集中營制度，但國際並不重視。

四、埃及承認共匪，我政府與埃及絕交。

五、俄赫酋[2]十九日在其外交團宴會中，舉杯對阿拉伯及一切爭取獨立之民族致祝，並自稱其俄已為世界第二強國矣。其詞句中對西方英、美之刺激，與對舊殖民地之鼓惑，殊非小可也。

六、二十日美在比基尼島空軍試投氫彈成功。

七、卅一日韓境聯軍宣布停止「停戰監委會」之活動，限捷克、波蘭等代表於周內撤退南韓，並拒絕共匪開會討論和平與統一問題之建議。

八、愛克覆余六月間函件，雖仍反對我軍事反攻之建議，但其措辭與精神表現並非泛泛之意。

九、北大西洋公約國會議，美提增設經濟組織之建議。

---

1 陳毅，原名世俊，字仲弘，四川樂至人。中華人民共和國成立後，任華東軍區司令員兼上海市市長，人民革命軍事委員會副主席。

2 赫酋即赫魯雪夫（Nikita Khrushchev）。

十、塞浦魯斯島英軍絞殺希臘人民二人，島民反抗日烈矣。

十一、自我本月（五月）可記之事：甲、本黨七中全會如期完成。乙、「和平共存」著作至月底修訂完成。丙、三角形與戰術基本思想之關係脫稿付印。以上乙、丙二項工作，乃為二年來之重要計畫，今幸前後完成，自覺快慰。丁、海軍自美帶運私貨之要員黃震白與陳慶堃[1]，皆撤職停職懲處，對於軍紀之整飭必有重大影響。戊、林頂立為操縱糧食判刑八年六月，對於臺灣社會與經濟之整頓，亦必有重大影響也。

十二、第二兵團之軍的演習與巡視金門皆有效益。

1 陳慶堃，廣東番禺人。1955 年 7 月，擔任咸陽艦接艦艦長，後因案撤職。1957 年 12 月調任海軍作戰計劃委員會委員。

六月

蔣中正日記
Chiang Kai-shek Diaries

民國四十五年六月

本月大事預定表

1. 中央日報組織之調整。
2. 大陸革命運動發動計畫。
3. 戶警合一制之督導。
4. 反攻時對收復區民眾組織與待遇政策（五月廿三日記）。
5. 宣傳與外交人才之物色培養。
6. 記四十四年總反省錄。
7. 軍官學校紀念典禮。
8. 宣傳與外語人員之物色任用計畫。
9. 解放期間對戰區民眾組織與控制要領。
10. 降匪將領之結果與污辱被害慘狀之調製。
11. 游擊隊派遣與聯系及預約方法之研究。
12. 根絕自殺問題之專討。

六月一日　星期五　氣候：上晴　下雨

雪恥：一、電人鳳與介民[1]問病。二、卡密尼夫是否為俄羅斯種。三、美採購機關緩裁。

朝課後記事，入府，指示希聖修正和平共存中對美與俄訂立雅爾達密約句之下「出賣盟友」句，可以刪除。約見美記者，談二十分時後，見香港新界農民考察團，召見留美參謀大學正則班四員，皆甚合標準，此為考取留美參大學生最有組織與準備之第一年也。召集財經會談，研討對菲佔領我南沙群島之情勢與對策，仍決派艦巡視，作登陸之準備，惟須俟軍艦到達目的地時察看情勢，待命行止也。批閱，午課後記上月反省錄。召見岳軍、公超，指示對菲方針，必須其先承認我主權，然後方能再商第三國周旋與其他協調辦法也，以菲已表示願邀第三國周旋也。車遊後入浴，膳後與妻閒談，讀詩，晚課。

六月二日　星期六　氣候：陰晴

雪恥：一、中庸朱[2]序稱「其書始言一理，終散為萬物」，但其正文第一章中，並未見一理字，而祗言「天命性道教」，久在存疑之中，今思十焉者，天下之大本也，和焉者，天下之達道也，乃悟「達道」即為「理」也，若改為「和焉者，天下之定理也」或常理也，亦無不可。余又認「慎獨」即「寓理」也，故全章雖無「理」字，而其實「性」即「理」，故有性始有理也。二、今日對修身克己之道，自覺又進一步矣，足記也。

1　鄭介民，原名庭炳，字耀全，廣東文昌人。1952 年 10 月，任中國國民黨中央委員會第二組主任。1954 年 8 月，任國家安全局局長。

2　朱熹（1130-1200），字元晦，一字仲晦，齋號晦庵，晚稱晦翁，又稱紫陽先生。南宋理學家，程朱理學集大成者，學者尊稱朱子。輯定《大學》、《中庸》、《論語》、《孟子》為四書作為教本，成為後代科舉應試的科目。

朝課後記事，入府主持月會畢，召集軍事會談。聽取徵召知識青年改制案裁可後，指示事項十餘件，至十三時完。午課後手擬反攻時期對戰地封鎖消息要領與組織（監視）人民，及掌握控制地方之規程綱要草案，頗費心神。妻為洛山磯商會落成寫中堂山水一幅，甚佳。車遊後散步，晚課。

上星期反省錄

一、菲島佔領我團沙群島中之太平與南威等重要島嶼後處置與交涉之方針，乃為本周最重要之問題，共匪亦因此發表聲明，繼之而起者越南與法國，亦發表其保留傳統之權利，此案日加複雜，對菲益為不利，此案我應重加研究其策略，而以對共匪之言行為處置該案方針之重點，如何引匪能有實際行動也，我雖派艦前往巡視，但繼續之情勢應特加注意。

二、狄托已於一日訪俄，而俄亦於其未到俄之前，先准莫洛托夫辭外長之職，繼之者為謝彼洛夫[1]，可知俄共自其二十屆黨會以來，所有一切對外對內之言行，大半皆為賣好於狄托，而使狄逆重回其俄共懷抱之所為也，狄托其必死無日矣。

三、美情報局長杜勒斯[2]對俄國實力與行動之分析甚有價值，且極有所感，應重加研究。

1　謝彼洛夫（D. T. Shepilov），1956年6月至1957年2月，擔任蘇聯外交部部長。

2　杜勒斯（Allen W. Dulles），又譯杜拉史、小杜勒斯，1951年8月任中央情報局副局長，1953年2月升任中央情報局局長。

本星期預定工作課目

1. 巡視副官、兵工、運輸各學校。
2. 視察技術研究室。
3. 和平共存稿作最後之審定。
4. 三角形原理與戰術基本思想關係稿。
5. 本月精神講稿：甲、無不可能之事之意義（主動、積極、負責、研究、解決）。乙、被俘與降匪文武人員之結果詳情。丙、對戰地匪民之組織宗旨。丁、封鎖消息。

六月三日　星期日　氣候：晴

雪恥：一、中庸：中焉者，天下之大本也，和焉者，天下之達道也。余常思「和焉者」，為何不說庸焉者？天下之達道也，為何不說「天下之常理」也？而必欲以「和」代「庸」，以「達道」代「常理」者，無非使學者更易了解之故歟，因上句「發而皆中節謂之和」乃比「發而皆中節謂之庸」更易了悟，蓋可知也。

朝課後獨往後公園散步遊覽，指示園後小室修理計畫，以便遊憩。上午聽報後，與張柏亭及徐培根[1]分別指示講課與編譯各務，記事後禮拜。午課後閱覽族譜稚老[2]序文，最後結語「區區轉瞬三十年，其時將重修下屆之蔣譜，安知周公與孔子，其上、其左右，無乎不在不正寄其殷望乎。」極有所感也，是實余畢生之志也。晡與妻車遊大溪回，已廿一時矣。膳後散步，晚課，廿三時寢。

1　徐培根，字石城，浙江象山人。曾任航空學校校長、軍事委員會航空署署長等職。1951 年起任國防部作戰參謀次長。1954 年 8 月調任國防大學校校長。

2　吳敬恆（1865-1953），字稚暉，江蘇武進人。歷任制憲國民大會主席團主席、第一屆國民大會代表、中央研究院第一屆院士、總統府資政。1949 年，蔣中正派專機「美齡號」將其從廣州接到臺北。1953 年 10 月 30 日逝世，海葬金門。

六月四日　星期一　氣候：晴

雪恥：一、大學：今悟其「知止而后有定」至「則近道矣」全段為「知」即知止工夫，自「古之欲明明德於天下者」，至「國治而后天下平」全段為「行」之工夫，亦即由「新民」而「止於至善」之工夫也。二、三角形攻擊群之優點，即在三個角中之每一角，對於其三角形內全面中之每一點與線，其火力與兵力皆能互相策應，而絕無間隙可任敵軍滲透或存留於其間也。故三角形陣地之建立，乃必以其互相策應的有效之距離間隔與角度為準據（為限）也。逾此限度，則其三角形之配備將失其功效矣。

本日朝、午、晚各課如常。上午記事後，到陸參校紀念周，發表三角形與戰術基本思想之關係講詞後，入府見客。午課後補正方形陣四角形與三角形之學理應用一節，有其必要也。見美德州女訪問團後，到後公園測量屋基。

六月五日　星期二　氣候：晴

雪恥：一、「中國紅軍發展小史」之檢查。二、立體幾何與球面三角學理要領之研究。三、直昇機大隊電影之參觀。

朝課記事後，續修「三角形與戰術基本思想」中增補四角形方陣式學理一段，乃有必要也。入府召見調職人員七名，批閱公文，主持宣傳會談。俄共各種愚拙之宣傳欺騙方法，誠所謂「無奇不有」矣，共匪以全力謀取十一月進入聯合國之手法，亦無所不用其極，吾人必須以其可能騙入聯合國之準備，決定最後之對策，以應其變也。最近以在美之僑犯換取北平美僑之人質行動，是美國綏靖共匪之端緒可知矣。午課後續修晨稿完，俞[1]院長等面報戶警合一

1　俞鴻鈞，廣東新會人。1953 年 4 月，任臺灣省政府主席，並兼臺灣省保安司令部司令，10 月兼中央銀行總裁。1954 年 6 月，任行政院院長。1958 年 7 月辭職後，復任中央銀行總裁。

之實施變通辦法甚詳，似可照准。晡車遊，膳後與妻散步至後公園回，晚課，入浴。

六月六日　星期三　氣候：晴

雪恥：一、韓朝宗[1]召見。二、山地同胞營之組訓計畫。三、發立夫[2]款。
朝課後記事，修正三角形講稿。到中央召見李士英，催其速就中央日報總主筆職。主持常會，研究地方自治選舉人選之政策及聽匪情報告。我海軍昨日已到南沙群島之南威與太平各島，尚未接得報告為念，惟菲國最近情態，彼在該島等菲人似已撤出矣，如此則今後對與菲、美合作問題更須主動進行。午課後重校「和平共存」開始，與柏亭再談三角形戰術講稿增補處，屬其研究後陳述意見。晡後公園散步回，入浴。晚重校製作，與妻車遊後晚課。

六月七日　星期四　氣候：晴

雪恥：一、以共匪比蘇俄的螟蛉，在和平共存冊中，特別加以補修，自認為是最適宜之譬喻，故特記之。
朝課後記事，綜核和平共存稿，作最後修正開始。十時半到圓山中正堂，視察泉廈與潮汕兩地區登陸地形模型圖，尤其是室外五千分一之海灘模型設計，更合理想為慰。十二時後回，午課後續核前稿第二編開始。晡見沈琪〔錡〕，

1　韓朝宗，抗戰後期任國防部兵工署兵工研究委員會委員，在美辦理租借法案內兵工署材料部分。時任行政院駐美採購服務團團長。

2　陳立夫，名祖燕，字立夫，以字行，浙江吳興人。1949 年 6 月至 1950 年 3 月任行政院政務委員，1950 年 8 月任中國國民黨中央評議委員。同時，以參加道德重整會議名義，帶全家離開臺灣，定居美國。

指示其往南洋各國視察應注意各點後，往後公園遊覽，與妻車遊一匝。膳後為妻題畫，偏斜不正，乃重新裝裱，不知能否改正，續修前稿後，晚課。

六月八日　星期五　氣候：晴

雪恥：一、南沙群島的菲人既經自動撤退，則我應乘此時機與美、菲二國進行協防該群島之交涉，以免共匪覬覦或與我單獨作戰，惟有中、美、菲聯防該群島之形勢，方能阻止共匪南下挑戰，否則即將因此擴大戰爭，於我並無不利也。

朝課後記事，續核和平共存稿，入府召見調職人員七名畢，主持財經會談，立法院通過下年度總預算之條件，以及要求國防部組織法之提出案，應加注意。午課後續核前稿至第三編未完。晡經兒來談美國情勢為慮，到後公園遊覽，指示防空洞外偽裝辦法。晚觀美製直昇機大隊之影劇，晚課。

六月九日　星期六　氣候：晴

雪恥：一、孔子「七十而從心所欲」，余亦年已七十，應知「從心所欲」之道，余以為從心所欲者，並非在其心中絕無邪思妄念，甚至色相貪欲各種幻想常在心中作祟之中，惟聖者對此各種幻想，凡有絲毫污穢意念，皆能隨時滌除盡淨，掃盪〔蕩〕無餘，使此心純潔瑩澈，不復有強勉而已。人非聖者，自不能無幻想私念，以至報復好勝之意，只要其能強勉克治，真理是從，除神之外無所愛亦無所念，先誠其意、正其心，則修齊治平亦自可不念而得矣。今而後務以聖潔自勉，而臻於從心所欲也。

朝課後續核前稿，上午接見菲島文化觀光團，召見調職人員，軍事會談。午課後續核前稿。晡約菲文化團茶會後，與妻車遊，並至後公園散步。晚續核前稿至第三編完，文句多有修正，晚課。

上星期反省錄

一、董大使在美六日提國書，而愛克七日即病入院並用手術，對於美國大選將另生波折，但願愛克速痊，仍能當選，繼以此種關於人類禍福與國際和戰問題，自有上帝主宰，不必以關乎我國復興之遲早過於顧慮也。

二、我海軍已在太平島登陸，菲人已完全撤退，特決派兵進駐該島，以控制群島也。

三、本周修養實又進一步之象為慰。

四、三角形與四角形關於戰術基本思想之補修，比前更為完整。

五、繼續審核和平共存稿，作最後之核定。

本星期預定工作課目

1. 端午節府中職員聚宴，定為常例。
2. 先慈忌辰十四日。
3. 軍校校慶十六日。
4. 黃龍演習講評。
5. 無不可成之事，無難無畏之口號。
6. 做事應在目前即說即做。
7. 無不能達成之任務。
8. 戰地匪區人民之控制方針。
9. 共匪在戰地封鎖消息之重要作用。
10. 赴美受訓之官兵用錢辦法之規定。
11. 宣傳與外交人員之物色與儲備。
12. 根絕自殺之專題研究。

六月十日　星期日　氣候：晴

雪恥：一、潮陽縣與和平圩之錯誤。二、小大梯尺之別，梯尺愈大則圖幅愈小。

朝課後遊覽後公園，並指示其修理要領，應注重天然景物，而不宜過於注重整齊，以致喪失自然真美，對於池上小築之建造地位亦予以改正。回膳後續修前稿。十一時禮拜如常回，記事。午課後續修前稿至第四編未完，與妻車遊後，再到公園巡視回，入浴。晚約美助理副國務卿細鮑爾[1]便餐，相談自然為快，廿二時後晚課。本日常念愛克之病，甚望其病對競選不受影響耳。

六月十一日　星期一　氣候：晴

雪恥：一、鮑嘉達[2]講評呈閱。二、南部演習地區不適軍用之道路橋梁，應從速設計，修正計畫。三、戰車部隊與各軍師通信器材之統一。四、後勤各部隊參加演習之缺點，應積極研究糾正。

朝課後記事，在國防大學主持紀念周，重讀解決共產主義的根本問題二小時，頗有補益。午課後續修和平共存稿最後一次校修完成。晡見白鴻亮總教官，約談一小時，對於日本近情及中日情報合作與約其三軍主官來臺參觀事，應加研究。後公園散步回，與妻車遊一匝，晚課後入浴，寢。

1　細鮑爾（William J. Sebald），美國外交官，曾任駐日盟軍總部外交局局長、駐緬甸大使，1954 年至 1956 年任國務院遠東事務國務副助卿。

2　鮑嘉達（Theodore F. Bogart），又譯鮑嘉達、鮑家德，時任美軍顧問團陸軍組組長。8 月一度代理美軍顧問團團長。

六月十二日　星期二　氣候：晴

雪恥：一、對大陸匪區人民和平解放大陸之約章：甲、清共（檢舉）。乙、自清（不窩藏共產分子，不與匪通消息，不受匪壓制，應即向保甲密報與求保護）。丙、密報，投效（願對匪組織滲透）。丁、鄰里會議。戊、連保連坐。二、董仲三〔宗山〕[1] 職務。四[2]、軍事主官職期調任計畫。

朝課後手擬「和平共存」應重修各點，審閱黃龍演習講稿。十時到國防大學，聽取黃龍演習經過總報告與各講評，最後加以總評。午課後記事，批閱公文，清理積案，見董仲三〔宗山〕後，與妻車遊，再往後公園散步。晚觀國製影片「亂世妖姬」上部畢，晚課。

六月十三日　星期三　氣候：陰晴

雪恥：一、三個三年的建設計畫之研究指導。二、如何能使一般幹部發生其積極自動與負責盡職之精神。三、情報工作教範應將匪區情報人員被害及被捕受審之經過記錄，加以整理成書。四、情報人員被捕受審後，准其假投降，並仍能歸來。五、留落匪區之文武黨員，被匪監視、侮辱、奴役、充邊、虐待、殺害經過及其下落之調查記錄，作為「史詩」激勵黨員。

本日為端午節。朝課後記事，主持中央常會，討論智識青年黨部時，聞臺大師生中，乃有以反共抗俄中不忘民主自由以及其訓導反共之言行，黨部不能設法制止與取締時，不勝憤激，又起忿怒，不信如此幹部之精神，能完成反共抗俄事業也。正午宴總統府職員之夫婦，此為第一次也。

1　董宗山，湖北天門人。時任立法院簡任秘書。
2　原文如此。

六月十四日　星期四　氣候：大雨

雪恥：昨午課後清理積案，審閱安全局一年來執行指示結果之報告，頗有益。指示經兒派員進入匪區之各種具體計畫。晡到後公園散步，視察小築加以指正。與妻車遊後晚膳畢，剪報，散步，晚課，入浴。

本日為先慈逝世卅五周年紀念，停止朝食。朝課，記事，聽報如常。在正十時先慈臨終時刻默哀靜肅後，乃入府主持情報會談。最近情報工作多無進步，特加指示，以情報工作方法在因時、因地、因人制宜，尤應針對敵方行動處理而求其進步也，故特強調應准匪區情報員相機自首與求存之教育。午課後清理積案，研究俄國亞洲部分地圖。晚約芝珊、華秀以及經、緯、兒孫等，對先慈遺像跪禱後聚餐，寫文孫寫[1]，晚課。本日修養自覺又一進步矣。

六月十五日　星期五　氣候：陰　朝大雨

雪恥：一、校慶致詞要旨：甲、紀念總理蒙難。乙、討逆除奸，復仇雪恥。丙、畢業意義：在總理革命歷史系統之下，獲得世代光榮地位。丁、生命的意義與生活的目的，乃是實踐革命主義，完成革命任務的守則。戊、忠實坦直為作事服務的基礎。己、新速實簡為負責盡職的要領。庚、親愛精誠為互助合作、聯系協調、同生死共患難的信條。辛、反共復國、救民報親為革命立業的志節，四維八德為保衛民族文化實踐篤行的行動。壬、軍人讀訓為保衛文化完成革命的保障。

朝課，記事，入府會客。主持軍事會談，解決壯丁守衛海岸的方案，指示要務。午課後批閱，五時後起飛，晚宿高雄澄清樓，膳後散步，晚課。

1　原文如此。

六月十六日　星期六　氣候：晴

雪恥：一、參校畢業訓詞要旨：甲、人事考核要領與原則。乙、指揮（主）官職責之重要。

朝課後巡視澄清樓南側新植之竹林，散步海濱回，記事。經兒今晨飛太平洋賽班島考察降落部隊（飛行）訓練場。十時到鳳山軍校，主持補訓總隊第二期學生畢業典禮後，圖書館前總理銅像揭幕畢，視察理化各教室，儀器設備皆漸進步矣。召見美顧問軍校高級教職員後，聚餐。致詞完即到屏東起飛，此行未見文孫，僅留其祖父所贈之菓物留於澄清樓也。途中午課。回後草廬，閱報，晡散步後公園，晚閱報，晚課。

上星期反省錄

一、愛克病漸癒，大選似無甚影響為慰。

二、冰島國會要求美國撤消基地，修改美、冰協定，俄共間諜已滲透冰島收效矣。

三、十三日英軍在蘇彝士河防軍已完全撤盡，而俄之送埃驅逐艦同時進駐塞德港矣，俄外交部長並於周末到埃及，慶祝其獨立紀念矣。

四、緬甸總理宇努[1]辭職，其國防部長繼任，據稱宇努對俄共在緬橫暴並接濟其反對黨之選舉，以其對中立主義自覺後悔之故，此應注意。

五、共匪召開其偽人民代會，明年預算額為三百億元。

六、我海軍巡察南沙群島之南威、太平等主要三島已回航，確立我領土主權，菲島政府對其「馬立克[2]」所謂自由島主人之說，亦未有所表示支持也。

1　宇努，尊稱吳努（U Nu），1948 年 1 月 4 日至 1956 年 6 月 12 日，1957 年 2 月 28 日至 1958 年 10 月 28 日，1960 年 4 月 4 日至 1962 年 3 月 2 日，三度出任緬甸總理。

2　馬立克即克路馬（Tomás Cloma Sr.）。

七、共匪又對美國強求其開外長會議，並發表其在日內瓦交涉之秘密談判經過，未及數日，又釋放被匪囚禁之美僑神父二名。

八、本周心神修養仍有進步，殊足自慰，工作亦有效益：甲、黃龍演習之講評。乙、對情報工作之指導與研究。丙、對學風與清除貪污（林管局案）等司法之監察。丁、和平共存稿又修正一次。戊、陸軍官校卅二周年紀念。己、先慈逝世卅五周年紀念。庚、研究俄共亞洲地圖，較能深入矣。

本星期預定工作課目

1. 三個三年建設計畫之督導。
2. 軍隊發給實物制之督促。
3. 金門隧道北口之防衛工事及隧道支線。
4. 研究發展之講解。
5. 調職計畫。

六月十七日　星期日　氣候：陰晴　晡大雨

雪恥：一、「無不可能之事」，應為三軍教育之精神與口號－主動與負責，積極與盡職。二、準備周到，機警應變，以防不測。軍人應隨時準備犧牲，亦應隨時準備殺敵作戰，亦即無不在危險之中－「步步求勝，時時可死」。三、實踐力行之道，照訓示戰法原則必須反覆演繹，發現各種困難與錯誤等實際狀況與想定，訂成具體條例，普遍引用，步砲兵學校教育（實踐）特應注重。

朝課後往後公園遊覽，膳後聽報，記事。見柏亭，令監印三角形原理與戰術基本思想之關係稿，此為學術上之一重要成就也。禮拜回，記上周反省錄，午課後研究中央亞細亞地圖。晡車遊遇雨折回，在蒔林檢閱四書與經兒勝利之路，攜回研究。晚與希聖談俄之最後據點及其策源地皆在亞洲也。晚課。

六月十八日　星期一　氣候：晴

雪恥：一、地圖精印與攜帶地圖習慣之養成。二、海圖趕印。三、研究官兵自殺之風，應知政治部對官兵個別考察慰問工作，與對人心動態識別能力之不足不周，為最大缺點。四、挑選參校學員之標準應確定，不得徇情湊數。五、步兵學校士官職責與守則與基本常識，如測圖閱圖方法之複習。六、各軍校政治課目教法之研究改正。七、偽軍編製與匪戰法研究之專設。八、閩江口－沙埕灣地形模型之調製。九、研究發展專設。

朝課後記事，到陸參校第七期畢業典禮訓話，重要照相點名，聚餐，召見顧問。午課後批閱要公。晡閱港報後，散步後公園回，入浴，膳後車遊回，晚課。

經兒午後由塞班島回，視察美訓練敵後情報員基地，頗良好。

六月十九日　星期二　氣候：晴

雪恥：一、今日之金門與大陸泉、廈相隔一水之形勢，恰與土耳其與俄共以黑海之形勢相若，頗有意義。二、日俄復交談判改為莫斯科舉行之報導，應警告美國留意如何設法阻止。三、對和平光復大陸之主要問題：甲、取消大陸各省縣之勞工營。乙、取消農業合作化，公私合營之工商組織。丙、禁止洗腦與思想改造運動。丁、自由、博愛、平等、自治之權利，所有居住、行動、出版、集會、結社之自由運動。戊、保衛民族文化與倫理道德。

朝課後記事，審核定期調職之名冊與人選，入府會客六員，主持一般會談，商議對共匪偽人民代會之詭計與預定對策。午課後重修和平共存稿三小時後，車遊，入浴。晚重修前稿「俄共三個戰場一節」，晚課。

六月二十日　星期三　氣候：晴

雪恥：一、臺大反動學生解決處置。二、外語聯絡員退役計畫，以及其他各種專科官員退役後之組織使用計畫（平時考核與選擇）。三、營長級之候補人選，應注重實戰經驗為第一要旨，其次為隊職經歷與領導能力。四、防參各校對畢業學員函授與聯系計畫。

朝課後續修和平共存之增補稿俄共三個戰場章。到中央召見訪泰團員，與葉部長[1]談話，切屬泰國對我滇、緬邊遊〔游〕擊隊交通與接濟之協助。主持常會，指示為民服務方法，在國際社會中與共匪鬥爭之方針。回記事。午課後續修前稿，對俄共十大戰術與辯證法之引證補充說明，甚為重要。晡後公園遊覽，緯兒訪泰來別。晚觀影劇，晚課。

六月二十一日　星期四　氣候：晴

雪恥：一、金門士兵夜間逃亡匪區之研究杜絕辦法，部隊官長如何加強夜間巡哨，及最接近大陸崗位哨兵人選與官長查哨之規定。二、臺藉〔籍〕士兵逃亡自殺，應專案研究設計對案，以及匪廣播與對臺語宣傳之對策與防範方法。三、對官兵特別訪問慰勸，與防止其消極厭世之思想。四、派定研究發展工作之主官，重新組設為要。

朝課後記事，審修和平共存稿。十時到國防大學，聽取周至柔等赴美考察工作之報告，足有三小時之久，對於研究發展之報告最為有益。午課後核定「三角形原理與戰術基本思想的關係」著作，最後定稿付印，續核和平共存補稿。晡召見第二兵團史考保[2]顧問，散步後公園，膳後與妻車遊回，晚課。

本日體重一百廿七磅。

1　葉部長即葉公超。

2　史考保（Lawrence M. Scarborough），又譯史嘉寶、斯高伴，美軍駐第二軍團首席顧問，任滿調任美軍第二軍第一處處長。

六月二十二日　星期五　氣候：晴

雪恥：一、地圖精印與分發。二、軍醫署長人選。三、自動盡職與積極領導，為考核重點。四、指示方法比訂製條文綱要或下達命令，更應加重十倍。五、如何減少例行公事。六、有效辦事與合理方法（有關部門之聯系與分工合作之要領）。七、實地視導與解決問題之重要。八、自動負責解決問題，與識人識性、任用得宜之重要。

朝課後續修和平共存稿。入府召見赴美通信高級人員廿餘名，繼見指參學校第七期畢業學員甲等生四十名畢，主持財經會談，嚴令銀行存戶必須真實姓名之制度實施到底，切勿改變，記事。午課後續審和平共存稿完，交希聖付印。晡散步，與妻到圓山飯店視察新建房室，比前道舊屋更佳為慰。晚課。

六月二十三日　星期六　氣候：晴

雪恥：一、軍語詞典編印與將領學習。二、國防部辦事組織分工系統與方法應改正。三、補充兵與預備師之組織檢討。四、美顧問團要求其人員之撤消問題，應加注意。五、對美提特別軍援交涉。六、整頓司法。

朝課後記事，到木柵研究分院，對心理建設講習會致詞約一小時。中央黨部只注重形式典禮，而不注重實際與辦事方法，官僚成風，殊為可痛。十一時入府主持軍事會談，聽取海軍此次巡視南沙群島、西月島與南威島、太平島之報告，更知進駐部隊之需要也，指示研究與改進事項約七條。午課後批閱，清理積案。散步，入浴。晚觀影劇「雪裡紅」，頗有技術，晚課。

上星期反省錄

一、狄托訪俄結束與俄南公報之內容，似狄托與俄共並未合一無間，此乃狄托之姿態也。

二、俄外長[1]訪埃及之結果，對於建築水壩一項，埃及不敢向俄一面倒，此乃俄未能收到預期之目的，但俄對中東各國無條件之經濟援助，其經濟攻勢之猛烈，並對伊朗亦受相當影響，而對葉門、敘利埃、約但則更無論矣，是俄對英、美之中東勢力衝突愈逼愈緊矣。

三、美、法外長在華府談判公報，對時局無足重輕，余認為埃及承認共匪後，英、美反對共匪加入聯合國問題，似更趨一致與堅定乎。

四、本周工作最有益者：甲、為周[2]等赴美考察之報告，尤以研究發展制度為最也。乙、對參校畢業與心理建設研究會各講詞亦甚重要也。

本星期預定工作課目

1. 金門防務工事之檢討。
2. 隧道改增計畫。
3. 國防部組織業務與工作效率之檢討。
4. 研究發展事業之專題研究。
5. 閩江口與沙埕灣附近地形圖之調製。
6. 軍語詞典編譯與學習。
7. 補充兵與預備師制度員額之查報。
8. 對美提特別軍援之程序。
9. 南沙群島問題，與美、菲合作交涉。
10. 駐外使節人選之審核。
11. 政工對人性之研究與戰場心理之統御方法，應設專課。
12. 飛行與空勤人員特別保險。

1 俄外長即謝彼洛夫（D. T. Shepilov）。
2 周即周至柔。

13. 軍語辭典。
14. 臺藉〔籍〕士兵家庭與私務之優待與代決。

六月二十四日　星期日　氣候：晴

雪恥：一、空降部隊訓練中心機構與設備工作之交涉。二、潛艇美援之準備。三、金門顧問去留問題之質問。四、南沙群島與美、菲合作之交涉。

朝課後增補和平共存稿。膳中聽報，聞「葉門」、阿拉伯亦為俄共滲透，訂立開採鈾與油之協定，此又增進世界動亂之新因素矣。記事後禮拜，閱報。午課後審核師長以上高級將領定期調職之要公畢，又聽取赫利雪夫鞭屍史大林之報告三章，可說其對內部與附庸無力控制，又為其避免史大林獨裁制復活，以安其各方心理，而控制其目前形勢之必不可缺少之一舉措也，而其用心之狡毒，必將更甚於史大林耳。晡散步，入浴，晚校閱和平共存稿，修補注螟蛉一節，甚有意義，晚課。

六月二十五日　星期一　氣候：晴

雪恥：一、特恤探察電子機殉職人員遺族。二、行政業務管理之緊要。三、軍事組織、生活精神與行政之關係。四、時昭瀛[1]之唁電。五、對斯邁史[2]金門顧問問題之追問。

1　時昭瀛（1901-1956），湖北枝江人。原任外交部常務次長，1955 年 11 月派任駐巴西特命全權大使，1956 年 6 月 24 日，病逝於巴西。著有《近世中國外交史》、《中國外交史研究》等書。

2　斯邁史即史邁斯（George W. Smythe）。

朝課後審閱研究發展考察之報告，約二小時畢，到研究院紀念周致詞一小時完。指示叔銘對空軍遺族特恤問題後回，記事。午課後重核和平共存增補各節，並整理目錄加以改正。又審閱美顧問對黃龍演習講評，甚詳，加以批示。晡與妻車遊淡水海濱茶室，微覺肚痛，似有大便，回寓後乃入廁大便，未能暢通，故費力甚苦，約十分時疲倦已極，不能強支，乃即離廁，坐於臉盆之前時，竟完全失卻知覺，不省一切，事後乃知倒地時即有侍者大衛與沈〔孫〕秘書沂芳[1]抬至睡椅，靜眠約五分時，始漸醒覺復元矣。

六月二十六日　星期二　氣候：晴

雪恥：昨晡暈倒事應特注意，曾憶二、三月間夜間，以飲服安眠酒太多，起來解手時，亦有一次暈倒失覺者約五分時，與此次病相類似，是皆用腦過度之故。而此次繼克氏[2]戰爭論批校完成之後，即着手草擬和平共存論稿，並擬訂三角形原理與戰術基本思想關係篇完成，雖覺興奮自慰，但亦不自覺其用腦過度，而致此病癥，應切戒之。晚膳如常，晚課後就寢，夜間睡眠甚安也。本日七時後起床，朝課如常，獨往後公園散步，以資休養，約四十分時回。膳中聽報後記事。十時半入府，召見大維、孟緝，談金門顧問撤回事之究竟，據各方證明，並非美國政策，而其在臺之美顧問陸、海軍間生意見也，惟現在則不撤調云，余對此仍甚懷疑也。與叔銘談撫恤空軍殉職軍官之眷屬事。曾憶幼年十一歲前後在行路時，由街上回家將至門前約百步時，即臥撲在地失去知覺，但約二分鐘即起行如常也。

1　孫沂芳，宋美齡之英文秘書。1959 年 6 月任西北航空公司臺北分公司副總經理。
2　克氏即克勞塞維茲（Carl von Clausewitz）。

報告　六月廿六日

先生星一傍晚偶發情形，經仔細研考後，確認最大可能係暫時性「腦貧血」，即某種情況時，身體內大量血液進入腹部內臟及下肢，致腦內血液減少、氧氣供應不夠，腦組織如極短時間缺少血液及氧氣，即引起暈眩至知覺暫時失去，此時由身體本身一種反射，強迫血再進入腦部，知覺遂即恢復。此種偶發情形，常在三十歲以上、血壓較低者易見。恢復後通常對一般健康並無影響，最可慮者，即在暈眩時可能跌傷。引起暫時性腦貧血，最通常的情況為：

（一）低坐太久，急速起立。（由重力關係引血向下）

（二）大解時用力過多，俯坐較久，忽然立起。（由用力時血大量停留腹部內臟，再加上起立太快，重力關係）

（三）睡臥中急速起立。（重力）

（四）半小時以上的演講。

（五）半小時以上站立不動。

（六）集中注意，過度疲乏。（如開會、聽講、閱讀、寫作太久）

謹呈供　參考　謹呈

夫人

生　熊丸　呈

六月二十七日　星期三　氣候：晴

雪恥：昨午課後批閱公文，審核人事，研究國際形勢。晡見美時代雜誌記者奧斯本，談話約三刻時，彼之目的來探訪共匪即將對臺灣提出和平建議，或由其偽人民代會名義要求時之我方態度，以及美、匪在日內瓦談判如妥協時，余將如何處置，余各以實在意見與堅毅不變之方針應之。與妻車遊回，膳後獨在廊簷納涼閱報，晚課，廿二時半寢。

本日朝課後，修正和平共存稿中「拒絕俄共調停」章之標題，改為「俄國破壞美國調解之目的」，以及其他文字之修正。上午總動員會報漸上軌道，指示約五、六項，對銀行存戶必須用真實姓名，惟不抄其存款總數亦已決定。午課後記事，批閱。晡散步，遊覽林泉回，入浴。晚接妻於陳[1]寓，車遊中山橋畔回，晚課，廿二時半寢。

六月二十八日　星期四　氣候：晴

雪恥：近日易動腦怒，乃貧血疲乏之象，應特注重修養，據醫者今日檢驗血液，亦稱余之紅血輪虧損，可知星一昏暈之症，乃為腦中貧血之故，自今日起乃注射肝汁並服鐵質，或較容易復元也。

朝課後再補充「西方國家對東方戰場作戰甚多不利，且亦其[2]參戰之必要」一段，殊有必要，並證明俄共決不以其俄軍對各國革命戰爭直接參戰，以解美國對我反攻大陸時，俄將直接參戰之顧慮也。入府召見陳大慶等，報告其訪美考察情報工作後，乃與希聖討論和平共存稿增補各點畢，批閱，十二時前回，記事。午課後審閱情報，聽報，赫酋[3]對史[4]在第二次大戰中之醜態，乃全為朱可夫抬轎也。接見檀香山與菲律濱華僑二十餘人後，車遊，晚課，讀詩。

六月二十九日　星期五　氣候：晴

雪恥：中庸解：「戒慎乎其所不睹，恐懼乎其所聞[5]」解「察」字。「莫現乎隱，莫顯乎微」解「省」字。「慎其獨也」之「獨」解「性」字。「喜怒哀樂之

1　陳即陳誠。
2　原文如此。
3　赫酋即赫魯雪夫（Nikita Khrushchev）。
4　史即史達林（Joseph Stalin）。
5　《中庸》第一章。戒慎乎其所不睹，恐懼乎其所不聞。此處漏一「不」字。

未發，謂之中」解「存」字。「發而皆中節，謂之和」解「養」字。「中也者，天下之大本也」，解「性」字，即理所自出也，亦即解理字。和也者，天下之達道也，解「道」字，「致中和」解「聖神」，即能窮理行道者，謂之聖神。「天地位焉，萬物育焉」解「功化之極」。

朝課後記事，聞周匪[1]在其偽人民代會中，宣布其要求與臺灣言和之狂誕，只有置之不理，但為對內外心理關係，而又不能不研究對策也。入府指示少谷對匪宣傳要旨後，召見調職人員四名，主持情報會談。午課後剪報，批閱，散步回。入浴後車遊，膳後讀詩，晚課。

二日來心身常覺疲倦，是否為心理作用也。

六月三十日　星期六　氣候：晴

雪恥：一、組織人性研究發展專組，並研究戰場心理之統御方法。二、中央日報對共匪心戰之假消息報導，應由心戰組負責，務使匪對我之研究判斷，皆陷錯誤與迷惑。三、美援加農砲之催運。四、作戰中心電話聲音之噪雜，應特別縮減，養成習慣。

朝課後記事，入府會客，召見鄧萃英[2]，即鄧昌黎[3]之父，嘉勉其子對原子學術最優秀之表現，現任美國最高原子研究組之組長，其年只卅歲也。主持軍事會談二小時方畢，午課後又審核和平共存稿，西方國家對遠東反共戰場實無直接參戰之必要，且於反共戰爭為不利也一段。晡會客後，車遊一匝，入浴。膳後觀影劇「追」，頗佳，晚課。

1　周匪即周恩來。

2　鄧萃英，字芝園，福建閩侯人。著名教育家，曾任北京高等師範學校、廈門大學、河南省立中山大學等校校長。來臺之後，擔任中國國民黨中央評議委員及總統府國策顧問，時任教育部學術審議委員，倡議實施九年國民義務教育。

3　鄧昌黎，旅居美國原子能科學家，1955 年至 1962 年任美國阿貢國家實驗室理論組組長。

上月反省錄

一、電子偵察機葉拯民[1]中校等十一員名官兵最優秀忠勇者，在廣豐上空於六月廿二日午夜，被匪射擊命中殉職，損失甚重，最為悲痛，立即特恤其遺族共八萬圓，以慰英靈。

二、周匪[2]在其偽人代會要求和談，企圖動搖我軍民反共心理，以挽救其已失之民心，無恥之至，乃命我新聞局駁斥其謊謬醜態。

三、高級軍官調職人事已如期發表。

四、星期一（六月廿五日）晡以貧血昏暈，不省人事者約三分時，自覺身心之衰弱，應加保養。

五、電力加價案已有立院通過。

六、本月修養德性實有進步。

七、我海軍巡察南沙、太平、南威等島回後，菲克立馬又倡言佔領，殊為可惡，乃決派軍隊進駐太平，以保主權。

八、董[3]大使駐美進遞國書，一般輿論甚佳。

九、愛克病腸入院療治，月終已經出院，不知對於其競選有否影響，殊為懸慮。

十、金門顧問組美國已有撤退之表示，可知其對金、馬協防政策始終動搖不定，可歎。

十一、美空軍參長戴寧[4]在俄參加空軍節，當俄酋舉杯提祝共匪時，戴則起立而復坐，表示不理，而其駐俄大使[5]則始終未起立，以其懂俄語也。

---

1 葉拯民（1921-1956），空軍飛行中校，1955 年加入黑蝙蝠中隊前身「空軍特種任務組」。1956 年 6 月 22 日駕駛 B-17 赴中國大陸執行任務，遭米格 17 擊落，全體機員陣亡。

2 周匪即周恩來。

3 董即董顯光。

4 丁寧（Nathan F. Twining），又譯戴寧，美國空軍將領，曾任空軍副參謀長，1953 年 6 月至 1957 年 6 月任空軍參謀長。

5 波倫（Charles E. Bohlen），美國駐蘇聯大使。

十二、本月國際動態：子、月杪波蘭之波斯南工人集體暴動，俄波使用軍隊鎮壓三日後，尚未平熄。丑、東歐各附庸國皆有集體反共行動。寅、西藏普遍反共之高潮尚在繼續蔓延中。卯、英國在蘇彝士河駐軍，本月中全數撤退。辰、俄外長謝彼洛夫先到埃及慶祝其獨立，復往阿拉伯其他各國賣笑、反美驅英，惟未往沙地亞拉伯，而葉門王子[1]則訪俄，並訂立俄、葉協定，允俄採鈾等權，此為對英美在中東勢力之又一打擊也，幸希臘並未為俄謝所誘耳。巳、伊朗王親訪莫斯科，是伊拉克同盟已經動搖乎？午、狄托訪俄畢，俄南宣言俄對南之勾結，似尚未如其理想乎。未、俄鞭史屍案發表，列寧[2]譴責史大林遺囑。申、各國共黨連續宣言獨立，反對俄酋鞭屍，此乃共黨之又一魔術也。酉、泥黑路中止訪美，殊堪注意。戌、冰島大選後，對美基地仍將要求取消。亥、阿根廷與瓜地馬拉各國，皆有俄共潛伏煽動革命。

十三、共匪要求美開外長會議，並施以恫嚇，美不之理。

十四、六月間自我工作：甲、陸參校第七期學員三百五十人畢業。乙、軍校校慶日，軍訓補習班學生千餘人畢業。丙、登陸地點地形模型之建成。丁、和平共存乎及三角形與戰術基本思想之關係，兩著作皆已作最後核定付印。戊、退除役官兵輔導處橫斷公路建築之準備，已告完成。己、周等赴美考察團報告有益，此皆本月份工作之進步，惟金門士兵屢次逃亡，甚至中少尉亦有二名逃游匪區，此為軍中最嚴重之事也。

---

1 巴達爾（Muhammad Al-Badr），葉門王國太子。

2 列寧（Vladimir Lenin, 1870-1924），俄羅斯政治家，領導十月革命推翻俄羅斯帝國，蘇聯創始人。

七月

蔣中正日記
Chiang Kai-shek Diaries

民國四十五年七月

本月大事預定表

1. 復興祖國與重建家庭之影劇本。
2. 無家可歸與鵲巢鳩居之劇本。
3. 共匪喊話廣播之誘惑，與騙上匪區後之真相實情完全相反，後悔莫及之影劇本，與由匪區逃出回來官兵之宣傳。
4. 政工人員必須學習臺語。
5. 收容投誠之匪兵心理改造計畫。
6. 准予自首人員之訓練要目：甲、如匪派其擔任反情報時之各種預定辦法。乙、如匪派其至邊疆時之工作辦法與任務。
7. 宣傳與外交人員之儲備。
8. 戰地封鎖消息與控制人民之方針。
9. 印、埃、南之中立會議。
10. 英聯合王國總理會議之結果如何。

本星期預定工作課目

1. 行政業務之學習與訓練工作重要。
2. 紅外線之解釋。
3. 美國所謂營區作何解。

4. 軍官退除役輔導計畫與美援之提出。
5. 尼克生來訪談話之準備。
6. 研究院訓練方法與技術之檢討。

七月一日　星期日　氣候：晴

雪恥：一、各種訓練計畫之設計的基本條件：甲、受訓人員（對象）的程度。乙、訓練的目的。丙、有效的方法（分等、分人、分課）。丁、經驗缺點的改正。戊、訓練的範圍與方針。己、督導與考核的方法。庚、訓練五段法與測驗法。

朝課後續修和平共存稿約二小時完，膳後與孟緝談金門全島之重點，在公墓指示其如何加強該區之防衛工事與設計圖，並令第八軍部與司令部駐地分離，移一司令部至公墓區，以免其二高級指揮部同時被炸也。十一時前與妻乘車出發，經大溪別墅小憩後，上角畈山（復興山）午膳，氣候涼爽甚快。午課後記事，略修前稿一、二字句，隨時休憩。晡巡視小學一匝，七時晚膳後與妻散步回，觀美製影劇女伶醉鬼，技術頗佳。晚課後，廿二時半寢。

七月二日　星期一　氣候：晴

雪恥：美副總統尼克生特賀菲列濱國慶東來，余邀其順道來訪，彼竟承邀來訪也。

朝課後外出散步，視察街道與民居，皆比前整潔為慰，民眾服務站與黨部亦較前有秩序矣。回膳後再行遊覽片時畢，記事，閱報。手擬上周與上月反省錄稿未完，為夫人寫「冊頁」序文畢，重檢後發覺脫落「皆稱」二字，又須重寫矣。午課後閱報，聽報，續擬反省錄，自覺上月國際情勢俄共到處採取和平攻勢，但其並非有重大收獲，更覺共產集團之弱點與破綻畢露，其內潰之跡象日漸顯著矣。晡散步，膳後又外出，到小學操場臺上納涼回後，晚課，讀詩。

七月三日　星期二　氣候：晴　申刻雨　溫度：八十四

雪恥：一、對尼克生談話要旨：甲、希望他們今年當選後，能實施其解放鐵幕之宣言。乙、共和黨競選政策能將反對共匪入聯合國的一條列入宣言。丙、金門顧問組應固定不撤退，除非美國決心取消中美互助協定，否則已有之任何地區，切勿後退一步，以定亞洲人心與對美之信仰，毋使俄共窺破弱點，反引起其擴展野心。丁、對艾克覆我函意與我之反應可以一提。

朝課後外出散步，指示角畈古松編號者十六株應加愛護，回膳後記事。審核三角形與戰術基本思想之印本，尚有修正之點，為夫人重寫冊頁序完。午課後重修「三角形與戰術基本思想」完，閱報，聽報，膳前後外出散步回，讀詩，晚課。

七月四日　星期三　氣候：晴

雪恥：一、對金門美顧問撤退關係重大之警告，應以卅五年天津美陸戰隊撤退後之影響為例，後果不堪設想之史事戒之。二、訓練方法之改正，應以防火與參校之準備工作為標準。

朝課後外出至望月臺遊覽，並視察守備排官兵生活，似已進步。該臺古松五本甚為可愛，而其沿谷凸出部地勢瞭望對山，俯瞰淡水河上游，其風景雖不如古鄉雪竇妙高臺之美麗幽高，但臺灣省內實不可多得也，其地勢之豁達乃比現居之妙高臺為優勝也。回膳後記事，續修三角形與戰術基本思想，待再版時改正。午課前後記上月反省錄完，時覺腦暈，應戒之。晡散步，觀影劇，膳後與妻散步至小學回，讀詩，晚課。

七月五日　星期四　氣候：晴　溫度：八十四

雪恥：一、藍欽說金門美顧問撤退問題，即使實行亦在半年以後事，此言殊堪注意，其將於大選以後改變金馬政策之準備乎。二、英聯會議對共匪入聯合國問題之政策，須待美大選後之決定。三、本屆聯合國會期亦展至美國大選後開會。此三種消息綜核研究，是美國對毛匪政策其將必有變更之朕兆，應特戒備。

朝課後在園內遊覽一匝，膳畢外出散步回，記事，批閱公文，清理積案。研究獨立反攻之登陸地點，殊費心神。緯兒由暹邏、高棉回來報告，膳後回去。午課後閱覽和平共存？印本，字句錯誤尚待重印也。晚膳前後外出散步，晚課。

七月六日　星期五　氣候：晴

雪恥：一、聞尼克生此次派來東方訪問各國，是其反對派對他不利於競選的陰謀，實有可能，應加注意，務不使其為難也。二、對金門顧問事，決先對藍欽警告，而不向尼克生要求為宜。

朝課後散步一匝，膳後遊覽小學，觀體操動作，頗足資余早操之參考，回記事。上、下午皆審核和平共存印本至第二編完，乃有重要之修正與補充也。午課如常，晡散步後入浴畢，觀美製影劇「羅馬古錢」。晚膳後至小學散步，回晚課。

七月七日　星期六　氣候：晴　溫度：九十二

雪恥：一、決定對尼[1]說話程序：甲、反對共匪入聯合國政策，應在共和黨競選政策中強調。乙、解放鐵幕之實行方法。丙、不可再退後一步。丁、注重當地人心。戊、不可鼓勵中立主義與共黨侵略。己、前致愛克函略一提起。庚、美與匪談判應停止。辛、對華僑之向心力與南洋商務之中美合作。

朝課後散步回，膳後略事遊憩，即記事，續審前稿，加以修正。十一時前由角畈出發，十三時半回後草廬，午課後續修稿，閱報。晡約藍欽談話，對金、馬顧問撤退事加以嚴正警告完，到後公園遊憩。晚課後廿三時，在招待室迎接尼克生夫婦[2]，彼面交愛克函，文句似甚誠懇也，回寓已廿四時，寢。

上星期反省錄

一、葉[3]部長訪泰國高棉完畢回來，對於泰、高之僑情與修正辦法有所補益也。

二、敘利亞亦承認共匪，此乃意中事。高棉施哈諾訪俄，已允俄與其建立邦交矣。

三、英聯邦總理會議宣言中有「切望臺灣問題能和平解決」一節，余認為無足輕重，只要其對共匪加入聯合國問題並無決議則可矣。

四、本周在角畈所可述者：甲、「三角形與戰術基本思想」又一修正完成。乙、對登陸（反攻）地點略有研究。丙、續審和平共存稿，仍有增修。丁、每晨膳前遊覽散步，不看書，記事。

五、經兒重勘橫斷公路（八日）新路線完畢，星六日已開公此一重大建設也。

六、辭修主持石門水庫第二期工程亦開始矣。

1　尼即尼克生（Richard M. Nixon）。

2　尼克生夫婦即尼克生（Richard M. Nixon）及其夫人凱薩琳・尼克生（Thelma Catherine Nixon）。

3　葉即葉公超。

本星期預定工作課目

1. 空降大隊與直升運輸機隊各三個。
2. 潛艇六艘。
3. 大、中型對潛飛機 P2V、S2F。
4. 空降部隊與降落傘隊之區別如何。
5. 飛彈大隊與火箭營之區別如何。
6. 280 原子砲營。
7. F26 火箭連。阿特拉斯洲際飛彈。
8. 約翰式自導飛彈與尼克式（乙型）飛彈之區別如何。
9. 紅石飛彈距離遠二百英哩，天神飛彈遠一千五百海哩。

七月八日　星期日　氣候：晴　溫度：九十二

雪恥：一、和平共存稿應增加英、美宣布放棄不平等條約的一章。二、對美提出增加軍援要求之時間。

朝課後記事，八時後尼克生夫婦來寓朝餐，照相後，自九時起談話至十一時半止，彼此可說暢談無間。美對俄經援鬥爭之方法，凡俄所有援助之中立國，美亦必援助，其意在不使受援對俄一面倒，且乘俄與受援國之隙，而加以矛盾之利用乎，此意余並不反對，但美對各國政治與社會之滲透，決非美之敵也。午膳後以尼坐機須待修理，其起飛時間須展延數小時，但民眾歡送者已屆時站候，故仍依照預定時間先送其到機場，受歡送禮節後，彼再回其大使館休息，余先回寓。午課後審閱前稿，晡與熊、虎[1]二侄遊後公園。

1　熊、虎即宋伯熊、宋仲虎。

七月九日　星期一　氣候：晴　溫度：九十三　卯刻八十二度

雪恥：昨晡經兒自視察橫斷公路線路，八日回來，在公園報告經過情形甚詳。該路修成後經濟價值尤其是礦產甚富，且有石棉、水晶、大理石與金礦也，回入浴，膳後與妻帶內侄車遊一匝，晚課。

朝課後記事，膳後續審和平共存稿至第三編完，加以修補。正午審核檔案整編稿，國共和談與共匪叛亂章之序文，對於和平共存稿之修正頗有補益。午課後續修前稿，對於「美、英宣布撤消不平等條約」事，特加增補。晡美顧問華頓[1]來辭行後，與希聖談修稿事。閱報後與熊、虎二侄遊後公園回，入浴，膳後讀詩，晚課。

七月十日　星期二　氣候：晴　溫度：九十二

雪恥：一、俄共所謂和平共存之五項原則，在稿中應特別說明其用意所在。

朝課後續修和平共存稿，補充意見三條後記事，膳後續審前稿第四編開始，午課後續審前稿未完。到研究院新廈召見學員十六人畢，領熊、虎遊覽後回寓，入浴。晡獨往後公園散步，膳後晚課。

通信訓練之要領：甲、確實。乙、迅速。丙、保密。丁、簡單。戊、輕便。己、經濟。應加注意。

研究派人進入大陸生根之計畫，實為發動大陸反共革命運動之基本條件。

1　華頓（Robert L. Walton），又譯華爾頓。上校，原任美軍顧問團第三組組長。

七月十一日　星期三　氣候：晴　溫度：九十四

雪恥：一、匪黨全國代會定九月十五日舉行。二、共匪所謂獨立建設社會主義者，是一九二七年後史大林所謂建立其一國共產主義之故技，以免西方國家對其建設計畫之疑慮，應加警戒。三、對美國警告共匪將於其大選前釋放所有人質，與承認臺灣地區不使用武力之要求，美應預備應付方案。四、使美防禦性政策改為攻擊性之宣傳。

朝課後記事，到中央常會，聽取第六組對共匪以此次偽人代會經過之報告後，加以檢討。余認為共匪假放寬之政策，對我大陸反共命運動之進行亦為有利也。午課後續審前稿，召見研究員廿名。夫人接受美贈遊動醫車。回入浴，晚課。

七月十二日　星期四　氣候：晴　溫度：九十二

雪恥：一、聯合作戰的要旨在協調中心，任何工作都要研究其中心何在，先認定了中心，而後再設計分工合作的系統與程序，着手實施。二、改變習性之例，凡遇不測臨時問題，第一應從於我不利之處着想，第二與其視為輕忽無關，毋寧認為緊要嚴重，如果此事於對敵鬥爭有關問題，更應以敵方行動為第一影像先加考慮。

朝課後續審和平共存稿第四編。正午召見研究員二十名，午課後記事。續審前稿第四編完，文字錯誤，且文義相反處亦甚多，可歎，批示四項，切囑修正。晡約遠東國際農作會議七國代表茶會，回入浴，與妻帶熊、虎車遊，膳後納涼，讀詩，晚課。

七月十三日　星期五　氣候：晴　溫度：九十

雪恥：一、聯合作戰之組織與職責規範從速催訂。二、現在保障人事制應速修正。三、實踐運動與研究發展工作之具體實施辦法，以及人事考核原則為研究院教育之重點，又協調中心為重點之中心。四、人性研究與職位分類為人事考核工作之基本材料。五、統一領導與分工合作協調聯系之教育，乃為消除派系自私觀念與本位主義之主要條件。六、經濟節約。

朝課後記事，十時到研究院會客四人畢，主持財經會談，對南洋華僑有關貿易方針加以指示，對去年度財經皆有進步，予以嘉慰。午課後審閱學員成績，核改與尼克生談話錄，召見研究員回，與妻車遊一匝，膳後獨自觀月納涼，晚課。

七月十四日　星期六　氣候：晴　溫度：九十

雪恥：一、芝加哥論壇報麥克麥倫之妻[1]為吳逆國楨[2]之乾母，此次世界旅行到泰國時，要求其美駐大使[3]准其訪問匪區後，因其大使不准，並以吊銷其護照相抵制，彼始作罷。該麥復到香港，探詢港督[4]可否允許吳逆來港居住，又為港督所拒，此一事實，足證吳逆與共匪勾結，及其急於進入匪區之逆謀，已昭然若揭矣。

朝課後記事，入府會客四人，主持軍事會談二小時，對於金門核心防務，至此才得安心也。午課後審閱研究員成績與自序後，召見二十人回，入浴。七

1　瑪莉蘭（Maryland Mathison Hooper McCormick），《芝加哥論壇報》發行人麥克麥倫（Robert R. McCormick, 1880-1955）之妻。

2　吳國楨，字峙之、維周，湖北建始人。1949 年 4 月，辭上海市市長職務；12 月任臺灣省政府主席兼保安司令，至 1953 年 4 月辭職獲准。5 月 24 日偕妻出國，滯美未歸。

3　畢夏普（Max Waldo Bishop），美國駐泰國大使，1955 年 12 月 3 日受任，1956 年 1 月 9 日呈遞到任國書，1958 年 1 月 6 日離任。

4　葛量洪（Alexander Grantham），1947 年至 1957 年間出任香港總督。

時半到後公園與武、勇二孫及熊、虎二內侄野餐畢，妻與小孩搶四角及跑桌馬為玩甚樂。觀月納涼，晚課。

上星期反省錄

一、尼克生談話對俄共之內外緩和政策，認為是其個人獨裁復活之張本，在其對內放鬆之表演下，必有反動案件之續出，乃至愈來愈烈，於是其最後藉此為口實，不得不恢復其史大林之獨裁有效制度也。

二、愛克致我函件，對於國人懷疑其於大選連任後，將改變對共匪政策，認為其將默許共匪加入聯合國之顧慮乃可消除，但共匪因此必將另設他法，與美更求妥協乎。

三、召見研究院第七期學員將畢。

四、和平共存稿又增補重要幾章，似更完備。

五、梅蘭芳[1]在日演劇，共匪監視極嚴，無法漏網，惟其對我聯絡人員相晤時，默無一語，僅寫「遮不斷的青山隱隱，流不盡的綠水悠悠」相贈而別。

六、共匪所謂元帥分區駐節制，雖無權力亦無作用，但此為其割據分裂之起點，將來不無作用也。

七、伊朗王訪俄，結果並無聯合公報發表，是其未為俄共利誘，對於巴克達公約更增強效用矣。

八、南斯拉夫狄托與埃及納賽與印度泥黑路，三丑會商開始矣。

九、近日腦暈雖未增烈，但仍時覺微暈也。

十、天水與成都鐵路，據匪報已於本周南、北兩段接軌，此實一最佳之消息，惟與我預定於勝利後完成之計畫，已延遲五年時間也。

1　梅蘭芳，名瀾，又名鶴鳴，字畹華，別署綴玉軒主人，中國近代京劇崑曲表演藝術家，工旦行。

七月十五日　星期日　氣候：晴　溫度：八十六

雪恥：一、共匪未能盜竊中國革命傳統六十年來國民革命之系統，又未能劫持（篡奪）國民黨之名義，偽裝其共產世界革命為中華民族國民革命之方式，而最後仍不得不以其國際共產的人民民主革命，所謂新民主主義之方式出之，以暴露其蘇俄共產帝國附庸之一，此為我中國國民黨雖敗猶勝之確證也。

朝課後往後公園散步，膳後記事。與希聖談和平共存應修正各點畢，禮拜回，記上周反省錄。午課後批閱公文。晡授予美國機動艦隊長安德生[1]勳章後，與熊、虎遊前公園（中正公園），甚污穢，可知公務員毫無負責自動精神。車遊，晚課，觀月。

七月十六日　星期一　氣候：晴

雪恥：一、何謂愛國與國家可愛的原由與因素。二、學術思想的程度乃為革命事業成敗之基因。三、革命精神：甲、冒險。乙、犧牲。丙、克難（無畏）。四、聯合作戰規程之速報。五、海軍派員接陳某[2]聯合國軍事會任務。六、駐美使館經濟參事人選應緩定。七、美援會秘書長人選：尹仲容[3]、霍寶樹[4]。八、李駿耀[5]之職務。

1　安德生（George W. Anderson），美國海軍將領，第七十二機動艦隊前任司令。

2　陳在和，福建林森人。1949年任永順艦艦長。後相繼出任國防部連絡官室副總連絡官、海軍駐聯合國副代表、駐聯合國軍事代表團成員、海軍總部通信處處長。

3　尹仲容，本名國鏞，湖南邵陽人。1955年7月，因「揚子木材公司貸款案」被起訴，10月30日，獲判無罪，宣布辭去經濟部部長與中央信託局局長。1957年8月，出任行政院經濟安定委員會秘書長。

4　霍寶樹，字亞民，廣東新會人。抗戰勝利後任行政院戰後救濟總署署長、中國銀行副總經理。1949年起派任美援會駐美技術代表團團長，兼任國際貨幣基金會中國候補理事。

5　李駿耀，江蘇吳縣人。時任行政院美援運用委員會駐美技術代表團副團長。

朝課後審閱研究員成績與自述後，召見梁[1]總司令，又葉[2]部長對泰國大使與伊拉克大使人選之決定，召見研究員廿二人完，回寓，記事。午課後整書，閱報。十七時與妻帶熊、虎[3]經大溪上角畈山，已二十時矣。膳後在南廊下納涼觀月後，晚課。

七月十七日　星期二　氣候：晴　溫度：八十

雪恥：一、和平共存稿應修正之點：甲、拒絕斯大林邀約一段，最後一句可刪除。乙、對中立主義一段，應以勸告悲憫之態度出之。丙、共匪並未統治大陸之證明，應多加成分。二、覆愛克函內容之研究。三、多給敬之川資五百圓。四、購定日製講〔降〕落傘，應積極籌備，以使用傘兵為反攻大陸之機動突襲優〔擾〕亂敵後戰術最主要之工具。五、劉仲平[4]地址。

朝課後膳畢，散步回記事，清理積案，剪報。午課後閱覽卜道明[5]著「問題與研究」月刊，又閱反攻軍事之意見，亦頗可參考。十八時晚膳後，觀影劇美製「黑狐黨」，甚佳。休息納涼，晚課，廿二時寢。

1　梁即梁序昭。

2　葉即葉公超。

3　熊、虎即宋伯熊、宋仲虎。

4　劉仲平，熱河朝陽人。1951 年在熱河省選區遞補當選第一屆立法委員。歷任《軍事》雜誌社社長、陸軍大學機甲戰術系主任、國防大學校暨三軍聯合參謀大學中國歷代戰爭史研究組編纂委員。

5　卜道明，字士畸，湖南益陽人。早期留俄，加入社會主義青年團，1930 年代加入國民黨，後任職國民政府外交部。1953 年 4 月，與邵毓麟、李白虹等發起成立國際關係研究會，研究中共及國際問題。1954 年 11 月，繼任理事長。

七月十八日　星期三　氣候：陰晴　晚雨　溫度：八十

雪恥：一、中央以培荐中級幹部為第一要務。二、和平共存中關於西方直攻俄本土一段，應加修正。三、佈告文字方式，應設專員研究改正：甲、注音字母應用於白話文，不能用於文言。乙、對山胞與鄉民應多作口頭講解，實地指示，不可徒用過去官樣文章。四、小學教法與講法，應切實注重學生是否理解為主。五、人性研究之重要。六、對士兵不受敵人假宣傳，尤其注重家鄉親族被敵折離殘害逼迫清算等情，描寫之影劇。七、公墓有名無實之一例（角畈山）。

朝課後帶熊、虎[1]視察公墓，僅一日本所製之成佛碑與一瓶屍骨，別無所有，且無葬屍餘地，視之可知各級政府之有名無實也。上午記事，審核實踐社登陸地點意見書。午課後寫羅冷梅（列）[2]等公函，散步，入浴，讀詩。晚觀影劇，以天雨中止。晚課，廿二時寢。

七月十九日　星期四　氣候：陰晴　晚雨

雪恥：一、愛國釋義：甲、所愛之國、土地、人民與政府，為人民保護生命財產自由權利之政府。乙、偽憲法國土無固定之疆域，乃與俄共打成一片，所以不敢定有國界。丙、國家之所以要求獨立自由者，乃為人民之自由平等，而不受外族之侵淩奴役也，而今安在哉。丁、中華民國是由國父領導全國同胞，對專制帝制與帝國主義次殖民地中所奮鬥而產生。戊、中華民國政府乃由全國公民所選出產生之政府。己、今日大陸之土地為中華民國之土地，人

1　熊、虎即宋伯熊、宋仲虎。

2　羅列，原名先發，號冷梅，福建長汀人。1955 年 7 月，升任副參謀總長，並前往美國陸軍指揮參謀大學特別班深造。1957 年 6 月，調任第一軍團司令。

民為中華民國之人民。己[1]、偽人民共和國乃由俄帝所製造之傀儡，即如東歐、北韓等所稱為之名詞，乃可證明其為俄帝所製之番〔翻〕版也。

本日朝、午、晚各課如常，上午批閱公文，下午閱列寧讀克勞塞維茨戰爭論批註開始。經兒來談賽班島中美訓練別動空降部隊幹部等問題。晚吟詩，獨自休憩。

七月二十日　星期五　氣候：晴

雪恥：一、共匪建設之釋義：甲、實行農業集團化，毛酋成為惟一大地主。乙、公私合營，毛酋成為惟一大財主。丙、知識階級之馬列史毛[2]化，共匪集團成為歷史上惟一之封建王朝與專制政治。此外，所為鐵路建設，乃是犧牲我同胞無數之血汗生命，為俄帝建立侵略世界之交通，而與秦皇為保衛自己中華民族所修築之萬里長城，其作用與價值不僅無可比擬，而其罪惡之大，則超過秦皇不知幾千萬倍矣。

朝課後散步遊覽。上午記事，閱列寧讀克氏戰爭論札記，乃可增益我和平共存稿之材料不少。午課後批閱公文後，記事，聽讀氫彈與氫彈自導飛彈等著作，得益頗多。入浴後散步，晚觀影劇，晚課。

本日腦暈已不甚感覺，故思慮能深邃有力也。

1　原文如此。

2　馬列史毛即馬克思（Karl Marx）、列寧（Vladimir Lenin）、史大林（Joseph Stalin）、毛澤東。馬克思（Karl Marx, 1818-1883），又譯馬克斯，普魯士人，馬克思主義的主要創始人，發表著名的《共產黨宣言》和《資本論》。

七月二十一日　星期六　氣候：晴

雪恥：一、自由世界反共原則：甲、反對新舊殖民地主義。乙、反對脅制壓迫異國，以暴力奴役政治，統治其國內人民。丙、反對奴工營集體制。丁、在其本國領土內之政府，無論用軍事政治或其他革命行動，推倒其暴力政權，不能視為侵略行動。戊、鼓勵鐵幕內外人民，對其本國共產傀儡政權之革命行動，應予以道義與物質之援助。

朝課後散步遊覽。上午記事畢，審閱和平共存新修正稿開始，午課後繼續審修。晡散步，入浴，觀影劇畢，膳後再與妻至小學操場散步一匝，閒步觀月一樂也。晚課。

上星期反省錄

一、我空軍（本星六）以美式 F-84 機，擊落共匪俄式米格（17）機，且以我七機與匪卅餘機作戰，竟擊落其六架之多，此為反攻勝利之先聲，對我民心與士氣之鼓勵甚大，故特予嘉獎。

二、本周以瀴游心情，不限工作數量之方式從事遊憩，乃得涵泳從容之味，對於重要基本問題反得考慮解決多件，尤其自由世界對共產主義新戰爭之對策更為平時所不能得也。

三、「列寧讀戰爭論札記」閱讀之後，對我殊多補益。

四、美國眾議院反對共匪聯合國之提案，獲得全場一致之通過，殊予反共各國最大之鼓勵也。

五、美國宣布其退出埃及大水壩建築工程之援款後，俄共亦繼之聲明，認為此一工程非埃及之急需工作，故亦不予援助，此實予中立主義投機取巧之徒最重大之教訓也。

本星期預定工作課目

1. 西藏反共運動應向大陸特別報導。
2. 日港反共專文應速分發。
3. 大陸情報總機構應設香港並擴充。
4. 情報弱點：甲、苦肉計。乙、美人計。丙、諜報預備與補充人員之儲備不足。
5. 「師克在和，不在眾」成語，應特強調。
6. 和睦與協調的意義及作用。

七月二十二日　星期日　氣候：晴

雪恥：一、舊式戰爭——圍堵、嚇阻（限止）、報復（守勢）、制戰（攻勢、以戰制戰）、限度戰爭，基地。二、新式戰爭——經濟（生活）、政治、社會、職業、家庭。（奴役與反奴役）（民主、自由）、民族（殖民與反殖民）、文化（科學）。三、戰爭方法——滲透、顛覆、心戰（宣傳）、組織、精神（控制、恐怖、煽動、陰謀（謀略））無時限、無空限、無限發展、極限戰爭，惟暴力、惟陰謀，地下組織武裝暴動。

朝課後手擬拒絕史大林邀約一段稿之增補文字約二小時，膳後獨自下山，途遇武、勇二孫上山來玩也，十三時前到後草廬，經兒在候陪食。午課後記事，到研究院聽取此次圖上聯合演習經過報告。晡聚餐後觀話劇（春歸何處），廿三時完，晚課。

階級鬥爭、民族鬥爭。

七月二十三日　星期一　氣候：晴

雪恥：一、共匪宣傳二點：甲、獨立建設社會主義。乙、愛國主義之謬妄，應特加闢斥其奸計。二、解放鐵幕之實行方法，應因地、因時、因人、因敵，即因對象而制宜，不能拘於一格，以不應以自我主觀而一成不變，如果只為美國而不問當地國民之心理與需要，而定美援計畫，則不是為當地人民之利益，而乃是為美國一國之私利，此必引起各當地國之反對，而俄共之反宣傳更易煽動人心反美，此即最近所發現之情勢也。但俄共之手段則與此適相反，此俄共之所以反受人歡迎耳，其原因乃是俄為攻勢，而美採守勢，所以處處陷於被動也。

朝課後擬講詞要旨，記事。十時到研究院畢業典禮，訓話二小時，並介紹前天在馬祖空戰得勝之各戰鬥員照相。正午宴日軍事考察團，對日使[1]痛戒日、俄復交之後患。

七月二十四日　星期二　氣候：晴

雪恥：昨午課後與希聖談增補和平共存稿第四篇第四章另一節，以新舊式戰爭之性質與方式，特別提示，乃使愛克有所警惕也。余認此意最為重要，又見艾德利[2]女記者與法國記者畢，十七時出發，二十時回角畈妙高臺，晚課。本（廿四）日朝課畢，遊覽庭院後朝餐畢，散步後記事。上午覆核重修前稿各節，午課後續修拒絕史大林第二次邀請一節之增補文字，仍有不妥之處，故擬再加修正，惟對共匪和平五原則一節之修正，文字甚覺有力也。晡散步

1　即堀內謙介。

2　艾德利（Freda Utley），原名 Winifred Utley，1928 年加入英國共產黨。1930 年代曾在蘇俄居住，1936 年間攜子逃離蘇俄。1938 年前往美國，從事報導寫作。

後，觀影劇美製「十四小時[1]」片，技術頗佳也。膳後散步，晚課。

七月二十五日　星期三　氣候：晴

雪恥：一、共產國際性組織為其世界革命統制人類之總機構，必須將其根本消滅，人類才能有和平安全之日，故共產實為人類之公敵。二、民族主義才得消滅國際主義。三、民生主義才得消滅階級鬥爭。四、民權主義才得消滅人民專政之共黨。決不可襲用舊式之軍艦大砲主義，惟武器惟武力主義開發殖民地，鎮壓之方式來對今日共產新式之鬥爭。

朝課，膳後散步，上午記事，記反省錄，重修前稿完。午課後批閱公文，清理積案，聽讀新聞，對西藏反共形勢之發展，不能適時接應為慮。膳後在小學參觀影劇，晚課。

七月二十六日　星期四　氣候：晴　未後大雨

雪恥：一、西藏抗暴反共普遍發展之形勢，應告知大陸同胞使之效法，加以鼓勵。二、對雷德福談話要旨：甲、美國對俄政策似漸轉變，競爭共存？乙、美裁減八十萬軍隊後之戰略如何，是否放棄對世界盟國之責任。丙、能否協助受共侵略各國以相當實力，使能自動解放其鐵幕。丁、撤消金門顧問之反對。戊、三萬降落傘與傘兵訓練中心計畫。己、預師訓練基地增加二個。庚、授南三百八十架機。直升機、潛艇。

1　《十四小時》（*Fourteen Hours*），二十世紀福斯電影公司 1951 年出品，亨利・哈撒韋（Henry Hathaway）導演，保羅・道格拉斯（Paul Douglas）、理查德・巴斯哈特（Richard Basehart）、葛麗絲凱莉（Grace Kelly）主演。

朝課後巡視望月臺部隊回，記事，續修前稿。午課後清理積案，剪報。晡觀影劇「驚魂記」，研究美國裁軍問題及其外交政策甚切，晚課。

七月二十七日　星期五　氣候：上雨　下晴

雪恥：一、鷹廈鐵路通車以後，我反攻戰略應澈底改變，不能再以進取廣州之舊日觀念為第一目標，乃應以直驅浙贛路，西以南昌、九江，東以杭州、上海爭取南京為主目標，如此西自韓江、贛江，北出長江，直達海濱之東南半壁，為第一期作戰地域也。二、符合各國人民切身利益和要求，應為美援之第一政策，而不能以美國本身利益計畫和主觀的目的為前提，此於美國今後戰略觀念之方針，實有成敗最大之關係，應警告美國當局。

朝課，膳後略憩，上午批示反攻作戰整備意見書。午課後審閱空降步兵教導團報告書，閱報。晡散步，入浴，膳後觀影劇畢，晚課。午夜醒後失眠。

七月二十八日　星期六　氣候：上晴　下雨

雪恥：一、蘇格蘭人報[1]記者諾克斯報導，美遠東政策陷入進退維谷之境：甲、美援僅保衛其基地與武器，成為保衛其殖民地之用，引起當地人民厭惡。乙、早已停戰地區，為何還要供給其武器，豈非要亞洲人打亞洲人？丙、西方盟國對此政策完全歧異。丁、亞洲各盟國對美生反感失去同情之謬論，應屬美注重研究。

朝課後散步回，記事，批閱公文。十一時後與妻帶熊、虎[2]等，往溪內觀瀑

1　《蘇格蘭人報》（*The Scotsman*），總部在英國愛丁堡。

2　熊、虎即宋伯熊、宋仲虎。

布，以大雨之後，其瀑更為雄壯可觀，留戀不已。余自廿年前，在南京紫霞洞野餐手炒蛋飯後，久不作此，今復重試並未退減，其味更美，同食者贊美不絕，且全部食光也。回途大雨，過復興橋後乘吉普車回寓。午課後閱報，審核和平共存稿，晡觀影劇，膳後散步，晚課。

上星期反省錄

一、西藏各地反共抗暴運動的報導，至本周愈來愈多，其勢幾乎普遍在前、後藏發展無已，惟未能獲得較為確實之情報為苦，但此形勢，共匪決不能在最短時期內鎮服，應如何設法運用耶。

二、美參議院繼其眾議院之後，反對共匪加入聯合國之舉，亦全場一致通過。

三、美在太平洋試驗核子爆炸，最後一次已經發射成功，可知其試驗次數甚多也。

四、本周在角畈休假，對於和平共存稿之新增各點，皆超越全篇稿之重要性，自覺欣慰，身體亦比較進步矣。

本星期預定工作課目

1. 與雷德福談話要旨：甲、美對遠東政策與戰略方針有否改變。乙、美裁軍方針與今後對俄戰略。丙、對大陸共匪政策及其看法如何。丁、反攻援助之希望如何。戊、余致愛克函之看法如何。己、對美國遠東之態度注意之點：子、對我援助應有目的。丑、應扶持我反攻大陸之計畫與力量及其要領與重點。寅、東亞問題在大陸共匪，惟有解決大陸乃可消除大戰。庚、俄國近態決不會參加我大陸戰爭。

七月二十九日　星期日　氣候：晴

雪恥：一、特種部隊之組訓計畫。二、符合各國人民切身利益與迫切需要，乃為美援發生功效之第一要綱。

朝課後散步遊覽，膳後記事。重修和平共存稿至十一時，出發到大溪別墅打尖，妻學炒蛋炒飯，其味甚佳為樂。膳後即乘車回後草廬，途中聽仲虎講故事解寂寞。午課休憩，入浴後帶領熊、虎二侄往後公園遊覽，視察新築，似乎太狹小，但已知足矣。晡又帶二侄車遊山下一匝，途中聽其所講故事，試其國語，已大有進步為快。晚與希聖談重修前稿要旨畢，晚課後廿二時寢。

七月三十日　星期一　氣候：雨

雪恥：一、美國對軍事、經濟、文化的援外，必須配合解放鐵幕政策，而且必須以此為援助政策的基本所在。二、美國惟武器主義的結果，必然是撤銷世界各處基地，最後即退回到美洲堡壘為止，其次是俄共在武器上未佔優勢之前，決不對美挑釁發動軍事戰爭，則美國雖有優勢核子武器，亦無異為俄共凍結，而其除軍事戰以外，則各種政治、社會、經濟滲透顛覆與反美行動則普遍掀起，先在政治社會戰上擊敗美國，即使有優勢武器與軍事，亦無所施技，何況總有一日俄共武器超優於美國乎。

朝、午、晚三課如常，上、下午皆重修和平共存稿，大體完成。晡與希聖、復與大維等談話，晚為夫人題畫。

七月三十一日　星期二　氣候：雨　颱風

雪恥：一、與雷[1]談話順序：甲、美裁軍計畫與對俄戰略反對世界各基地政策是否改變。乙、對共匪政策如何。丙、對我解放大陸之援助程度如何。丁、余致愛克函內意見，彼是否同意。戊、對我美援應有積極目的，以協助我能自動解放獨立反攻為總計畫，並須有重點。己、俄共最近笑臉政策之弱點，三至五年內不致挑起大戰，亦不敢參加我反攻戰爭。庚、亞洲問題全在大陸共匪，消滅共匪解放大陸乃可保持亞洲安全，此一時機不可錯過。辛、兩個遺憾如何補正。

朝課，記事，入府會客，召集宣傳會談。午課後批閱公文，作談話準備。晚約雷便餐，約談二小時後，晚課。

1　雷即雷德福（Arthur W. Radford）。

上月反省錄

一、美國會兩院反對共匪加入聯合國案，皆全體一致通過，此實為最難得之舉動也。

二、愛克派尼克生持函來訪，表示其始終支持我政府之立場堅定明朗，以袪除其左派與俄共在美之陰謀與宣傳之陰霾，並表示其朝野全國反共之態度，實為十年來在中美政治上互助最高之表現乎。

三、美國在太平洋試驗核子爆炸工作完成。

四、美、英放棄埃及築壩之援助計畫後，埃及（廿七日）及隨之宣布其蘇彝士運河收歸國有，並強自廢約單獨佔奪，以引起西方國家之反對，英、法且有以不惜用武力解決之態勢，並引起中東各國煤油收歸國有之動向，此乃俄共冷戰成功之又一證明也。

五、英聯合王國總理會議，雖對共匪加入聯合國並不一致決議，但其對臺灣海峽問題切望能和平解之語，可知印、緬並未覺悟俄共對其陰險之如何嚴重，但其即使覺悟，亦不得不苟且附共，以求自保萬一也，可恥之至。

六、狄托、泥黑路、納撒三小丑，在南斯拉夫會議仍是舊調重彈，但可知其不敢組織所謂中立集團也。

七、伊朗國王[1]訪俄，兩國並無雙方同意之宣言，此或為俄國未能達到其預定目標之一事乎。

八、關乎共匪問題：甲、鷹廈鐵路已鋪軌至永安，余望其早日修成，可使我反共軍事能縮短一年時間完成也。乙、天成鐵路已於本月接通，但其工程已多處崩坍重修也。丙、偽元帥分區駐節制應加注意。丁、西藏各地叛亂，其勢已不可遏阻。戊、緬境共匪侵入已有一千餘人，據稱自去冬開始，緬政府至本月方宣布也。己、共匪滲透尼泊爾引起政變，但未成

1　伊朗國王即巴勒維（Mohammad Reza Pahlavi）。

功。以上，丁、戊、己三事已足引起世界對匪野心之注意，並對印、緬之威脅能不使泥黑路之戒懼乎。

九、本國工作：甲、第一兵團演習如期實施。乙、金門防務計畫之改正與逃兵偷渡之防止。丙、我空軍以少勝多，以弱擊強之，竟獲全勝。丁、海軍進駐南沙群島。戊、經國主持之橫斷公路開工。己、辭修主持之石門水庫二期工程亦同時開工。庚、黨政軍聯戰班第七期結業。辛、上屆全臺豐收已完。壬、葉[1]部長訪泰已完。癸、在角畈休養，對和平共存稿補正頗多，身心亦甚有進步也。

1 葉即葉公超。

八月

民國四十五年八月

本月大事預定表

1. 淘汰不良與無能不負責之軍官，為建軍要道。
2. 留美參校預備軍官之辦法。
3. 馬來明年八月獨立之研究與準備工作。
4. 宣傳廣案[1]款速發。
5. 作戰協調部之研究內容。
6. 心理軍官與心理作戰處。
7. 軍官退除役輔導計畫。
8. 空降訓練計畫之督導。
9. 共匪所謂獨立建設社會主義之駁斥。
10. 共匪愛國主義之謬論。
11. 官兵心戰教育之重要與設計。

---

1 外交部加強對美宣傳方案（宣稱「廣」案），包括在美宣傳（「廣子」）、在臺配合對美宣傳（「廣丑」）、邀請美國人士來臺訪問（「廣寅」）等。

八月一日　星期三　氣候：風雨交加　萬達颱風幸未登臺

雪恥：一、共匪軍隊數百人侵入緬境三百里，正設置哨所。二、美杜勒斯親往倫敦參加英、法對蘇彝士運河會議，支持英國態度，故英特示強硬，並示不惜使用軍事之決心與準備，但埃及納散[1]已漸軟化。三、西藏卡姆巴族在拉薩參加反共會議時，殺害共軍百餘名，並堅決反共到底之表示。

朝課後記事，準備與雷[2]談話之研究。十時談話開始至十二時半止，談話重點在對我反攻大陸意見與美國如何態度上，雷的表示與過去並無任何改變，可知美國對遠東仍無獨立政策，並對大陸共匪問題與解放政策毫無計畫，亦絕不注意，對於我此為解放惟一時機之警告，亦無動於中，觀其言動，幾乎一如猶太人之所為者，可歎。

午課後批閱，晡再與雷在其寓所談卅分時，表示對美始終敵我不分，而且信敵疑友之歷史為不幸之意。晚應辭修邀宴，與雷同席便餐，回寓晚課。

八月二日　星期四　氣候：晴

雪恥：昨晡對雷直率面告要語，余與美國交廿八年之久，自問始終以忠誠對美，並無欺騙一事，而美始終以懷疑態度對余，無論為中國或為亞洲，凡余對美忠實之建議與計畫皆不重視，此為中、美兩國在亞洲對俄共失敗之最大原因。已往美在遠東不但對余表示不信，而且反信共匪之所言所為，務望美國今後對此特加注意，如果中、美兩國今後能互以誠信相予，則自此在亞洲或可為轉敗為勝之起點也，望其將此意轉達華盛頓當局為要。

本日朝課後，往後公園修改小築圖樣回。上午記事，批閱公文，午課後手擬上月反省錄未完。晡在研究院召集情報會談，指示西藏反共形勢與如何援助

1　納散即納瑟（Gamal Abdel Nasser）。
2　雷即雷德福（Arthur W. Radford）。

計畫研究之重要。晚車遊回，晚課，廿二時前寢。

八月三日　星期五　氣候：晴

雪恥：一、美國一切外交無獨立自主政策，皆以英國之方針為歸宿，如賴美國同意我反攻，則永無其事。故惟有積極造成大陸革命動盪之形勢，方能自動發動反攻之一法，屆時美國雖欲阻礙，而亦不可得已。二、此次對雷[1]之言明知無用，而且雷在美政府毫無政策意見之權力，但余為此言或對其政府與外交方面不無間接之若干影響，而且用意不在今日，或能於將來發生影響也。
朝課後記事，入府會客，召集財經會談，對稅收方法加以指示。午課後重修和平共存稿新增二節，晡車遊山下一匝，晚核修前稿，晚課。

八月四日　星期六　氣候：晴

雪恥：一、上次季報與此次季報各種優劣之比較表與矯正各點。二、空軍支援海軍演習為主要科目。三、技術勤務訓練如何增進。四、裝備保養檢查科目表冊與單位保養之加強。五、參校人數班次之增加與學期縮短之總計畫速定。六、電碼改良與密簡方法，為第一研究發展課題。七、通報電話之聲調音度之限（制）定與賞罰規則。八、海軍第二、第四艦隊較差之原因。
朝課後審修和平共存新增稿。入府會客，召見空軍王于九[2]等忠貞官兵，並對僑生師範畢業往海外服務者六十餘名，主持軍事會談。午課後記事，續核前稿。晡到後公園遊覽，晚車遊，晚課。

1　雷即雷德福（Arthur W. Radford）。
2　王于九，時任空軍救護中隊飛行官。

上星期反省錄

一、雷德福此來實令我最為失望，亦不知其意態變化如此冷酷，毫無一些同情與不顧事實情勢，而一意以及個人利害地位為立場，絕無為世界全局與反俄設想，美國參謀首長自私狹隘如此，何以領導世界反共抗俄任務，殊為可痛，難怪馬下兒之扶共賣華、自害美國，而猶以為盡其職矣。

二、美、英、法為蘇彝士運河問題在倫敦集會後，以美對軍事方面不肯作任何承諾，故英、法雖仍積極準備，預料其必無結果，而且徒為俄共取得絕大機會攫奪中東權勢而已，但此問題亦不能立即解決，或非將拖延至第三次世界大戰發動而不止乎。換言之，此一問題其將演成大戰，乃可預卜要在美國大選以後，方能決定此一情勢發展之如何耳。

三、月初颱風雖避開臺省，但其中心直入古鄉，風災延及至東南各省，死傷不知其數，不知大陸人民與親友又將增加悲慘至如何程度矣。

四、增補和平共存稿數節，雖為修補之件，但其重要性過於全稿各章，自覺精神愈用而愈精，殊感欣慰。

八月五日　星期日　氣候：晴　溫度：七八

雪恥：一、俄共間接路線戰略思想應另闢一章。二、俄共統制世界之目的：甲、消滅資本主義及其政治社會制度。乙、帝國主義與封建思想，即軍國主義與傳統軍事思想。丙、民族主義及其獨立自由思想。丁、民主主義與唯心思想。戊、消滅一切階級制度。己、達到目標：子、無產階級專政。丑、共產國際主義建立惟一共產帝國統制世界。寅、唯物主義整體經濟共產社會，就是要將現在世界上所有一切國家、政治、民族、社會、經濟、軍事、倫理與精神道德，皆認為是舊時代的封建傳統思想與制度的產物，必須整個澈底的根本推翻消滅，以建立其共產新社會制度。

朝、午課如常，上、下午皆續修前稿，禮拜如常。晡帶熊、虎、武、勇[1]等各孩在後公園野餐遊玩。晚考慮間接路線戰略之內容甚久，廿二時正寢。

八月六日　星期一　氣候：晴

雪恥：一、軍事戰，俄共認為是共產與資本主義鬥爭之最後階段，故在現在世界，所有政治、經濟、社會、民主、民族思想與制度的戰鬥，為第一階級的優先目標，而其軍事為非現實的目標。二、俄共認為民主集團現有的思想制度與戰略型態，皆為資本帝國主義封建思想、傳統觀念之遺物，換言之，即為舊式的軍事思想與舊式的戰爭觀念不足為患，只要其能在其政治、經濟、社會、民族思想和制度各方面鬥爭，使其自動崩潰，則其舊有戰略與軍事制度自然隨之崩潰，不患無懈可擊也。

朝課後記事，上午審核前稿，與希聖談修稿各點，午課後新增俄共最近所表示之重大弱點一節，甚費心力。晡與妻車遊淡水道上，晚與虎侄散步回，晚課。

八月七日　星期二　氣候：晴

雪恥：一、俄共弱點：甲、對國內安定其人心與洩憤。乙、對附庸恨俄怨史、行將叛離之逆勢危機，不能不鞭史屍為之羈縻與彌縫。丙、為取信於中立主義，不能不解散共產情報局，偽裝其各國共黨與俄共並無關係，以玄弄其和平共存之幻戲。二、心理學：甲、投射作用。乙、制壓反應。丙、運用錯覺之原理研究。三、彈性處理之重要。

1　熊、虎、武、勇即宋伯熊、宋仲虎、蔣孝武、蔣孝勇。

朝課後新增「和平共存」稿中「俄共笑臉外交之重大弱點暴露，為民主集團不戰而屈的惟一時機」一段，頗為重要。上午入府召見鮑家德[1]副團長與越南華僑後，一般會談。午課後記事，審閱實踐學社心理學講稿，甚為重要。晡巡遊後公園，晚宴美參議員希肯羅卜[2]聚談後，晚課。

八月八日　星期三　氣候：晴

雪恥：一、嚴禁祝壽摹〔募〕捐徵文等一切行動。二、造成對方心理上之某種傾向，使之見諸實行，以有計畫之活動為心戰之要旨。三、研究院加強心戰教育。四、外交人才儲備計畫之擬訂。

朝課後記事，審閱今春共匪歡迎港、澳前往大陸匪區參觀時之回港各種報告書五、六件，對我甚有補益。到中央主持常會聽取報告，皆不甚深入為苦。午課後續閱匪區報告後，記上月與上周反省錄，頗覺疲乏。晡到後公園散步，視察小築工程，並在池旁遊憩觀魚，調劑疲困。入浴後與熊、虎[3]觀影劇，亦足解悶，晚課。

八月九日　星期四　氣候：晴

雪恥：一、安南寮邦已與其寮北叛部共匪和談統一，雖其協議未定，但其已實行停戰，其最後結果必以聯合政府方式，為共匪變相消滅而已。二、周匪恩來以印商為滲藏特務鼓動藏民暴動，乃要求與泥黑路[4]面商此事，試觀泥丑

1　鮑家德即鮑嘉德（Theodore F. Bogant）。

2　希肯魯勃（Bourke B. Hickenlooper），又譯希肯羅卜、希肯羅勃、希肯魯珀，美國共和黨人，1945 年至 1969 年擔任參議員（愛荷華州選出）。

3　熊、虎即宋伯熊、宋仲虎。

4　泥黑路即尼赫魯（Jawaharlal Nehru）。

將如何應付。三、據緬報導，共匪武裝侵入緬境為去秋事，此必為泥丑所早知，而其對俄、對匪自去秋以來，承奉更無所不至，此必為俄共看透泥丑之欺弱怕強，今後印度之被共黨顛覆，更將提早其日程表乎。

朝、午、晚課皆如常，上午入府接見澳洲訪問團與袁家騮[1]、韓朝宗後，批閱以外，終日審閱大陸視察各報告，最為有益。晚約保令[2]夫妻便餐，相談甚洽。

八月十日　星期五　氣候：晴

雪恥：一、昨所會見之袁家騮，即袁世凱[3]之孫，在美留學成為美國原子能優秀人才，充任其原子能研究委員與教授，此次回國講學，余特加優遇，可知人才皆貴其本身勤學自立，而於其家世優劣榮辱無關也，男兒可不自強乎。二、日來審閱視察大陸回來報告多件，今後反攻時最大之問題：甲、共匪現行鄉村組織與制度是否臨時維持，以及如何能夠維持。乙、青年思想及其所受之生活行動，如何能使之改正，並能使之反共也。

朝、午、晚各課如常，上午審察中東時局與叛〔判〕斷其情勢之發展甚詳，記事後審閱大陸視察報告書，直至十七時。召見香港各界重要分子廿餘人，約談一小時餘，加以嘉勉。散步，晚車遊一匝。

1　袁家騮，河南項城人，袁世凱之孫，袁克文之子。其夫人為吳健雄，同為物理學家。1950 年，參與建造美國布魯克黑文國家實驗室，此實驗室為人類史中第一部「高能質子加速器」。

2　珀林（Daniel A. Poling），又譯包霖、波林、保令，基督教兒童福利基金會董事，《基督教先鋒報》總編輯。1950 年代起協助臺灣光音育幼院臺中育嬰院、大雅盲童育幼院、樂生療養院職業治療室等成立。

3　袁世凱（1859-1916），字慰廷、慰庭或慰亭，號容庵，河南項城人。北洋軍創始人兼領導者，曾任清朝軍機大臣、內閣總理大臣、中華民國第二任臨時大總統、首任大總統等。

八月十一日　星期六　氣候：晴

雪恥：一、在卅五年美國調停國共一年之中，正為俄帝接濟收繳日械一百萬人所用之武器，補充中共匪軍與訓練完成時期，養成其反噬與全面反叛之利用時間。二、對共匪青年反攻戰爭，不能增加人民生活之改善，及其對共匪社會主義建設希望之遠景，應針對戳穿為宣傳之急務。

朝課後記事，準備指示要領十項，入府召見鄭介民、汪子清[1]等，主持軍事會談，聽取金、馬當面敵情七個月來變化之報告後，加以指示。午課後審閱回大陸觀察報告，迄今已詳閱卅餘件，甚覺有益。經兒來報對西藏空投情報員計畫。晚宴美友葛羅斯[2]與葆令夫婦，聚談甚久，晚課。

上星期反省錄

一、越南、寮國已受共匪誘脅與其寮共和談，宣布組織聯合政府矣，從此高棉雖欲不入共匪懷抱，亦不可得矣。今後泰國態度必趨中立而向共，則美國在東南亞政策，其於亞洲大陸乃無插足餘地矣。惟緬甸應受共匪威脅，而反有轉向東南亞聯盟之傾向，自當加以注意也。

二、美國情報機關，對我甚恐為共匪和平攻勢所欺，更以宋慶齡[3]關係為疑，甚為可笑，美對中國毫無認識至此，可憐極矣。

三、本周研究大陸觀察之報告得益非尟也。

1　汪子清，湖北夏口人。1952 年 5 月任國防部情報參謀訓練班教務組組長。時任情報學校教育長，9 月調任駐韓國大使館武官。

2　葛羅斯（Ernest A. Gross），美國律師、外交官，1949 年 10 月至 1953 年任常駐聯合國副代表，其間短暫接任代理團長，後至律師事務所執業。

3　宋慶齡，原籍廣東文昌，生於上海。孫中山遺孀。1949 年 10 月中華人民共和國成立後，曾任中央人民政府副主席。

八月十二日　星期日　氣候：晴

雪恥：一、現階段共產進侵之主目標，乃在東方舊殖民地之民族思想及其繁殖人口之利用，以對付舊殖民地思想的帝國主義之餘緒，而尚未與民主思想的資本主義正面作戰，此時如帝國主義的舊殖民地思想能早日警覺，而能與資本主義和民族主義澈底合作，以抵抗共產帝國的新殖民地主義，則其時尚未為晚。二、民族主義者應知舊殖民地主義者，僅為經濟剝削與政治壓迫，而新殖民地主義者，乃為澈底消滅民族精神與國家觀念，實為民族真正之敵人，如果今日共產主義不先行消滅，則無論民族主義如何勝利，而悉為共產主義征服世界之開路先鋒，最後仍將同歸於盡而已。

八月十三日　星期一　氣候：晴　溫度：九十

雪恥：昨十二日朝課後記事，禮拜如常，上、下午皆審核「和平共存」新增各稿與修正舊稿。午課後與公超談其赴韓賀李[1]就職事。晚在後公園與熊、虎、武、勇[2]等十二小孩野餐，遊玩回晚課。

一、對俄共笑臉弱點各段應須修正。二、歐洲第一主義以對俄共亞洲新民殖地，利用民族主義反對西方以代舊殖民地權益政策，是不撲火頭而先救火焰之所為，此種固執舊日成見，守株待兔之政策，如何應付俄共新戰略與政治戰術，能不失敗乎。

本十三日朝課後續修前稿，直至十七時後方畢，午課、晚課如常。晡與熊、虎散步，聽他兄弟說故事消遣。晚宴美遠東空軍司令庫達[3]與史密斯[4]等，廿三時前寢。

1　李即李承晚。
2　熊、虎、武、勇即宋伯熊、宋仲虎、蔣孝武、蔣孝勇。
3　庫達即庫勃（Laurence S. Kuter）。
4　史密斯（Frederic H. Smith Jr.），美國空軍將領，1956 年 6 月任美國空軍第五航空隊司令。

八月十四日　星期二　氣候：晴

雪恥：一、共匪在卅五年七月發動反美運動時，正是美國對華斷絕武器補給之時，可知俄共對美不僅是停止軍援，而乃是要驅逐美國放棄中國，斷絕中美一切關係，而由俄共獨佔大陸之陰謀，昭然如揭也。

朝課後聽報，九時往碧潭空軍將士忠烈塔舉行落成典禮後，巡視公墓與祭堂。遷臺以來，僅我空軍將士忠烈殉國不下三百餘人，每對先烈遺像不禁悲慟無已。順道到通信情報技術研究室視察，其規模較在大陸任何時期為宏大而堅強，略足自慰。午課後記事，批閱，會客。晡與妻車遊一匝，晚膳後散步，入浴，晚課。

八月十五日　星期三　氣候：陰雨　乍風

雪恥：一、薛光前[1]約談。二、組織赴澳洲訪問團之準備。三、海外人才如何儲備。

朝課後記事，十時中央常會，聽取對九月十五日共匪全國代表大會預測之研究報告，皆無精新意見，乃加以指示注意重點，並提十月以後召開海內外反共救國大會，以打擊共黨大會之宣傳的建議畢，又指示本黨下年度預算分配與工作人事不能集中與配合，尤以考核人才不求實際更堪憂慮，海外人才難得，無法對抗共匪為念。午課後續修前稿。晡約見日本親善訪華團石井光次郎[2]等，言談自覺過謙，但與其傲慢不如謙遜，以余之地位資格，對遠東鄰邦之謙遜無損也。車遊一匝回，入浴，晚課。

1　薛光前，原名桂生，學名光前，江蘇青浦人。1951 年 9 月為美國天主教西東大學創設遠東學院，八年後應聖若望大學聘為歷史教授，並籌設自由學院，旋即改為亞洲研究學院，兼任院長。

2　石井光次郎，日本眾議院議員，1956 年 8 月，率親善訪問團來臺，感激蔣於日本戰敗後維護日本政體及對日以德報怨之寬大政策。1957 年 4 月，發起成立「中日合作策進委員會」。

八月十六日　星期四　氣候：晴

雪恥：一、香港工作主持人選。二、利用共匪指明光〔廣〕播之人假投降之組訓。

朝課後續修前稿，十時入府會客，與路透社記者談話，對其英、法對蘇彝士運河應否用武力解決之問題甚覺重要，加以研討後，召見馬祖築陣有功官兵十餘人面加慰勉。與岳軍商討對日訪華團談話與作用等問題畢，回午課後，研究對運河問題答語要旨，交少谷擬稿，不能如意，甚歎人才之貧乏也。晡巡視後公園，晚宴澳洲訪華團，談話不拘形式，賓主甚覺暢快，與賴信[1]團長敘談二次，此老今已七十九歲，其精神體力與腦力皆甚健全為佩，廿二時半客散後，晚課。

八月十七日　星期五　氣候：晴　未刻大雷雨

雪恥：一、發于斌經費。二、組織軍事訪日團之準備。三、派駐國外使館之黨員。

朝課後手擬愛國釋義與講稿要旨。十時到研究院，對本黨青年夏令營講話約卅分時畢，主持情報會談，指示派入大陸情報人員之要旨，應因時因地制宜，尤應投敵之所好，以發展各種不同之工作，回午課，記事，批閱公文。晡與希聖談和平共存增補稿之修正各點後，入浴，散步。晚續修前稿，晚課，廿二時寢。

本晨三時醒後，感覺對路透社記者答語不妥處，乃起床與沈琪〔錡〕電話全部修正，約費一小時畢後再寢，至六時半如常起床。

1　賴信（John Latham），又譯賴聖，曾任澳大利亞首席大法官，時任訪華團團長。

八月十八日　星期六　氣候：乍雨

雪恥：一、和平未至絕望之時決不放棄和平的宣言，與對日侵略忍受六年之苦心，與抵抗俄共與共匪之壓力，終因日寇之侵佔北平而破滅。二、最後決戰之解釋。三、十八世紀以來之均勢主義、區域防衛，以及膚色優越（君臨世界）的（帝國），歐洲第一的帝國主義之外交政策，不能對抗共產主義超膚色、超種族、超洲際（區域）、超階級（鬥爭的）世界專政（與統制）、世界革命的階級鬥爭。四、殖民地重分配的國際經濟與政治思想，不能滿足共產帝國囊括全球、奴役人類的世界革命思想。

朝課後批示前稿，新增各章之修正意見，入府會客，主持軍事會談回，記事。午課後批閱經兒新編之荒漠甘泉札記後，約會石井光約談一小時，並為其六十八歲祝壽畢。與妻車遊回，觀影劇「長巷[1]」，晚課。

上星期反省錄

一、蘇彝士運河問題倫敦會議十六日召開至周末，俄、印協以謀英，美雖力謀妥協提其折中方案，毫無結果，乃可斷言。而英必欲以埃及那撒[2]為對象，強以武力壓迫威脅政策，使之內訌自倒，而對俄共煽動陰謀於不顧，恐將造成西方整個陷入中東泥淖，而為俄帝造成赤化阿拉伯民族，坐收漁利之良機，殊為憂慮，徒喚奈何而已。

二、共匪對越南、緬甸與寮、泰，無時不在設法武力侵佔與顛覆陰謀，雙管齊下之中，共匪本身絕無帝國主義之基礎，而其偏欲效尤俄帝侵略之罪行，隨時可遭受橫禍與惡果，吾何患無反攻復國之機會，要在待機與造

1　《長巷》改編自沙千夢的同名短篇小說，卜萬蒼導演，葛蘭、王引、陳燕燕主演，1956 年 10 月香港亞洲影業公司出品。

2　那撒即納瑟（Gamal Abdel Nasser）。

勢並進而已。

三、美國民主黨總統候選人大會，其競選宣言中不僅反對共匪加入聯合國，而且支持中華民國之政策，亦明定於政綱之中，此為六年以前之夢想不到之事，可知國際對我中國與共匪之真相日益認識，時勢前途漸入光明矣。

四、澳洲友善訪華團之結果，對我自由中國之進步與強壯認為奇蹟，彼等受俄共之宣傳，以為臺灣是法息斯專制黑暗與被美國一手控制之小島，乃不料其為東南亞區域中自由進步惟一安定之模範，此一真相為其發現，今後對大英集團之影響對我或大有補益乎。

四[1]、本周增補和平共存稿關於新舊殖民地主義思想之比較，以及東方民族主義之傍皇岐路等節意義之補充，乃認為本書之精華所在也。

八月十九日　星期日　氣候：晴

雪恥：一、我們中國反共失敗的（因果之檢討）教訓和經歷，對於自由世界今後反共的戰爭思想，提出幾個基本問題，應待商榷解決的。二、日本軍閥侵略中國，對中國政府一意壓迫，而不顧時代與對象不同之結果。

朝課後手擬和平共存稿，新增幾節。十時會見澁澤敬三[2]氏，約談四十分時，余對日友常起一種感覺，就是初會時多是謙和可愛，而後來無形之間表現其凜厲如霜之面部，此或是其社會教育所養成之習性乎，何耶？但澁澤乃是世家優良端正子弟之標準也。禮拜後回，記事。午課後審核清稿畢，即領熊、虎、武、勇[3]四孩乘車上大屯山鞍部往淡水公路，在其第一號橋傍小瀑布潭前下車

1　原文如此。

2　澁澤敬三，澁澤榮一之孫，日本財經界人士，民俗學者，歷任第十六代日本銀行總裁、大藏大臣。時任日本文化放送會長、日本國際電信電話株式會社（KDD，現 KDDI）會長。

3　熊、虎、武、勇即宋伯熊、宋仲虎、蔣孝武、蔣孝勇。

茶點，遊嬉甚樂，約半小時後即經淡水回來。研究新增稿件編法。晚膳後散步，晚課。

八月二十日　星期一　氣候：晴

雪恥：一、以空間換時間，積小勝為大勝之戰爭思想。二、戰術取守勢，對俄共之人海戰術戰略取攻勢，對俄共之破壞交通與隔斷後方之戰術，又因以空軍、海軍與重武器，為我軍所獨佔之優勢，而共匪所絕無者，故不怕其斷絕我後方交通與聯絡。三、江西圍剿之戰術對外絕對封鎖，故無法施展其對社會之宣傳戰與組織戰，則其對我內部亦不能進行其滲透分化戰，故能實行經濟（交通之）封鎖與軍事進攻，而又以步步為營，節節開路，不怕其遊〔游〕擊戰之擾亂也。

朝、午、晚課如常，上午主持陸軍參校第八期開學典禮回，手擬補稿。下午記上周反省錄後會松岡駒志〔吉〕[1]，約談一小時半，甚有意義。晚約希聖、少谷來談宣傳與續修前稿事，廿二時半寢。

八月二十一日　星期二　氣候：晴

雪恥：一、共匪鬥爭最高法則，是在陰性的、彈性的，不固定、無痕跡，使人不知不覺的受其播弄和利用或挑撥離間，而尚不自悟的不擇手段，以及無孔不入、無微不至、無所不為的策略運用，必須使之無隙可乘，無懈（暇）可擊，無時無地，澈底隔絕，極端封鎖，更不可以其少數而輕忽，以其無力

1　松岡駒吉，1946 年代表日本社會黨當選眾議院議員，以後連任六屆。1947 年就任眾議院議長。1956 年 12 月，日本加入聯合國，陪同日本外務大臣重光葵出席聯合國大會。

沒落而大意。毋寧對其極少至微，無力無法活動之時，即為其死灰復燃之機，更應特別警覺嚴密防止，直至根本滅絕而後止。

朝課，記事，入府見上村[1]後，主持宣傳會談，對於黨報分工與組織及宣傳方法皆有所得。午課後批閱公文。晡見御手洗[2]等五人，約談二小時畢。入浴，膳後車遊，晚課。

八月二十二日　星期三　氣候：晴

雪恥：一、對匪破壞鐵路之對策，應多組訓鐵道兵團與機器（新式）與技術。二、對鐵道沿線兩側各十五公里內之人民、村鎮，如何控制與防共組訓及特種法令，或遷調集居之準備。三、東方時代精神：甲、民族解放。乙、政治獨立。丙、文化護衛。丁、經濟自由。但共匪對非共國家之侵略陰謀與方法，不僅不在破壞其文化入手，而利用其固有文化與生活方式，先以攻擊其舊殖民地中已存之民族政治被壓迫與痛苦之弱點，誘惑民心，反對西方，故經濟援助與文化發展，不能抵消俄共政治獨立之煽動。

朝課，記事，擬稿，主持中央總動員會報。午課後入浴，審修經兒荒漠甘泉摘記，批注之編稿頗佳，正與我所欲重編荒漠甘泉之新冊意見相同，擬再綜核後決定。晡與石井光[3]談話約一小時半，晚觀影劇，晚課。

1　上村健太郎，曾任日本保安廳官房長，1954 年 7 月至 1956 年 7 月任自衛隊第一任航空幕僚長。

2　御手洗辰雄，政治評論家，時為日本《報知新聞》記者。

3　即石井光次郎。

八月二十三日　星期四　氣候：晴

雪恥：一、軍事實力俄共並未獲得優勢之意，應重修。二、俄共利用其國際第五縱隊各國共黨，來各別侵略自由世界之非共國家，美國為何必欲其本身等到俄共攻美後，與之作直接（單純軍事）戰爭之準備，自陷於守株待兔，永久被動之困境，而坐視其自由各國人民，被俄共蠶食以盡，而不加援手，最後真陷於孤立難支，自召養虎貽患之禍，為何不及時積極援助被侵各國，而消滅其各自叛國分子共黨政權，來間接對俄戰爭，以消弭其征服世界奴役人類之陰謀。

朝課後記事，入府見藍欽，談美對我空軍撥機之態度，加以警惕，召見調職人員四名。

八月二十四日　星期五　氣候：晴

雪恥：昨午課後審核經兒所編荒漠甘泉摘要完，為夫人題畫畢，巡視後公園，入浴。晚宴日本訪問團石井光次郎致歡迎詞，並觀民族舞蹈，尚未成熟，擬予指示。回晚課，廿二時方寢。

一、傅〔溥〕儒[1]補助費。二、民族文化與藝術之重要與改革。三、行政要領：甲、研究發展的責職。乙、活力：行的重要。認識人民社會事物。四、外交官職責：甲、調查研究考察。乙、為僑民學生服務與體察僑務與協助改正及增加效益。

朝課後記事，擬增補稿件。入府會客，批閱，主持財經會談，財經狀況似漸好轉，對外貿易積極指導。午課後續擬補稿後會客。晡車遊，晚聽報，晚課。

1　溥心畬，姓愛新覺羅，譜序溥，清光緒帝賜名儒，字心畬。生於北京。因其詩、書、畫與張大千齊名，故有「南張北溥」之稱。1949 年後任教於臺灣師範大學美術系，與黃君壁、張大千以「渡海三家」齊名。

八月二十五日　星期六　氣候：晴

雪恥：一、現代的行政：甲、生的、動的，實的行政，而不是過去靜的、呆的，虛的行政。大眾化、社會化，而不是冥想、孤寂、主觀的行政。乙、服務役於人，而不是役人與剝削的行政。丙、研究發展精實的行政，求實效驗實蹟的行政。二、反攻時期，對共匪所行偽制度組織之改變與處理的主要問題，應有約法三章的規制。三、對共匪破壞交通鐵路的對策，與對民眾的寬嚴的政策問題。

朝課後記事，手擬補稿對俄共戰略四種美國應採取二種之意見。入府會客後，主持軍事會談畢回。午課後批閱，為熊、虎[1]寫畢業文憑，並給文憑。晡聽報，晚在後公園為熊、虎開同樂會餞行回，晚課。午夜虎侄熱度忽高至一百〇四度為慮。

上星期反省錄

一、本周工作仍着重於和平共存稿之補充，或於全書內容與效用更能充實，要在使美國朝野對余反共戰爭思想之建議，更易了解與接受也。

二、星期三晚美國巡邏偵察機在溫州與舟山洋面，被共匪所擊落，又引起美國對匪之憤慨情緒。

三、財經漸入安定境域，美金黑市降低，亦足證明經濟之穩定，本周對於發展南洋與日本、香港貿易特別加以督導。

四、蘇彝士運河會議結束，果如余所預料者，廿二國之中仍有十八國贊成美國之提案，雖無具體結果而成為拖延之局，但成績並不算惡，尤以其未為俄共陰謀所中也。

---

1 熊、虎即宋伯熊、宋仲虎。

五、日本訪華團之結果尚佳，而日俄和約未能訂成，重光經由倫敦會議後直回日本，而未回莫斯科繼續交涉，是完全達到余所預期之目的，不能不說是東亞對俄鬥爭成敗之一重大關鍵也。

六、美共和黨總統候選人大會，愛克與尼克生皆一致推選，而史塔生反尼運動完全失敗，此於中、美合作尤其對我與共和黨間之合作更為重要，以史塔生自命其為國際派，始終妨礙我公私間之合作也。

本星期預定工作課目

1. 美宣傳費。
2. 美使館增加經費。
3. 研究院院務會議。
4. 董[1]訪赫爾利[2]。

八月二十六日　星期日　氣候：晴

雪恥：一、丘漢平[3]、崔書琴[4]之報告聽取。二、研究院對選訓用之教育方針如何實施。三、法律知識普及民眾，與每一法令必使民眾先行了解之方法。四、情報技術應設反間苦肉計，間接假降並使假降者，不知其本身為假降之

1　董即駐美大使董顯光。

2　赫爾利（Patrick J. Hurley），又譯哈雷、赫雷，美國外交官，曾任戰爭部部長、羅斯福總統私人代表、駐華大使。

3　丘漢平，字知行，原籍福建海澄，生於緬甸仰光。1947 年在上海執業律師，當選立法委員。之後隨政府遷臺，1951 年任東吳補習學校（東吳大學前身）校長。1954 年 8 月任東吳大學董事。

4　崔書琴，河北故城人。1952 年出任中國國民黨中央委員會設計考核委員會主任委員。1956 年赴美參加美國國際法學會五十周年年會，並赴歐洲各國考察。

工作的專組研究，又長期準備派遣特種任務之間諜訓練。五、前財政部長。
朝課後以虎侄寒熱仍高為慮，設法醫治。獨往後公園遊覽消遣回，記事。與熊侄到管理局禮拜回，重閱「勝利的生活」七篇。午課後記上周反省錄畢，批閱。晡帶熊侄約同武、勇二孫與經兒在前公園相會後，車遊山下一匝。晚膳後獨往後公園散步，讀唐詩，晚課。

八月二十七日　星期一　氣候：晴

雪恥：一、駐美使館經費和宣傳預算應速解決。二、澳、日來訪團各種問題之檢討與回訪之組織。三、文化運動經費之增加。四、沈琪〔錡〕報告分類檢討。五、外交與宣傳人才之儲備計畫。六、院務會議。七、葉[1]對泰、棉、韓訪問之檢討。八、美兩黨競選會情形與宣言，對我關係之研究與應用對策。九、日軍校紀事雜誌之借鑒。十、陸、海軍法令之修正，可參照空軍之先例（軍士制度與經費）。十一、日軍訪團談話之記錄呈報。十二、艦長人選應特加慎重。
朝課，記事，手擬講稿要旨。十時舉行實踐研究院黨政軍聯戰班第八期開學典禮，訓詞一小時後，對港、越、棉、韓華僑青年訓話照相。午課後手擬和平共存增補稿，與希聖談話。晡到後公園散步，晚觀影劇後，晚課。

八月二十八日　星期二　氣候：晴

雪恥：一、警務處長參加情報會談。二、有邦交地區之僑務，應有駐該區使領館負責主持，如何聯系手續應速擬定呈報。三、政府各機構業務對其職責，

1　葉即葉公超。

必須指定一個主管負責主持與聯系。四、對外有關各業務更應養成聯系，協調迅速通報之習性。五、鬥爭觀念與負責精神之重要。六、院務會議之定期。七、發董[1]經費。八、文化由中央主持。

朝課後記事，聽報。入府召見種玉麟、胡露奇，嘉獎其帆船橫渡太平洋之冒險精神也。[2]與公超談外交事，越南吳廷琰派艦佔領我南沙之南匯〔威〕島，在抗日勝利時，我國正式公布該島屬於我國之領土也，此時擬只用外交方式抗議而不與爭執，免為俄共所乘也。一般會談畢，批閱公文。午課後續閱勝利的生活七篇後，檢驗右胸骨骼疼痛之舊疾，並無大礙也。晡帶熊、虎[3]釣魚，讀詩，晚課。

八月二十九日　星期三　氣候：晴

雪恥：一、電臺在敵後設立之預備。二、令國防部顧問團合組南北二個軍團之演習，研討各建議與講評中之具體結論，製成總建議呈報為要。三、指定登陸部隊與地型圖及各特技專長專地作戰之計畫。四、速決速戰之日軍侵略方針之失敗原因。五、通信線路之調整與換修。

朝課後記事，上午主持中央常會，對香港統戰與各部分業部職權之負責與統一問題詳加指示，並設文化運動指導審核小組等案。午課後閱讀勝利的生活八篇後，審閱新增稿，晚觀影劇「黑紐〔妞〕」，晚課。

1　董即董顯光。

2　1955 年 4 月 4 日，周傳鈞、種玉麟、陳家琳、徐家政、胡露奇等五名中華民國船員以及美國駐華副領事麥克文（Calvin Mehlert），駕駛一艘仿古中式無動力木造帆船「自由中國號」，由基隆正濱漁港出發（曾短暫返航基隆維修，4 月 16 日再度出發），經一百一十四天航程，於 8 月 8 日抵達美國舊金山，完成橫渡太平洋的紀錄。

3　熊、虎即宋伯熊、宋仲虎。

八月三十日　星期四　氣候：晴

雪恥：一、對日軍速戰速決的思想完全粉碎而陷入泥淖。二、對匪破壞交通斷絕後方，以及圍點打援（節節斷線）以大吃小的土法，前後成敗不同的結果，應加闡述。三、水泥配給會與林木舞弊案限期判決，公正無袒為要。四、貨物走私無罪與外匯率有一比八十之差的內容何如。五、海、陸軍飛機管理與隸[1]問題。

朝課後，續修新增稿，十時到國防大學聽取第一軍團演習經過之報告與講評，頗有益也。午課後記事，續修增補新稿。晚宴劉師舜[2]、張純明等各外交人員與僑領後，晚課。

八月三十一日　星期五　氣候：晴

雪恥：一、西方的資本自由主義和東方民族（獨立）解放運動，為何不能協調聯系互助合作，來消滅共產主義的征服世界、奴役人類的惡魔侵略野心。二、共產集團利用東方民族解放運動，來反對舊殖民地主義，使之兩敗俱傷，而彼乃從容不迫的坐收漁利，其實俄共對舊殖民地主義與民族主義以及資本主義、自由主義，皆為其所必須消滅的對象，不過其計畫程序略有先後而已，如此共產主義，實為民族主義、資本主義、自由主義以及舊殖民地的帝國主義的公敵，應該可定一公同互利的計畫與程序來消滅他。

朝課後續修補稿，入府主持情報會談。午課、晚課皆在車上靜默祈禱，下午

1　原文如此。
2　劉師舜，字琴五，江西宜豐人。時任駐墨西哥大使。

記事，續修補稿。晡見宏濤[1]、昌煥[2]，到後公園散步。與妻車遊山下一匝，晚審閱補稿。

1 周宏濤，浙江奉化人。1952 年 10 月專任中國國民黨中央委員會副秘書長。1958 年 3 月，出任財政部政務次長。

2 沈昌煥，字揆一，祖籍江蘇吳縣，生於江蘇嘉定。1950 年 3 月任中國國民黨中央宣傳部副部長，7 月起任中國國民黨改造委員會委員。1953 年 12 月，出任外交部政務次長。

上月反省錄

一、西德禁止共黨活動，不承認其為合法政黨。

二、美政府禁止美藉〔籍〕記者應共匪之邀訪大陸。

三、廖〔寮〕國首領訪匪京，雖未簽訂任何協定，但其已與廖〔寮〕共妥協，必組聯合政府，此乃廖〔寮〕隨高棉之後終為共匪所控制也。

四、共匪侵入緬甸後，緬政府或將被逼提出聯合國控訴，此乃緬甸對共匪及印度分離之種因，如何加以運用。

五、越南吳廷琰突然宣稱南沙之南威島為其領土，而且派艦將我國旗拉下，以升其越南旗，繼之排斥我留越華僑各種之法令，殊令我難堪，可知此等無禮之小國，只有畏威而不懷恩也，可痛之至。

六、本月澳國與日本二訪華團前後來訪，似有相當效果，但澳國仍有左派參加其間，不能認為完滿也。

七、倫敦蘇彝士運河會議，廿二國中仍有十八國同意美國所提計畫與埃及交涉之根據，余認為其結果並不太惡，但料其交涉必無結果，成為拖延之局。一面英、法集中兵力，在地中海準備軍事解決，余以為此並非姿態也，但俄、印盡力為埃撐腰，而俄則惟恐埃及妥協，故積極慫恿其反抗也，形勢至此，非待大戰爆發決無解決可能也，當計日而望其結局矣。

八、廿二日夜，美巡邏偵察機在浙海面為共匪擊落人員十六人，完全死亡無存，美提抗議仍無結果，但匪之答覆語氣甚弱而不硬也。

九、俄於廿四與卅日二天，在西比利亞西部連續試爆空中氫彈，其威力甚大，其對美示威乎，對蘇彝士運河問題向英、美警告，不得向埃及挑釁乎，大戰種因其即在此乎。

十、美國二黨競選宣言，皆將反對共匪入聯合國案列為其宣傳大綱之內，殊為難得，但此不過為競選之宣傳資料而已，不能過於樂觀。

十一、派遣西藏情報組二組計畫已經決定，但空運路線尚待決定，方能實施耳。惟西藏反共形勢尚在繼續發展，共匪雖採取懷柔政策，決不能在短期內奏效也。

十二、此次對共之宣傳謀略最為有效，第一、美國不許其記者邀訪大陸。第二、使共匪八全大會對和平解放臺灣之宣傳預先戳破，無法施其技倆，是皆事先指導之效也。

十三、去年度財經結算，皆較預計者為佳，財政收支只超出五千萬臺幣，殊為難得，經濟物價皆甚穩定為慰。

十四、陸參學校正規班第八期與研究院聯戰班第八期，皆已如期開學，本月指導亦多也。

十五、「和平共存乎」增補第五編，新增三章甚為重要，惟又費心力不少也。

九月

蔣中正日記

Chiang Kai-shek Diaries

民國四十五年九月

本月大事預定表

1. 改革情報治安業務會談（卜少夫[1]事）。
2. 研究院務會議。

九月一日　星期六　氣候：晴　溫度：九十　地點：陽明山

雪恥：一、反攻時對匪軍與對人民宣傳口號及其要旨之研究：甲、問其家庭父兄受匪清算鬥爭情形如何，你還記得麼？乙、問其父兄親戚被匪關在苦役集中營的情形如何。丙、問其家破人亡，兄弟妻子離散的情形如何。丁、復仇雪恨殺匪報國的時候到了。戊、家仇私怨還不報復麼？己、你的國、你的家、你的父母姊妹在那裡呢？還都很好麼？

五時半起床，天尚未明，朝課後記事，八時前出發飛岡山，主持空軍官校第卅七期生畢業典禮，召見空軍顧問與各校長畢，聚餐，致詞完即飛回臺北。午課後續修補稿，晚觀影劇後晚課。

1　卜少夫，名寶源，筆名邵芙、龐舞陽等，江蘇江都人。1938 年到香港，1945 年創辦《新聞天地》，為 1945 年至 1949 年留下大量政治史料與社會史料。1949 年後長年定居香港，為中華民國英屬香港選區僑選立法委員。

本星期預定工作課目

1. 對澳宣傳工作應派員積極進行。
2. 對緬聯系工作應即加強。
3. 諜員長期潛伏組織與偽裝言行工作。
4. 匪嫌可疑分子應以迅速肅清為主。
5. 蘇彝士運河問題發展情形之注重。
6. 西藏反共形勢與派遣聯絡工作計畫。
7. 共匪八大會之宣傳與防制。
8. 對港組織與商務擴大方案。
9. 對日訪華團協議方案之實施。
10. 戶口普查之實施。
11. 軍公教人員之加薪問題。
12. 人事凍結之解除案。
13. 林管處舞弊案。
14. 總動員會報方式。
15. 陸戰師演習。
16. 公館機場建築之督促。

九月二日　星期日　氣候：乍風　乍雨

雪恥：一、自由世界反共戰爭必須取重點主義，有基本政策，不分地區、不論種族與宗教階級，而以共產主義與世界革命為其共同惟一的公敵。

朝課後續修和平共存增補之新稿，禮拜如常。午課後記事，續修新稿。晡見谷鳳翔司法行政部長，對張承櫆[1]事面報其詳。晚仍修稿，廿一時膳後讀唐詩消

1　張承櫆，字蓬生，湖北枝江人。第一屆國民大會代表，1949 年 5 月至 1956 年 9 月任監察院審計部審計長。

遣。本日殊覺用心修文太久，略感腦痛。晚課後初睡時，以仲虎侄明日回美，今夜欲與我大妻同眠，約半小時後不能熟睡，乃仍分房自眠，又服安眠藥矣。

九月三日　星期一　氣候：大風雨　午後微雨

雪恥：一、研究院研究課目：甲、農業合作化制與對策。乙、公私合營制與對策。丙、社會鄉村里衖制組織與對策。丁、各級教育與思想統制與對策。戊、集中營奴工制與對策。己、共匪破壞交通，控制人民方法之對策：子、寬。丑、嚴。寅、遷移。卯、集中。辰、誘騙，獎懲。巳、糧食管制。午、現金集中。未、銀行與交易制度與對策。

本日為軍人節，即日軍正式投降紀念日，故定為秋（季）祭日，因昨夜與今晨颱風暴雨大作，交通斷絕，故未能親往忠烈祠祭告，終日在後草廬續修補稿。朝課、午課如常，晡與妻車巡市區，風災不大為慰。晚課前讀詩，廿二時後寢。

九月四日　星期二　氣候：晴

雪恥：一、共產集團志願軍參戰，即認為是其國家正式參戰。二、俄共果不肯放過中東大戰開始機會乎。

朝課後記事，十時主持研究院院務委員會，討論第八期教育方針，提示共匪制度九項要目之研究對策。午課後續修補稿至俄共進展為其對方錯誤一章，甚費心力，十八時半以腦痛方休，乃與妻車遊山下視察風災回，仍修補稿。晚課，廿二時後寢。

九月五日　星期三　氣候：陰晴

雪恥：一、剿共挫失基本原因，為對日抵抗侵略前後十四年間之久，在此長期應戰之間，而俄共指使其在華第五縱隊共匪在我內部不斷叛亂，始終與日本侵略內外呼應，先在我民眾中乘機煽動、滲透組織、顛倒是非、混淆黑白，最後卒使我一般社會利害莫辯〔辨〕、是非不分，所有國家觀念與民族意識，以及我立國的傳統文化—禮義廉恥、孝悌忠信的道德基礎，為之全部動搖，於是俄共對我處心積慮長期滲透，斲喪我民族精神，毀損我傳統文化，此其三十年侵華陰謀之所以得逞，而我剿共戰爭所以挫折之基本原因也。本日朝、午、晚各課如常，兩內侄熊、虎[1]回美。上午主持中央常會，下午續修補稿。晡散步後入浴，與妻車遊山下一匝。晚閱報讀詩，廿二時寢。

九月六日　星期四　氣候：晴　傷風

雪恥：今晨六時起床，朝霞鮮豔燦爛，又起我少年在家黎明前，走讀途中之情緒，不勝思鄉之切矣。

朝課後記事，入府主持月會，監誓劉師舜等各大使宣誓典禮後，召見各大使畢，又見何世禮、馬繼援[2]等，並指示臺省普查人口時嚴防共匪倒亂，應加準備。午課後續修補稿。晡與妻車遊北投、士林，風災損害漸次恢復常態。晚宴美議會牧師哈立士[3]夫婦畢，晚課。

1　熊、虎即宋伯熊、宋仲虎。

2　馬繼援，字少香，經名努日，原籍甘肅河州，生於青海湟中。馬步芳之子。曾任第八十二軍副軍長、軍長、青海省政府委員。時任國民大會代表。

3　哈立士（Fredrick Brown Harris），又譯哈瑞斯，美國參議院牧師。

九月七日　星期五　氣候：風雨

雪恥：一、人事凍結法令之修正。二、動員會報方式之研究。三、事權責任專一的有礙之法令組織，指定專人之研究。

朝課後續修補稿，入府會客後，主持財經會談，對於稅收稽征利弊得失其改正要點加以指示，鴻鈞對於辭修言詞似有誤會，而對於我在紀念周訓勉行政主官改正「麻木不仁」之舊習，或亦有所介意，此乃無怪其然也，余正欲使之刺激而奮進耳。無〔午〕課後記事，續修補稿。晡冒雨巡視山下，晚續修補稿後晚課。

九月八日　星期六　氣候：陰

雪恥：一、對日訪問團所提建議之研究小組。二、對美及各國出口商品發展之研究政策與計畫組之積極進行。

朝課後續修和平共存補稿。入府召見梁永章[1]等，及世界書局楊家駱[2]等畢，主持軍事會談，聽取上年度軍費數目與國家整個稅收之比額不及百分之五十，但美國援款不在其內也，批閱。午課後續修補稿，至俄國對東方民族之利用一節，晚散步，晚課。

1　梁永章，號少卿，山東東平人。時任中國國民黨中央委員會第五組副主任、控訴共匪奴工營暴行案中國總工會代表。

2　楊家駱，江蘇南京人。《中華大辭典》編者，《四庫大辭典》編者，世界書局總編輯、總經理。

上星期反省錄

一、財經會談鴻鈞表示其憤慨不滿之態度，實為從來所未有者，應加注意。惟其德行嘉，尚可信其並無他意，但動員會報之方式與指示，應切實研究改善。

二、颱風「黛納」星一來襲我臺灣北部與中部，損失約一億餘元以上，惟武器飛機等並未損失為幸，而阿里山交通全毀，殊出意外也。

三、本周工作全力修正「和平共存」第五編之補稿，其重點以東方民族之歧途與西方集團戰爭思想闡述之兩篇，為費力最大也，惟能如期訂正為快。

四、倫敦會議之蘇彝士運河五國委員會在埃及與納撒交涉約一星期，最後卒告失敗，此一局勢完全被俄共所操縱利用，無論如何變化，非至大戰開始決無解決之望，余將如何準備耶。

本星期預定工作課目

1. 張承槱案[1]催報。
2. 評議會談。
3. 日訪問團協議案之具體方案。
4. 總動員會報方式之研究。
5. 每個方案必須有具體數字與限定年月日及如何程序之詳報。
6. 林產案之速辦。
7. 香港建議之具體計畫。
8. 對共匪八全大會之研究。
9. 陸海軍所有飛機之管制職責。

1　臺灣省保安司令部 1956 年 8 月 6 日所提張承槱叛亂案，後以罪證不足，不付軍法審判。

10. 人事凍結案與任免考核權之改正。

九月九日　星期日　氣候：晴

雪恥：一、志壹則動氣，氣壹則動志之壹字，皆有助長執一，對於志與氣不能持平均衡之病，故「持志」是勿忘，「養氣」是勿助，而非「壹志」與「壹氣」也，如「壹志」則必動氣，暴氣即不能「持志」，亦不能「養氣」矣。往日認「以志帥氣」句，為志壹而能帥氣，則完全錯誤，此為四十年來讀書初悟之經歷，可知讀書必須用力之久，而後乃能有得也。
朝課後續修補稿，至東方民族主義徬徨岐路與俄共心目中的西方集團的戰爭思想及其對策各節，甚費心力，至傍晚尚未完成。晡與妻車遊山下，晚補修後晚課，午課，記事如常。

九月十日　星期一　氣候：晴

雪恥：一、權責分明之目的，對於各種現有法令之研究。二、外交人員（中（上）級）應以記者中考拔為標準。三、對外、對內各種行政業務，養成聯系、協調、通報、主動之習性。四、對敵鬥爭觀念與對事負責精神之養成。五、中央負責發展各國貿易，各省負責增加出口商品之業務加強。六、黨政機構業務重複衝突各問題之調整組織，每項業務必須指定一個機構負其專責。
朝、午、晚各課、記事皆如常，上午重修和平共存補稿第五編完成，午後加以審核。十七時約希聖來談編印要領。正午與晚膳後往後公園散步各一次。

九月十一日　星期二　氣候：晴

雪恥：一、俄國戰爭思想的基礎，改為俄國軍事教育的綱要或要則。二、阻止中國參加韓戰，實為俄共保護其禁臠大陸目的之完成，亦為史大林對韓戰冒險投機之最大成功。三、世界大戰後，史大林指使國際共黨發動各國大量裁軍與復員的工作，今後必將重演。四、韓戰之所以發生，就是史大林命令中共發動大規模的內戰，而未引起美國反應之史實所致。五、人海戰術如與空軍及重武器配合，則不是韓戰中火力制勝之教訓可以為例。

朝課後，審核第五編西方國家實際採用與可能採用政策之檢討一節完，心神鬆快如釋重負。入府會客，主持宣傳會談。午課後記事，記上周反省錄。晡見錢穆[1]先生後，散步。晚觀影劇畢，膳後觀月吟詩，晚課。

九月十二日　星期三　氣候：晴　晡雨

雪恥：一、俄於本月二日及十日在阿拉莫圖附近又連續試放空中氫彈二次，此乃俄對美威脅，使其中東運河問題不敢決裂開戰之作用甚明，由此俄對奪取中東，慫恿埃及對西方挑釁，而決不放棄此一良機，如美大選以後仍主屈服忍受，則中東問題以後更多，而俄必更放肆無忌隨意侵略矣。此果美能容忍到底乎，故世界大戰必由中東掀起，至遲或不能超越半年乎。

朝課，記事，上午主持常會，午課後批閱公文，修改答記者問稿，與希聖談修稿要點，對俄共反戰運動與美國氫彈主義之錯誤特加強調。晡冒雨散步至後公園。晚獨膳，閱報，觀月，晚課。

1　錢穆，字賓四，江蘇無錫人。1950 年，在香港創辦「新亞書院」，出任校長。1951 年，為籌辦新亞書院臺灣分校滯留臺灣數月。1952 年 4 月，應邀為「聯合國同志會」，在淡江文理學院驚聲堂講演。1955 年在香港成立新亞研究所。

九月十三日　星期四　氣候：晴

雪恥：一、政治戰術即冷戰之說明。二、西方集團與民主集團用法之研究。三、解放政策美國三年來亦有表現，但其仍歸失敗，必須內外軍政之多元並進方能生效，否則如過去單一方式，不僅其計已窮，而且喪失人心與信心，必將日漸消沉，徒供俄共控制與宰割之資料而已。四、等待（觀望）共產內部之變亂的心理，無異等待毛匪[1]成為狄托之幻想，必須以促進共產之內變，只有在外反攻也。

朝課後記事，省察國際形勢。入府見紐約時報記者談話，對青年夏季服務團與由匪區逃來之僑生（十餘人）點名訓話後，見韓朝宗，批閱公文。午課後閱報，剪報。晡經兒來報趙志垚[2]之子匪諜案。散步，車遊，讀詩，晚課。

九月十四日　星期五　氣候：晴

雪恥：一、余之所謂間接戰爭，並非以冷戰替代熱戰之意，乃將其軍事戰爭之目標地區（戰場）與戰爭名稱改變或隱蔽，而予目的敵以間接的打擊，其效果與直接打擊相等，或比直接打擊能收更大效果也，亦即圍〔魏〕救趙之法或聲東擊西之意也。

1　毛匪即毛澤東。

2　趙志垚，原名淳如，字玉麟，號志垚，浙江青田人。歷任國防部預算局局長、臺灣銀行常務董事、菲律賓交通銀行副董事長等職務。

朝課後記事，入府召見杭立武[1]、陳質平[2]、李琴[3]等，每見我國外交官，惟有暗自歎息而已。主持情報會談，終覺進步甚少也。正午評議委員會餐，甚歎本黨人才之缺乏，不能適應世界予我以反共復國之大好時機為苦也。午課後記上月反省錄未完，晚閱報後，晚課前散步。

九月十五日　星期六　氣候：晴　晚雨風

雪恥：一、民主集團反共戰爭，應以解放東方被奴役八億人民為第一宗旨，此一任務今日在自由世界中，惟有美國可以承擔，亦惟美國的立國精神（自由、平等、博愛）及其歷史（使命）信譽，有此魄力與德性（傳統），必能完成此一偉大使命，此亦為今日自由人類之最大信心也（道義的力量與物質的力量）。

朝課後記事，手擬對匪軍喊話口號稿約十句未完。入府會客後，主持軍事會談，聽取留守業務及其組織報告，再研討人事授權案，大體可用。午課後記上月反省錄完，與妻車遊山下一匝。晚約白倫特[4]夫婦便餐後晚課，讀詩。本晚十二時起，全臺戶口普查開始，適逢風雨交作。

1　杭立武，安徽滁縣人。曾任中英文化協會總幹事、教育部常務及政務次長、部長，國立中央博物圖書院館聯合管理處主任委員等職。時任國民大會代表，9 月，出任駐泰國大使。

2　陳質平，廣東文昌人。1946 年 7 月出任駐菲律賓公使。1949 年 8 月升任駐菲律賓全權大使。1954 年 10 月返臺後任外交部顧問。1956 年 9 月出任駐伊拉克大使。

3　李琴，字韻如，廣西桂林人。1953 年任外交部亞東司司長。1956 年起出使中美洲，歷任駐瓜地馬拉公使、駐哥倫比亞公使（公使館升格為大使館後任大使）、駐多明尼加大使。

4　卜蘭德（Joseph L. Brent），又譯白倫特、勃蘭特、白蘭達，美國外交官，曾任空軍部部長特別助理、經濟合作總署泰國分署副署長、駐華分署副署長，時任駐華分署署長。

上星期反省錄

一、俄在阿拉莫杜巴爾克什湖附近，本月二日與十日連續試炸空中氫彈二次，正式發表聲明以後，乃於十四日覆愛克裁軍函件，拒絕空中偵察之主張，認為其主張與裁軍並無關係理由，此不僅駁斥愛克，而且顯為示威警告愛克非屈服即戰爭矣，未知愛克果有所激刺否。

二、埃及對孟席斯[1]五國運河委員會之倫敦決議案，最後卒告破裂，此亦與俄酋拒絕愛克裁軍建議有密切關係也。

三、臺省戶口普查已如期舉行完成。

四、本周對共匪八全大會準備採取事先攻勢，故對記者發表問答特多，認為已收相當效果。

五、「和平共存乎」雖已脫稿，但仍繼續用心研究，以期減少弱點也。

九月十六日　星期日　氣候：風雨

雪恥：一、匪黨所謂八全大會在北平開會，強調其俄與匪不可分性為其第一政策，此或為我在十四日答紐約時報，認為共匪偽裝其不受俄共控制，而強調其單獨建立亞洲共產國家之獨立性一點，來迷惑自由世界與美國，認為其真有脫離俄共可能的反應所致，果爾，則余宣傳作用已收效果，使之明白表示匪與俄一體，不能狄托化之暴露於世也。

朝課後記事，研閱黃遐齡〔震遐〕[2]所著韓戰後美國之圍堵政策一篇，甚有價值也，禮拜如常。午課後閱哈佛教授哈里盧田著國際主義之沒落一篇，此其

1　孟席斯（Robert G. Menzies），澳洲政治家和律師，1939 年 4 月至 1941 年 8 月和 1949 年 12 月至 1966 年 1 月兩度擔任總理，為澳洲史上任職時間最長的總理。

2　黃震遐，筆名東方赫，廣東南海人。曾任上海《大晚報》記者、《新疆日報》社社長。1949 年往香港，先後任《香港時報》主筆，《中國評論》社副社長。著有《隴海線上》、《黃人之血》和《大上海的毀滅》等。

用意完全為俄共間接作宣傳也。晚觀美製影劇「新聲幻影」。「動而不言」之謂也。閱報，晚課。

颱風「芙瑞達」今晚由宜蘭直穿新竹出海，損失甚微。

九月十七日　星期一　氣候：雨

雪恥：一、共匪宣傳其農業合作化與商業公私合營的一年間之成功，已建立其共產主義之基礎一點，不能不特別研究與設計對策。如果此一暴力奴役政策之完全成功，則將來復國後重建社會與經濟工作之艱鉅，較前培〔倍〕增矣。但此於我反攻復國時對於人心之號召，以及大陸反共革命運動，以人民生活困窮，更進入飢餓死亡境域，自將更易激發也。如我對策適宜，則反共復國計畫乃必成功更速乎。以人民私有的財產六年來已被其洗括淨盡，故對於此一政策之實施，在社會與經濟來說，前後並無多大差別也。

朝課，記事，主持研究院紀念周後記反省錄。午課後約見雷卜門[1]律師等畢，車遊山下視察風災情形。晚閱齊如山[2]自傳，其記拳匪亂時在北京實情，甚為有益，晚課。

本日體重一百二十七磅。

1　雷卜門（Harold Riegelman），又譯李戈曼，美國律師、公職人員。1953 年，出任紐約市代理郵政局局長，同年作為共和黨市長候選人落選。後來擔任美國駐聯合國代表團成員，中華民國駐美大使館法律顧問。

2　齊如山，中國劇作家、戲劇理論家、歷史學家，將京劇稱為「國劇」。1949 年到臺灣，出任教育部中國歌劇改良研究委員會主任委員，發掘青年演員徐露，促成空軍大鵬劇隊學生班的成立。

九月十八日　星期二　氣候：陰

雪恥：一、俄帝對英、美不能挑起其民主國家自相戰爭，則其另換方向挑起舊殖民地之國家與帝國主義之戰爭，此乃赫魯雪夫與史大林方法不同，而其目的則一也。二、共匪八全大會志得意滿極矣，牠自認為其對內革命與社會主義建立成功，而今後則要實行世界革命，承奉俄主之命，建設其共產主義世界，故乃與美、英為敵，而其對國民黨今日不屑為敵矣，此乃共匪根本問題所在，亦即為其先天所注定之制〔致〕命傷也。

朝課後記事，修正前稿，入府會客，見劉攻芸[1]、蔣恩鎧[2]、李良榮[3]等，主持一般會談後，批閱。午課後修正「和平共存乎」第一章第三節末段文字。晡獨往後公園散步回，入浴。膳後與妻車遊山下一匝，讀詩，晚課。

九月十九日　星期三　氣候：晴

雪恥：一、監工的工頭和政府機關人員指揮者，專為袖手旁觀、頤指氣使，毫不肯動手示範，且其本人對所領導之工事並無常識訓練，亦無組織指使能力，成為一個只知領薪與挨時計日的飯桶，應如何改革。二、臺藉〔籍〕旅館管理員應集中訓練與考核，規定其資格。三、電話交換臺之腐敗工作及污穢程度，與進路口及機器，應每月不斷輪流巡查考核。

本日為中和〔秋〕節。朝課後記事，整書，十時後與妻及經兒出發，經「新竹」、「大潭」至苑裡電話臺午膳，腐敗污穢極矣。膳後轉彰化八卦山旅館

1　劉攻芸，原名馴業，別名泗英，福建閩侯人。1949 年 1 月，暫代中央銀行總裁，3 月任財政部部長。共軍渡江前夕，經廣州赴臺灣轉香港。1950 年春，擔任新加坡華僑銀行顧問、華僑保險公司董事經理。

2　蔣恩鎧，字用莊，江蘇太倉人。1955 年 12 月，任越南公使館參事，代辦使事。1957 年 4 月，代理駐塔那那利佛總領事。

3　李良榮，號良安，福建同安人。時任行政院設計委員會委員。1957 年 5 月當選臺灣省第三屆臨時省議會省議員，後辭職離臺僑居馬來西亞。

休息視察，以日月潭道路被水沖毀，故待至十六時半，方動程經臺中、草屯後，雙凍〔冬〕涵洞前後沖斷三處，經過數次周折，直至傍晚乃乘吉普車來潭，已二十時矣，入浴。妻子共膳度節，出外觀月後，晚課。

九月二十日　星期四　氣候：晡　未刻雷雨

雪恥：昨在途中所見多為苦悶鬱結之事，在怒責工頭與路局人員，實見其太無管理與指揮組織之教育，官吏與人民蒙昧無能如此，不知如何生存於今日鬥爭時代，更不必談成功矣。故一路與妻乘車暢談及興賞，風景幽麗，氣候宜人為懷，但一見及人事工作，又不能不歎，奈何矣。

昨夜睡眠甚佳，五時前醒後見月色皎潔，乃即起床漱洗後，與經兒步往碼頭乘舟遊湖，沿途觀月，甚恐其早沉也。乘舟以後舟伕方來，幸月色圓明未減，約在湖中半小時，到光華島上，月光山影與湖色並入心目，父子並坐懷鄉，樂中仍難忘憂也，兒屬將來必須一遊新疆瑤池，此亦余平生之願望耳。月沉後乃令舟子轉舵向東遊，望東方初白，旭日未昇，而紫霞如彩，倒影水心，晨星落潭，鳥聲四起，天乃破曉矣。七時舍舟登岸回館，朝課如常。

九月二十一日　星期五　氣候：陰　夜雨

雪恥：昨朝遊湖觀月後回館，朝課後膳畢，經兒辭別，余正將所餘水菓紫葡萄、生白梨與熟桃各一個，托其帶交孫兒等作「色花」，此為鄉間俗語也。

上午記事，閱報消遣。午課後覆核和平共存稿第四次排印本，即增補第五編新稿，始由臺北寄來也。晡與妻遊湖約一小時餘，靜待月出將回時，月乃東昇，復命舟子回掉對月行駛，當其月光初昇，月光澄澈圓潔，其明無比，乃悟「月到中秋分外明」之句，非在此月漸在山頭東昇之初不能得見此種真景也。回館膳後再遊湖，以靈幕隱現，嫦娥時帶羞態，乃舍舟登車，未至埔里，途中折回。晚課後再出，觀月後寢。

本（廿一）日五時廿分起床，與妻遊湖觀月，七時前回旅館，朝、午、晚各課如常，上、下午皆核修和平共存第四次稿未完，記事。晚觀影劇「外人部隊[1]」頗佳，膳後散步。

九月二十二日　星期六　氣候：雨　夜颱風

雪恥：舊歷八月十六與十七二晨，實為中秋最明最圓之月景，前一日晨與經兒遊湖，後一日晨與愛妻遊湖，皆是賞月最好之時光。人知中秋之夜賞月為樂，而不知中秋翌晨之賞月為更樂更美也。此實一生難得之境遇，故時誦「此生此夜不常好，明月明年何處看」以及「星辰冷落碧潭水」與「數點漁燈依古岸，斷橋垂露滴梧桐」等句，不禁欣悲係之，乃口占一聯稱「天地山河靜，身心日月明」，聊誌余有賢母、良妻、孝子、順孫之一生幸福也。

朝、午、晚課如常，上、下午皆在館中核修第四次稿，頗覺自得，對於第一章緒言之第一、二節重新改換後更為稱意，記事，散步亦如常，故時間雖促而心身閒暇不迫。晚仍修稿，廿三時前寢。

上星期反省錄

一、倫敦十八國第二次運河會議，雖通過其運河使用國提案，但並非全體同意，其次一步驟為提交聯合國安理會控訴，辯論自無結果，此皆在美國大選以前拖延之各種手續而已，無關宏旨。

1　《外人部隊》（*Flesh and the Woman*），1954 年法國與義大利合製的彩色電影，由羅伯特．帕里什（Robert Parrish）執導。

二、共匪八全大會志得意滿的在北平開始，對於其成就之喧染宣傳，自在意中，此其對於共產國際影響力甚大，而美、英尚不知如何設法抵消也。

三、本年在日月潭中秋賞月，可說平生最難得之境遇也。

四、續修和平共存稿最後更覺重要也。

本星期預定工作課目

1. 對幹部教育：甲、警覺。乙、澈底根究。丙、迅速即時解決。丁、積極負責。戊、信賞必罰。
2. 撥亂反治，轉危為安。
3. 對匪會米高陽講稿之研究。
4. 共匪亞非民族革命與南美國家獨立之口號。
5. 美國如不採取主動爭取其後方，則坐待俄共摧毀其後方，以求鞏固與建設其基地之成功。
6. 中共大陸政權如不摧毀，則各國共黨之效尤與發展無法遏制，而只有加以鼓勵。
7. 製造亞非南美之反美革命。
8. 匪非向外擴張不能安定其大陸，反之如我反攻大陸，即所以阻止其向外侵略。

九月二十三日　星期日　氣候：雨

雪恥：一、俄共侵佔大陸後，對於我國打擊直接影響，固為空前的浩劫，而對於各國共黨信仰、俄帝共產勢力之梟張乃不可向邇，以及亞洲非共國家依護共產離棄西方，其對西方集團尤其美國在亞洲之信譽與威望之打擊，可說一落千丈，從此俄帝世界革命之計畫不可遏制，而對世界、對美俄在世界消長之影響，成為劃時代之紀錄，此一間接影響之大，實決定人類禍福與世界安危惟一之關鍵，今後如何挽救此世界危局與人類前途，當為吾人共同之責任也。

朝課後續核前稿完，記事。午課後閱報，與妻車遊埔里後，回入浴。晚觀美製（飛彈火箭）「另一星球世界之理想」頗佳，觀畢，約希聖及侍從人員聚餐後，談稿案，晚課。

九月二十四日　星期一　氣候：晴

雪恥：一、古語「天地合德，日月合明」之義，今始了悟其日與月各有任務，而在其互相配合，不致重複與衝突，然後方能合明。即每月陰歷之望日（十五、十六兩日），日在東昇時，月乃西沉，即月在東昇時，日乃西沉，故其月在通夜光照，晝日夜月各得其明也。如在陰歷初一或月杪之晦、朔二日，則日月位置雖合在一處，而月光反為日光所蔽，則此種聚合乃是重複，而失合作互助之義，故反不明矣。

朝課後記事，膳與希聖談修稿要旨。十時半由日月潭出發，經霧峰視察故宮博物新築陳列館址工程，再到竹子〔仔〕坑視察新兵第六團後，上機飛臺北回陽明山，午課。入浴後酣睡一小時餘。晚約史敦普[1]夫婦便餐，相敘甚快，晚課。

1　史敦普（Felix B. Stump），美國海軍將領，曾任美國大西洋艦隊航空司令，1953 年 7 月至 1958 年 7 月任太平洋司令部司令。

九月二十五日　星期二　氣候：雨

雪恥：一、作戰指揮官最應具備之條件：甲、合理的判斷力。乙、下定決心。丙、澈底執行，貫澈到底。丁、負責盡職，不成功便成仁，以光榮戰死養成軍人最高之人格，如此乃可成為健全指揮官矣。二、政論周刊陸劍剛[1]及黃震遐約見。三、和平膏藥即懶慢自遣等句，應改正。四、蹉跎稽遲，冷眼靜觀。五、蘇俄集團必將自起變化坐待其內訌之駁斥。

朝課後續修前稿，十時入府召見調職二員後，主持宣傳會談畢，批閱公文，召見孟緝。午課後續修前稿完，記事後入浴。晚約史敦普夫婦聚餐，談笑自若，討論東南亞泰、寮、緬等地情勢，彼似亦無良法也。聞泰王[2]下星期出家為僧，由其王后[3]代政為駭，後知其泰習為僧討飯二星期，表示其信佛之意後，仍可復位也。在此俄共之傍而尚有此種國家，焉能不危也。晚課。

九月二十六日　星期三　氣候：晴

雪恥：一、蘇俄和平共存與征服世界之表裡一致。二、政濟[4]文化之滲透方法，對其政府公開之有形工作為表，而對其社會民眾之組織宣傳為裡，故其表面（上層）與地下秘密並用，而地下秘密工作之功用，必比上層公開之收效更大，故西方國家如與蘇俄在各地以經濟援助與文化交流方法互相競爭，則必事倍功半，決無致勝可能，尤其是西文有效的工作，彼必間接的、秘密的設法阻礙或破壞與反對，可使你無法如計實施。

1　陸劍剛，字景塘，江蘇南通人。歷任三一聯誼社就業輔導學術委員、國防部臺灣軍人監獄政治室主任、聯勤總司令部第一補給分區政治處主任。

2　蒲美蓬（Bhumibol Adulyadej），泰國扎克里王朝第九代國王，亦稱拉瑪九世（Rama IX）。1946 年 6 月 9 日即位。

3　詩麗吉（Sirikit），泰國貴族。泰王蒲美蓬之王后，1956 年被任命為攝政王。

4　原文如此。

朝課後記事，主持中央總動員會報後，指示約四十分時，未知能收效否。午課後，審核和平共存稿，新增第五編之第二章與第四章將畢未完時，右眼角視線又散搖（而非閃光）不息，幾乎迷霧不清，不能看書，總算勉強審核完成。晚仍與史敦普夫婦聚餐，妻則陪客應酬，疲乏不支矣。晚課。

九月二十七日　星期四　氣候：晴

雪恥：一、對中立主義者之美援，無異援助其受援國之共黨，即在反共國家而其共黨有合法地位者，亦為共黨所利用，而且資以反美之用，此在耗費美援物質所損失者尚少，而其對於反共集團精神上所受影響，比受共產主義直接侵略之打擊為更大，應知此等中立國家惟藉中立以勒索美援，如果一旦美援斷絕，則其敢否倒向俄共，不僅無此敢膽，而且其必自動向美之不遑矣。

朝課後記事，入府先見緬甸反共領袖民主黨主席後，見藍欽、包文[1]等，復見韓國青年訪華團與菲僑領袖畢，與希聖討論審稿修正各點。午課後以休養目力，遊覽公園及研究院。晚宴史敦普後晚課。

九月二十八日　星期五　氣候：陰晴

雪恥：一、自由世界的戰略方針：甲、消除自由世界以及非共世界間的內戰因素。乙、專以鐵幕為進軍的目標。二、狄托昨與赫酋[2]同機飛俄，此乃俄共內部一件（自史魔[3]死後）重大事件，初步觀察約有數點：甲、狄托與俄共

1　包文（Frank S. Bowen Jr.），又譯鮑文、包恩、鮑恩，美國陸軍將領，1956 年 9 月至 1958 年 7 月任美軍顧問團團長。

2　赫酋即赫魯雪夫（Nikita Khrushchev）。

3　史魔即史達林（Joseph Stalin）。

聯結已成為不可分的程度。乙、俄共對內必非有借重狄托不可決定之內情存在。丙、狄托被俄制命之期必不在遠。丁、美、英對狄托幻想從此再無存留可能乎。

朝課後往史敦普寓送行聚餐，與其直言美國敵我不分，對忠實盟邦延宕指摘，而對印度與狄托贈送惟恐不速之實情，殊令（受援之）東方國家不僅短氣，而且發生惡劣反感之意，記事。入府主持孔子誕辰典禮畢，見李濟之先生。正午宴賢老與教授等百餘人，表示尊師之意。

九月二十九日　星期六　氣候：陰晴

雪恥：昨午課後閱報，與妻車遊基隆，以養目力，避免看書也。晚閱報，晚課。

本（廿九）日朝課後記事，入府會客，主持軍事會談。今年風災全部損失約計四千餘萬元。聽取對共匪八全會結果之報告，初步感想：一、中央常委名單中周匪名列第六，殊出意外，此為匪黨內訌顯著之跡象。二、彭德懷[1]之名列在徐向前[2]、劉伯誠〔承〕[3]、陳毅之後，此乃其匪軍內矛盾之跡象。三、毛匪[4]地位與權威減弱。四、匪黨章內增列臨時主席一條。五、青年團人數增多，為其後備力量，大可注意也。午課後續核和平共存總稿，晡車遊山下一匝。晚與希聖談修稿各點後，讀唐詩，晚課。

1　彭德懷，號石穿，湖南湘潭人。1950 年，任中國人民志願軍司令員兼政治委員，領導抗美援朝。1954 年，任國務院副總理兼第一任國防部部長、中共中央軍事委員會副主席。

2　徐向前，原名象謙，字子敬，山西五臺人。1927 年 3 月加入中國共產黨。1949 年 10 月，任中國人民解放軍總參謀長。1954 年起，任中央人民政府人民革命軍事委員會副主席，中華人民共和國國防委員會副主席。

3　劉伯承，名明昭，字伯承，以字行，四川開縣人。1949 年 10 月後，歷任中共中央西南局第二書記，西南軍政委員會主席，中國人民解放軍軍事學院院長兼政委等職。

4　毛匪即毛澤東。

上星期反省錄

一、本周續修和平共存稿，更費心力，而其性質與資料亦更為重要。

二、史敦普夫婦來臺三日，每晚聚餐閒談，余並未提及其美援或有何要求，只在臨別時表示，美國政策對中立者援助惟恐不速，而對忠實盟邦反疑慮延宕之行動表示不滿而已，但其本人實為我國忠誠之良友也。

三、共匪八會廿七日閉會，應加詳細研究。

四、英首相[1]與外長[2]訪法，可知英、法對埃及問題尚有歧見，但其訪問結果，據其發表文字而言，甚為一致，余認為此次對埃決心，法之堅定甚於英也。

本星期預定工作課目

1. 美國坐待俄共內訌及其自起變化之幻想，應加駁斥，此正與俄共所謂人類進步世界到來之理想相反，而適相成，正合俄共和平共存日期必來之理想也。
2. 共匪建立其獨立工業體系，乃與俄共新殖民地主義之政策衝突，故周匪解說其仍在俄共體系之下加以補充。
3. 拖移等待無異靜觀共俄成長發展，姑息忍讓實為助長國際共黨聲勢，而貶損美國領導自由世界之威望。
4. 俄共征服即解放、和平即戰爭之意義，應加闡明。製造矛盾，製造紛爭，以加強其侵略擴張，即確保其大陸安定與建設計畫之完成。

1　英首相即艾登（Robert A. Eden）。
2　外長即勞埃（Selwyn Lloyd）。

九月三十日　星期日　氣候：晴

雪恥：一、法國對德國薩爾歸德問題，完全讓步解決，此乃西歐反共形勢之重大進步，是亦俄共對蘇彝士運河所逼迫而成也。二、對匪黨中央委員履歷出身之詳查。

朝課後續核前稿畢，記事。十二時孔姨[1]自美來臺，與妻迎於機場，其體態康健如昔並無老態也。午課，核稿完成，晡獨自散步於後公園，儀甥[2]來陪同往蒔林視察。晚讀唐詩，晚課。夏令時間至午夜為止，乃撥遲「時計錶」一小時。

一、英國召集蘇彝士運河「使用國」第二次十八國會議，巴基斯坦拒絕正式參加，而且其總理[3]宣布將於下月訪問北平消息，是其漸轉向中立之趨勢更明也。

1　孔姨即宋靄齡，宋美齡長姐，孔祥熙夫人，1947 年移居美國。

2　孔令儀，孔祥熙與宋靄齡長女，曾寄居蔣中正官邸，時寓居美國。

3　蘇拉華第（Huseyn Shaheed Suhrawardy），巴基斯坦第五任總理，任期為 1956 年 9 月 12 日至 1957 年 10 月 17 日。

上月反省錄

一、本年中秋賞月在日月潭，父子於十六晨初未明時乘舟遊湖之興趣，實為平生之第一樂事，足資紀念。

二、增補和平共存第四、五編中之新稿，甚為重要。

三、臺省戶口調查如期完成。

四、本月初與中旬兩次颱風，損害頗大。

五、共匪八全大會之宣傳，以及蘇俄與各國共黨參加發言助長其聲勢，但其對我之和平攻勢已為我預防，未能得逞也。

六、共匪自認為其對內革命已經完成，今後將對外擔負其世界革命應有之責任，乃不能不向外侵略之途邁進，可笑亦可恥也。

七、俄帝對民主集團內部不能挑起戰爭，乃不能不向舊殖民地挑起其對英、美之戰爭。

八、蘇彝士運河糾紛正盛之際，俄在中央亞細亞試爆其氫彈，九月二日與十日各一次，連上月杪之一次，則二周之內共試爆三次矣。隨後對美覆絕其裁軍與空中偵察建議，以示威脅，表示其如美不屈服即戰爭之態勢，以刺激美國，可謂橫霸極矣。

九、埃及對倫敦運河會議之決議案拒絕接受，適與俄酋對美裁軍建議案之拒絕，其時間前後一致也。

十、英召集蘇彝士運河使用國會議，巴基斯坦不願正式參加。

十一、狄托與赫魯雪夫先在南國後至雅爾達會議不休，乃為東歐各附庸反俄情勢險惡而有求於狄托，為其緩和之靈符也。

十二、倫敦第二次運河會議使用國之決議，提出聯合國討論，雖令二方繼續洽商，但並無實行亦無結果也。

十三、印度東北邊區「納加」部落，發動叛亂久未平熄。

十四、英國在馬來亞「吉打邦、雙溪」附近建立戰略基地，又在北婆羅洲「外納明島」上建立海軍基地，此皆為第三次大戰之準備也。

十五、法國將「薩爾」區歸還德國，此乃西歐團結對俄之一重要問題也。

十月

民國四十五年十月

十月一日　星期一　氣候：晴

雪恥：一、雙十文稿要旨應以討伐叛逆，消滅賣國賊為重點：甲、取消農業集體化、公私合營、洗腦坦白，而以恢復農村、商業、學術、思想（社會）、政治（文化）、經濟之自由。乙、取消新婚姻法、漢字拉丁化，而以恢復家庭倫理、社會組織、傳統文化，建立新生活、新精神、三民主義新中國，殲除共產主義喪心害理、倒行逆施的一切制度法令為反攻目的。

朝課後對和平共存第一篇第一、二章作最後之修正完，乃即脫稿付印。上午到國防大學，聽取陸戰隊第一師演習結果之報告後，予以講評畢，約三小時完。午課後記事，修改答記者問二篇後，車遊回入浴，閱報讀詩，晚課。

十月二日　星期二　氣候：晴　夜雨

雪恥：一、派員往泰國準備防奸。二、閱兵參觀臺座位之研究。

朝課後記事，九時入府批閱後，見紐約論壇報記者史蒂爾[1]，及日本英文時報主筆東澤〔崎〕[2]等，前後約談一小時完。主持一般會談後，與公超談調動駐

1　史蒂爾（Archibald T. Steele），美國《紐約前鋒論壇報》（*New York Herald Tribune*）記者。
2　東崎潔，《日本時報》（*The Japan Times*）董事長。

各國使節人選。午課後修正答記者問畢，散步。晚與妻往蒔林視察回，審閱趙志垚之子匪諜口供未完，晚課。

十月三日　星期三　氣候：大雨

雪恥：一、靜觀其錯誤之到來，坐待其內部之變化，此正俄共所謂加速西方資本主義末日來臨之目的相符。二、共產是陰性的，其在地下中無孔不入的滲透，除了積極清除、公開掃盪〔蕩〕以外，無法防範其毒菌之蔓延，與其量變質變的突變顛覆之陰謀，此乃在歷史上任何兇險之侵略暴力，所不可同日而論也。

朝課後記事，九時半到中央主持常會，聽取對匪黨八會研究之報告一小時半，似未得其要領也。午課後記上周反省錄畢，對匪會中米高陽講詞第一部之研究，正與我和平共存稿中緒言第一、二節之意相針對也，甚覺自慰，晚課。

十月四日　星期四　氣候：大雨

雪恥：一、全國代表大會應於明年內召開。二、對生日紀念發表各界貢獻反攻復國之政見與計畫，並望指正時弊。三、憲法英譯本分送各國圖書館。四、全力發展國際貿易。五、米高陽講詞之致意。

朝課後記事，九時半入府，與公超談比國訪華團內容後，接見該團，約談半小時完。召見江一平[1]由美回國報告其經過情形，美國議員仍有以總統後繼人

1　江一平，字穎君，浙江杭縣人。1948 年，當選第一屆立法委員。1949 年初，在上海審判日本戰爭罪犯時，被指定為日本軍總司令岡村寧次的辯護律師。共軍占領南京前夕，赴臺灣，繼任立法委員。

為誰之問，此乃受吳逆[1]反宣傳影響，至今未消也，應加注意。批閱公文，午課後到中山堂，約立法院黨員茶會聯歡也。晚聽讀米酋[2]講詞，甚覺其用意深刻，宣傳技巧可畏，殊為美、英所不及也。記錄優等人事，晚課。

十月五日　星期五　氣候：晨大雨後晴

雪恥：一、西藏、新疆、外蒙在政府光復大陸以後，由國民大會通過決議，准其在中華民國聯合組織之內獨立案之研究與準備手續。二、臺北市改為中央直轄市，其市長由政府直接任命案之研究。三、美國對俄如對希脫勒[3]與拿破侖[4]之期待，其自然錯誤與失敗之到來，則必鑄成其本身大錯、後悔莫及之結果，以其組織方法與性質，無論對內對外，今昔皆懸如不同也。

朝課後記事，入府見澳洲高達[5]博士後，召見調職人員，主持財經會談，對於加薪問題作初步之討論。午課後辦公，散步。晚宴「愛倫陶拉斯」夫妻[6]畢，與之談降落傘計畫使用意見約半小時後，晚課。

1　吳逆即吳國楨。

2　米酋即米高揚（Anastas Mikoyan）。

3　希特勒（Adolf Hitler, 1889-1945），日記中有時記為希脫勒，德國納粹黨領袖。1933 年至 1945 年擔任德國總理，1934 年至 1945 年亦任元首。其於 1939 年 9 月發動波蘭戰役，導致第二次世界大戰歐洲戰場爆發，並為大屠殺的主要策劃者之一。

4　拿破崙（Napoléon Bonaparte, 1769-1821），法國陸軍將領，法國大革命時崛起，1804 年至 1815 年為法蘭西皇帝。

5　高達（William G. Goddard），澳洲廣播評論家、作家。

6　杜勒斯（Allen W. Dulles），又譯陶拉斯、小杜勒斯，美中情局總監。其妻為克洛弗．托德（Martha Todd）。

十月六日　星期六　氣候：晴

雪恥：一、狄托已由雅爾達回其南斯拉夫，俄、南二國並未發表任何公報，可知其雙方並未成立重要協議，惟此次二國舉動，如不能使東歐共產集團加強其統一的組織，則俄共必削弱其領導地位，而狄托在國際共黨地位自必增高，而其共產集團內部矛盾亦必益形發展，而且必然影響俄共內部之鬥爭，此不僅削弱俄共對其集團領導之地位，且將日加紛爭無已，然而無論其結果如何，而狄托必被俄共致死，且其期必不遠也，乃可斷言。

朝課後記事，入府見協防部參長芬諾[1]談半小時，主持軍事會談，聽取人事申請與分配條規約二小時，此乃建軍基礎，得益頗多。午課後整室遷回蒔林，閱報，散步，晚課。審核雙十文告稿，應重加起草。

上星期反省錄

一、和平共存？第三次稿已於本周初脫稿重印，但尚未能作為最後之定稿也。

二、英工黨司庫一職，其年會選舉「比萬[2]」接任，是該黨已向左傾而聯俄反美之勢矣。

三、狄托已由雅爾達與俄酋會議十日，而安全回南，兩國會議且未發表任何公報，余認為俄、南此一會議，無論其內容與結果如何，而其主題乃為其東歐附庸各國共黨之地位及今後之共同集體組織之方式與性質問題，殆無疑義，此實狄托與俄酋領導東南歐共黨成敗勝負之焦點所在，是亦狄托生死關頭也。

1　芬諾（Frank Wesley Fenno Jr.），美國海軍將領，第二次世界大戰期間任潛艇部隊指揮官。時任美軍協防臺灣防衛司令部（USTDC）參謀長。

2　比萬（Aneurin Bevan），英國歷史上最有影響力的左翼政治家之一。隸屬工黨，創建英國國家衛生服務體系。1955 年爭奪黨領導權失利，被任命為影子內閣輔政司、外交大臣。

四、愛倫陶拉斯來訪，或能增進中美雙方情報工作合作之效用乎。

五、匪黨八全大會，米高陽之講詞萬餘字，極盡其對美國威脅挑撥之技倆，俄共之宣傳殊非美國所能敵也。但其一切所言，仍不出余在和平共存稿所指明之要點耳。

六、星加坡會議通過其林有福[1]首席部長反共之提議，而且其行動亦甚澈底，此為星、馬從來所未有之佳兆也。

本星期預定工作課目

1. 約藍欽談話。
2. 約陳遠〔遲〕[2]等茶會。
3. 華僑經濟會議之講話。
4. 聯勤民工動員之指示。

十月七日　星期日　氣候：晴

雪恥：一、俄共侵略手段以政治滲透為主，而以軍事為決戰最後手段，乃與納粹及拿破侖以軍事為主體，爭取緒戰勝利為其惟一手段之侵略方式完全不同。二、美國等待其敵人錯誤，以期其自殺，但俄共在侵略過程中，其在內

1　林有福，新加坡華裔，1954 年與大衛馬紹爾等合組勞工陣線。1955 年出任勞工及福利部部長。1956 年出任第二任新加坡首席部長。1959 年成立人民聯盟，在大選中重挫，6 月卸任首席部長，淡出政壇。

2　陳遲，號伯須，浙江慈谿人。著名農學家，陳布雷長子。1949 年 5 月應臺灣糖業公司邀約來臺，先後出任岸內糖廠、橋頭糖廠廠長。時任臺灣糖業試驗所種藝系主任，1956 年 6 月 25 日至 7 月 14 日奉派代表出席美國國際合作總署召開之東南亞國家農作物品種改良會議。

外的政治矛盾與策略錯誤已經層見疊出，而美國屢失良機，不能及時行動，如只待其軍事襲擊為錯誤行動，則其非待自由世界分別滲透癱瘓以後，決不會重演東條[1]珍珠港突襲之來臨，如其一至自由，各國分別癱瘓，而對美國突襲，則此一突襲即不可能認此舉為錯誤，是其所謂等待敵人錯誤，而實無異鑄造其自身錯誤，而為其敵人等待所乘也。

十月八日　星期一　氣候：晴

雪恥：昨日朝課後與少谷談雙十節文稿要旨，屬其代草一篇。朝食後在靜觀自得室辦公，記事，禮拜如常。午課後，續讀勝利生活三篇後，閱報。晡與妻車遊山上一匝，晚觀臺、港合演的關山行[2]影片，甚佳可慰。晚課後入浴。本（八）日朝課後，即審核雙十節第二文稿，尚可修正，故於膳後散步畢，着手修稿，至十三時初稿修完。午課後記事畢，再着手修改，謄清初稿，直至十九時半方完。晚宴韓國議會來慶團五人畢，入浴後晚課。

十月九日　星期二　氣候：晴

雪恥：一、養氣章「志壹則動氣，氣壹則動志」之壹字，余總以為「壹」的意義是作「專一」之「壹」字解，最近始悟其作「偏執」之意解也。蓋持志與養氣，使「志」與「氣」均得其平衡，不可失之於偏重或偏輕，然後方能實踐其「勿忘勿助長」，而其志與氣乃得持平不動，所謂「常惺惺」而得「必

1　東條英機（1884-1948），1941 年 10 月 17 日至 1944 年 7 月 22 日，擔任第四十任日本內閣總理大臣及統制派最高領袖。

2　《關山行》，1956 年中央電影公司出品，易文導演，王豪、葛蘭主演。

有事焉」的氣象。如果「壹志」則「正心」，此「正心」之「正」乃即成為「壹志」之「壹」，即陷於執一之弊，而不能執中，必須「執中」，而使志與氣不偏不激，無太過與不及之時，乃得「必有事焉而勿正心」之象，亦即得「持其志毋暴其氣」之義，此乃孔學修養之要領也。
朝課後續修第二次稿畢，入府接見義大利議員訪華團後，復見美諾克斯[1]畢，批閱，回寓續修第三次稿。午課後閱報，入浴後讀勝利生活二篇，灌音片。晚宴比國訪華團，對臺感想贊美無已，心殊不安，晚課。
「所謂『勿正心』仍作『勿待正心』解，則與大學所謂『在正其心者』之工夫更進一步矣。」

十月十日　星期三　氣候：晴

雪恥：一、軍官對武器機械性能之研習。二、官兵對其本分應用之工具的技術，必須熟練專精，只是了解性能還是不夠。三、機帆船運輸計畫與製造籌備之手續。四、對美明告其亞洲與遠東反共政策，不可無重點與一定方針。
本日雙十節，四時一刻醒後，反覆思念不能成眠，乃於五時半黎明起床。朝課畢，對文稿又改正數字後，記事，在客堂陽臺朝餐，聽報，散步回，乃整服備章。九時前入府，主持典禮畢，接見各國使節與各友邦訪問團完。十時臨閱兵臺，行禮如儀，先由空軍分列式，再行地面各部隊分列式，訓話畢，前後總計約二小時半，一般程序行動比往年大有進步，自覺軍隊建軍基礎至此方得確立為慰。午課後讀勝利二篇與閱報外，皆休息散步。晚與儀甥[2]往介壽廣場巡遊回，晚課。

1　諾克斯（William E. Knox），又譯洛克斯，美國西屋電氣國際公司總經理。
2　儀甥即孔令儀。

十月十一日　星期四　氣候：陰雨

雪恥：一、自由世界如對共產國際滲透陰謀而不積極防制，則中南美洲之赤化時間表，將比非洲之赤化更為提早。二、俄共驅逐西方於亞洲之外，而歸返其美、英本國之惟一優先方法，就是用其和平共存的攻勢（方法）滲透中南美，使北美急急危殆不安時，美國自不能不撤退亞洲，而保守其本國與西半球，而其對英、法亦以此滲透非洲殖民地，使之防不勝防，而不能不撤退東方與中東，以自保其本土與非洲，故其可兵不血刃，而能不戰以取得亞洲中東，未知西方各國已否計及於此。

昨夜睡眠連續至七小時半之久，殊為最難得之佳象，但朝起關窗時受涼，又起傷風，且頗重為慮。朝課後記事，入府接見檀島華僑男女八十餘人，菲島華僑第一批二十餘人，以其明日皆將賦歸也。

十月十二日　星期五　氣候：晴

雪恥：昨午課後入浴，閱報讀勝利生活如常。晡約巴黎市長[1]、安果拉（土耳其）市長[2]與伊朗議員等茶會，晚宴義大利議員訪問團。今日外賓皆對此次閱兵盛典為其驚奇，安果拉市長稱「今後他不能不注意東方問題之重要了」。

臨睡前得報，香港九龍民眾以昨雙十節，因見共匪分子撕我國旗及國父與我照相，乃起衝突以後，相持至今晚，形勢發展愈為嚴重，死傷疊出，宣布戒嚴，英方希望我政府表示以資平熄，余認此為共匪製造陰謀，如何措辭不能不加慎重，故未即允其請求也。晚課後十時半寢。

1　呂靄（Pierre Ruais），1956 至 1957 年擔任巴黎市議會主席（即現巴黎市市長），時應臺北市市長高玉樹之邀，在赴日本東京參加該市五百週年紀念慶典回程時便道來臺訪問。

2　艾倫（Orhan Eren），土耳其安卡拉市長，應臺北市市長高玉樹之邀，在赴日本東京參加該市五百週年紀念慶典回程時便道來臺訪問。

本（十二）日晚，夜十二時後又失眠。本晨朝課後記事，入府見馬來華僑球隊等卅餘僑胞後，主持情報會談。午課後與妻車遊東西郊外，以各方氣候皆不良，故回臺北，至植物園、歷史文物館視察後，再在婦聯會視察軍眷手工刺繡。晚散步，晚課，入浴。

十月十三日　星期六　氣候：晴

雪恥：一、軍隊合作社應派會計及審核計畫。二、軍人各處招待所預算與報銷，應由國防部（審核）財務機構審核。三、蘇俄指使共匪與美在日內瓦談判，乃是其促使美國再進一步變更其對華政策，所謂和平解放臺灣，為其澈底根絕中華民國，以打開其南太平洋，進入中南美洲惟一門戶的急務。

朝課後記事，入府召見暹邏華僑卅餘人，另見張蘭臣[1]，勸其嚴拒共匪誘惑，堅定立場，約談半小時後，主持軍事會談。本日為緯兒四十二初度生日，夫人為其畫牡丹祝之。午課後讀勝利生活。晡見日本議員五人畢，入浴，散步。晚宴美陸戰隊總司令派達[2]上將及白來因[3]中將後，晚課，廿二時半寢。

上星期反省錄

一、雙十節文告，因全力注重和平共存稿之增補，故遲延時間，不能早日定稿，竟至最後一日方得修正完畢，其內容雖未減色，乃少數字句臨時改

1　張蘭臣，時任泰國中華總商會主席，率領泰國華僑觀光團來臺慶祝雙十國慶。

2　派達（Randolph M. Pate），又譯派特，美國海軍陸戰隊將領，曾任海軍陸戰隊副司令兼參謀長。1956 年至 1959 年任海軍陸戰隊司令。

3　白來因（Blackshear M. Bryan），美國陸軍將領，1954 年至 1956 年任西點軍校校長，時任美國駐太平洋陸軍司令。

正不及，故有參差不一之憾，惟對毛匪愛國和談之痴妄乃可以作當頭棒，可知共匪不惟無恥而且昏愚，毫不認識余之革命精神所在也。

二、今年閱兵典禮最為成功，歐美與中東各國外賓皆現驚奇之狀，以為過去太不認識中國之精神與實力之真相也。

三、香港之九龍雙十節，為我忠貞居民護旗而與共匪探子衝突，演成二日之鬥爭，實為共匪所故意製造之暴動，死傷三百餘人，不知其結果如何。[1]

本星期預定工作課目

1. 明年度對外貿易之發展。
2. 南洋華僑地區貿易之方針。
3. 積極發展國際歐洲宣傳。
4. 協調合作精神與習慣，為美軍對外國軍人優劣判斷之標準。
5. 外交官與行政主官之實報與每件報告之研究與處置着落，即解決問題。
6. 驚覺冒險與主動負責精神之養成。
7. 陸戰隊學校與陸戰隊兵種之建立。
8. 陸戰隊司令人選。

---

1 1956 年 10 月 10 日至 10 月 12 日在英屬香港九龍及荃灣等地發生暴動，事件的導火線是徙置事務處職員在 10 月 10 日（即中華民國國慶）移除懸掛在李鄭屋徙置區的中華民國國旗和大型「雙十」徽牌而引起。事件釀成約六十人喪生，逾三百人受傷，是香港史上死亡人數最高的暴動事件。

十月十四日　星期日　氣候：陰

雪恥：一、海外中國銀行應對華僑服務加強業務組織：甲、促進當地華僑與政府貿易計畫之發展。乙、便利華僑有相當保證之資助。丙、為華僑經濟有關事業之救濟與扶持。

朝課後以目光不良，乃休養散步，膳後遊憩。與希聖談俄共政治作戰計畫中，新補其指使中共為其代理人向中南美滲透發展，證明其莫斯科到華盛頓的道路不是由北冰洋，而是由中南美轉到美國之間接之路線也。禮拜後正在記事，突接毛人鳳同志在陽明山美醫院逝世噩耗，不勝悲哀，如不開割，或能再延命四、五年也。午課後心神不安，乃與妻車遊桃園道上。晚課後入浴，殲甲畢，十時前寢。

十月十五日　星期一　氣候：陰晴

雪恥：一、政府組織中之重複與衝突有關之職權與責任，應積極調整。二、行政院與省府應特設臨時研究、調整與督導考核之機構。三、設置考核監察指導巡迴訓練改正解決問題之機構，應慎選有經驗才力之優等人員主持其事，特別能任勞任怨者。四、建設基本工作，注重基本問題。

朝課後手擬生日紀念辦法要旨，十時到研究院主持紀念周，朗誦四十一年反共抗俄總動員之指示講詞，甚覺有益，並宣布紀念生日辦法，與勗勉黨政軍之三項希望畢，與鴻鈞談話，指示明年度政策重點之一為對外貿易與宣傳，回寓，記事。

十月十六日　星期二　氣候：晴

雪恥：昨午課後讀勝利生活二篇，至三月一日止，接見伊朗德黑蘭市長[1]夫婦後，並見美員皮禮智[2]等三人畢，與妻車遊山上一匝。膳後觀美製影劇，卅六年英國退出印度時共產黨在印暴動情形，其中一段追述甘地[3]未死以前其所乘火車共匪謀炸之陰謀破獲時之經過，更覺有其意義也。晚課，廿三時前寢。

本（十六）日朝課後記事，入府召見曾約農[4]等，談參加聯合國在印所召開之文教會議後，又見羅[5]副總長與石覺等完，主持宣傳會談。先研討生日紀念徵求輿論之辦法，再研究俄、南二酋在雅爾達會商之究竟如何，余認為其無論其有否協定，而蘇俄對附庸之控置〔制〕，必發生嚴重後果無疑，皆於自由世界有利也。

十月十七日　星期三　氣候：晴

雪恥：昨午課後讀「勝利生活」二篇，審閱「和平共存」稿再度開始。晡與妻車遊淡水道上，晚膳後散步，讀詩，晚課，廿二時寢。

本（十七）日朝課後，修正和平共存之新補稿，對於中南美洲共匪為俄國代理人進行滲透，以及說明其由莫斯科至華盛頓路線，乃經由北平至中南美，而達到北美的間接路線，實為其政治作戰的最近道路一段最為重要。十時主

1　蒙達素（N. A. Montassar），伊朗德黑蘭市長，應臺北市市長高玉樹之邀，在赴日本東京參加該市五百週年紀念慶典回程時便道來臺訪問。

2　皮禮智（James B. Pilche），美國外交官，曾任駐廈門領事館副領事，時任駐華大使館參事。

3　甘地（Mahatma Gandhi, 1869-1948），印度民族主義運動和國大黨領袖。

4　曾約農，原名昭檒，字約農，湖南湘鄉人，曾國藩曾孫。1949 年避難香港，隨後轉赴臺灣，受聘為臺灣大學英文教授，後於 1955 年被東海大學董事會推舉為首任校長，時為出席聯合國教育科學文化組織大會首席代表。

5　羅即羅列。

持總動員會報，指示一小時，提示組織行政機構權責業務之調整委員會，自覺亦甚重要。午課後讀勝利生活三篇，至三月四日止，續審前稿第一編完。晚經兒為余作暖壽，經、緯全家與薇美、華秀各家，與任宋外孫阿土[1]及孔姨、令儀聚餐後，觀影劇。由妻主禱，備極家庭團圓融融之樂也，感謝上帝不置。晚課。

十月十八日　星期四　氣候：晴

雪恥：本日為舊歷九月十五日，是余七十初度，時念父母廬墓不置，干戈未定，一事無成，尤其是大陸淪陷，民不了〔聊〕生，至今仍不能反攻復國，拯救蒼生，不僅無以報國，而且有忝所生，天道茫茫，不知所止。但自信肫肫赤誠，未敢或懈，如上帝不我遐棄，則在此五年－十年之內，必能達成其所賦予反共抗俄之使命也。今晨六時一刻初醒，默禱，起床，夫妻互道祝賀，並肩禱告，妻且獨自跪拜，先余禱祝一次矣。

朝課後，八時與妻乘車，往瑞芳「金瓜石」礦廠巡視，以避來賓祝壽也。金瓜石風景秀美浩蕩，背山面海，留戀至十時三刻回程。十二時到蒔林，午膳素食，今晨禁食早餐，以紀念先慈生育之苦，一如往年也。午課後審閱經兒「我的父親」一書第一篇未完。晚宴全家至親，特約辭修夫婦[2]同席畢，照相後，觀「領袖與中國」影片，另觀美製影片後晚課，廿三時後寢。

1　任宋外孫阿土應指宋明義。宋明義，浙江奉化人。宋式倉、蔣瑞春之孫。1950 年 11 月初，輾轉經香港到臺灣，旋入臺灣大學經濟系四年級就讀。1954 年 9 月考試分發臺灣省政府財政廳工作。

2　辭修夫婦即陳誠、譚祥夫婦。譚祥，字曼意，湖南茶陵人，譚延闓之女。1932 年元旦與陳誠結婚。來臺後協助宋美齡管理婦聯會，致力於婦女運動與救濟事業。

十月十九日　星期五　氣候：晴

雪恥：一、對香港華商合作計畫有否擬定。二、舉優措劣，負責盡職，自動合作，為人事考核之主要條件。三、陸戰隊學校與兵種之成立。四、對周圍考察報告之建議，應作具體覆案。五、軍隊自種蔬菜與飼養豬雞。

朝課後記事，早起以侍衛開窗太早，有感傷風矣，重審新增稿件。十時入府，接見藍卿與美航空第十三隊司令[1]後，召見盧福寧，指示其駐美武官要旨後，主持財經會談，增加文武待遇問題，以財政困難無法解決。午課後批示公文，續審前稿，讀勝利生活二篇。晚散步，審稿，入浴，讀唐詩，晚課，廿二時後寢。

十月二十日　星期六　氣候：陰　乍風

雪恥：一、日、俄復交後，應要求日本不承認共匪有否保證一點，以決定我在聯合國對日加入聯合國是否使用否決權之方針。二、美國大選發表後，再定妻赴美醫治之行程。

朝課記事後，新增和平共存稿中俄共對歐、亞二洲之統治計畫，經十年之部署已經告一段落，可說其已有相當基礎一節，乃加手擬，認為必要也。十時入府會客，接見日本與菲律濱二華僑團體五十餘人後，主持軍事會談。午課後，續審前稿至第二編完。妻又病，無一女傭侍候，故其更苦。晚散步後審稿，晚課，廿二時寢。

1　艾克曼（John B. Ackerman），美國空軍將領，1956 年至 1958 年 4 月任第十三航空隊司令。

上星期反省錄

一、波蘭狄托式共酋戈慕卡[1]被囚五年，日前獲釋，恢復其中委地位後，而波蘭即於本周末反俄罷工，並推戈酋為新共領袖，以反對俄共干涉內政為由，主張獨立運動，其勢甚兇，匈共青年團員三千人聲言脫離共黨而獨立組織，此外羅馬尼亞、匈牙利、義大利各共酋皆赴南斯拉夫訪問會議，皆在此半月內絡續演出，余前謂俄南共酋在雅爾達會議，無論其結果與真相內容如何，而俄共對其附庸必將無法控制，亦即其崩潰開始之意見，當不誤歟。

二、埃及納塞揚言願親赴日內瓦與英、法二揆面談運河問題，但英、法反應冷淡，則英、法對埃政策並未因安理會與三國秘密會商後而有所改變也。

三、周末鳩山[2]在莫斯科日俄聯合聲明宣布日俄先行復交，而後再商領土問題，此舉無異賣了日本供俄赤化，不僅日本內部從此不安，而美國在遠東地位亦受無上打擊，鳩山之奸拙，誠為東亞之首禍矣。

四、印尼總統[3]訪匪似無所謂，而巴基斯坦總理[4]訪匪，乃為巴克達盟約之裂痕，大可注意，惟共匪侵緬之軍事並未停止，而星加坡林友〔有〕福之反共愈為激烈，殊足欣慰。

五、半月來反共之形勢，似已過於俄共赤化之技倆，至少亦可說反共與媚共之形勢平衡，而印度副總統[5]本定訪日後順道訪匪，而忽又宣布中止，殊足注意，印與匪之關係發生暗礁矣。

六、發表生日紀念六條辦法，一般輿論反響甚佳也。

1　戈慕卡（Wladyslaw Gomulka），波蘭政治家，1945 年至 1948 年任波蘭工人黨總書記。後因被指責有反蘇傾向而被撤職。1956 年於波蘭十月事件中出任波蘭統一工人黨第一書記。

2　鳩山一郎，1955 年 3 月第二次鳩山內閣成立。11 月自由民主黨組成，擔任總裁，第三次鳩山內閣成立。1956 年在莫斯科簽署日蘇共同宣言（恢復日蘇邦交）。

3　蘇卡諾（Sukarno），日記中有時記為蘇丑，印尼政治家，1945 年 8 月至 1967 年 3 月任總統。

4　巴基斯坦總理即蘇拉華第（Huseyn Shaheed Suhrawardy）。

5　拉達克里希南（Sarvepalli Radhakrishnan），印度政治家，曾任印度第一任副總統（1952-1962）和第二任總統（1962-1967）。

十月二十一日　星期日　氣候：晴

雪恥：一、反共條件：甲、驚〔警〕覺。乙、冒險。丙、快速。丁、組織。戊、數字與時計。就是要澈底革除大陸民族性質及農業社會的風習，時時警惕自勉。二、在等待錯誤一章中，增補共黨民族獨立化與各國共黨間之矛盾與分化的心理，應知共產黨人對其主義與本質，就階級鬥爭的階級性與世界革命的國際性，以及其唯物辯證法唯物史觀的共同規律，是一丘之貉，彼此一輒〔轍〕決不改變，最後終是一個共產黨馬克斯的忠實信徒，那是他任何共產主義者亦不會放棄的此種等待，而不及時採取根本解決亦行動，而最後仍無損於其共產世界之實現的。本日朝、午、晚三課如常，惟以妻病未往禮拜，上、下午審閱稿件與記上周反省錄。晚散步，廿二時寢。

十月二十二日　星期一　氣候：晴

雪恥：一、工作協調會主持人選－辭修為宜。二、三萬頂降落傘使用計畫之擬議：甲、一年至二年間，發動全國各地區有計畫之反共暴動，必須在一年前之準備與訓練。乙、全國共計二千餘縣，每縣約一千方里，其公安部隊大縣約三百，小縣約一百人以下，無正式裝備。丙、愈至邊區各縣交通未闢之區，防務愈為弱小。丁、全國暴動時機，以三個月之中前後發動，使匪防不勝防。戊、統計約有八百縣擇要使用降落部隊（在其交通不便防務最弱之縣份）。己、統計一縣使用部隊傘兵百人至三百人為準，此為解放大陸惟一之計畫。

朝課，記事，十時到研究院，主持亞洲地區黨務會議開幕禮，指示與讀訓約二小時。午課後見藍欽，談東南亞經濟計畫。晡入浴後，審核和平共存稿第三編完，晚與希聖談修稿要旨後，散步，晚課。本日妻感冒，並有熱度。

十月二十三日　星期二　氣候：晴

雪恥：一、「必有事焉而勿正心」之氣象，只有「至誠無息」可以形容之，「勿忘勿助長」亦惟以「於穆不已」之景象，表現其一、二也。

朝課後記事，入府接見土耳其與法國代辦[1]及俞國華等後，到聯勤總部聽取軍需工業動員演習報告畢，視察大同鐵工廠後回。午課後續審前稿第四編第一章，至晚方完膳後，以妻病在室中，妻姨敘談半小時後，晚課，入浴，廿二時半寢。

十月二十四日　星期三　氣候：陰晴

雪恥：一、宴華僑（周六晚）。二、普羅階級與布爾喬亞及喬治亞各名詞之正解。三、古羅馬的悲劇故事。四、俄共主張防衛與反戰，其號召力量自比侵略與戰爭為更得同情。五、約見黃震遐與陸劍剛（政論周刊）。

朝課後檢閱美製「蘇俄之戰爭思想」譯本開始，頗有益。十時中央常會，對亞洲反共同盟谷正綱所主張召開政地會議等，加以斥責，可歎，決定華僑經濟會議具體方案之提供，此次雙十節在廣州之暴動計畫，實施收效，可予共匪心理之打擊也。午課後記事，修改前稿，俄共戰爭思想章比前完備矣。晚宴孔姨[2]，以妻病時用憂慮，晚課，寢。前半夜失眠。

1　土耳其與法國代辦即安勒（Hikmet Hayri Anlı）及鮑禮裕（Amédée Beaulieux）。安勒（Hikmet Hayri Anlı），土耳其駐華參事（臨時代辦），1955 年 5 月 29 日到任，1957 年 9 月 11 日離任。鮑禮裕（Amédée Beaulieux），法國駐華公使銜參事（臨時代辦），1956 年 10 月 2 日到任。

2　孔姨即宋靄齡。

十月二十五日　星期四　氣候：陰雨

雪恥：一、俄共戰爭思想之來源章，應移改為第四編之第三章，而以原來第二、第三章改為第一、第二章為宜。二、俄共戰爭思想基本原則，應增補第四項國際性的世界革命之終極目標，如此則完備乎。

朝課後記事，續審前稿。入府接見聯合國文教會議秘長艾文思[1]後，見世界外科學會員及西太平洋衛生會議會員，共計七十餘人，並訪章嘉[2]之病，勸其赴日施用手術，其癌症已深，恐難醫治矣。午課後續修前稿。晚觀國製影劇「黃帝子孫」頗佳，尚須修正之點。晚課後閱報，廿二時寢。

十月二十六日　星期五　氣候：陰

雪恥：一、對華經濟會議警告當地政府與人民，必須與華僑合作反共，而不反華，方能免於赤華之意。

朝課後記事，入府批閱公文，接見琉球祝壽團十餘人後，復見美國防部次長與參議員等畢，主持情報會談，大陸情報工作漸有進展也。午課後，續修第一編共黨顛覆滲透工作開始等章，頗費心力。晡與大姊車遊山上一匝，晚散步，晚課，修稿。

1　艾文思（Luther Harris Evans），美國學者，曾任國會圖書館館長，時任聯合國教科文組織第三任總幹事。

2　章嘉呼圖克圖十九世（章嘉活佛七世，1891-1957），生於青海大通。抗戰期間，號召蒙藏人民加入抗戰建國，受封「護國大師」。1948 年受聘為總統府資政，1949 年隨政府來臺，1952 年當選為中國佛教會理事長。

十月二十七日　星期六　氣候：晴

雪恥：一、對華僑經濟會議詞旨：甲、華僑地位困難，受當地經濟與政治的二重疑懼。乙、受共匪脅迫與誘惑欺（騙）詐拷榨。丙、華僑應處立場：子、先擴清政治態度（反共愛國）。丑、經濟應化商業資本為工業投資，與當地政府與人民合作。寅、與臺灣打成一片。丁、政府對華僑經濟合作方針：子、扶助華僑當地商業之發展。丑、臺灣與各地華金資金對流。寅、便利華僑企業之發展，改良銀行營業政治與態度，為僑民服務。卯、設立華僑經濟服務處指導，與（代辦）介紹華僑營業與交通等務。

朝課後續修前稿，入府召見四員，主持軍事會談。午課後續修前稿。晡車遊，晚宴華僑七百餘人，巡迴敬酒一匝回，散步。晚課後入浴。

上星期反省錄

一、本周自波蘭共黨戈默卡登臺，民眾反俄運動暴發，經俄軍壓迫以後，仍與俄帝妥協，未致引起戰爭，但匈牙利反俄運動亦繼之暴發，匈共壓制無效，俄軍實施屠殺，至周末匈民與俄軍戰爭已經三日，而並未為俄屈服，而且其勢蔓延擴展至匈國全部，且其人民已成立革命政府，此一形勢，乃與波共對俄共之交惡與衝突意義完全不同矣。

二、閱美編蘇俄軍事思想，甚有補益，應續閱。

三、美國與我東南亞區華僑經濟合作計畫，擬組工作協調會，應速籌辦。

四、聯合國文教會議在印度開會，印對我代表入境簽證故意為難，殊堪痛心。

十月二十八日　星期日　氣候：晴

雪恥：一、國父孫先生是創造中華民國的國父，紀念國父就要保衛中華民國，打倒俄帝傀儡組織的北平偽組織。二、國父是手創三民主義的國父，所以紀念國父就要實行三民主義，打倒共產主義、賣國害民的共產黨。三、國父與蘇俄代表越飛宣言，當時聯俄是為求得中國獨立自由，而並沒有想到其是來侵略我中國，滅亡我民族的蘇俄。四、國父扶助農工，是要提高農工生活，保障農工自由，而決不是今日共匪農業合作化和集中營的工奴和農奴，剝削農工權利，控制農工食糧為扶助也。

朝課後記事，十時到華僑會議致詞後，入府接見越南祝壽特使宗室誨[1]等畢，回核稿。午課後往訪閻伯川回，車遊淡水道上。晚核稿，散步，晚課。

十月二十九日　星期一　氣候：晴

雪恥：一、中庸「慎其獨也」之「獨」，即「道」也，亦即「理」也，「性」也。其實道即理，理即性，性即〔獨〕，四者一也，故慎獨即為存心修道，循性也。性乃無聲無臭，外人所不能見，惟己能獨知之，在此獨知之地，無法形容其象徵，或以研幾之「幾」略可表達其一、二。

朝課後記事，召集希聖、少谷等，研討共匪紀念總理誕辰之把戲，加以非正式痛斥，並加以反擊之宣傳方針。最堪痛憤的，乃是無恥敗類之宋慶齡為虎作倀也。上午在寓核稿第五編第二章完，午課後修改對華僑經濟會議講詞未完。晚審閱新刊書傳中，有民立報所載辛亥杭州起義，余任敢死隊總指揮進攻情形頗詳，殊足珍寶也。散步，閱報，晚課。

1　宗室誨，越南駐華公使（未到任），時為越南總統吳廷琰祝壽特使。

十月三十日　星期二　氣候：晴

雪恥：一、猶、阿衝突以色列軍侵入埃及邊境甚深。二、英、法聲明為維持運河秩序，將進駐蘇彝士運河。

朝課後記事，上午在寓續修講稿完，散步回，續核和平共存第五編第一、第二章。午課後續核第三章。晡與大姊[1]及妻往大溪視察，禮堂布置簡潔為快。膳後散步，參觀園藝所菊蘭預展會回。晚課後與妻車遊市區，觀市中祝壽情形，妻之奮興無比，而且其今日美醫來臺檢查其體格，舊疾無須動用手術，於是心神更為興快，作為祝壽今年最寶貴之禮品也。

十月三十一日　星期三　氣候：陰晴

雪恥：本日為余陽歷七十初度，乃為三十歲祝壽總理親到我上海法界新民里十三號？聚餐以來，其後四十、五十、六十，皆非在北伐即在剿匪戎馬控匆〔倥偬〕之中，未有如今日之安樂圓滿與盛大之環境，惟今日卻局處臺灣，又在大陸淪陷人民憔悴痛苦無告之中，而余之生活聲望，反比治理大陸任何時期為超越，豈非上帝有意造就其子民之洪恩所預定之程序乎。今日惟念故鄉廬墓同胞苦難、家庭更加親愛以外，別無他事矣。感謝上帝，但願八十歲在北平祝壽，一切榮耀皆得歸於上帝則幸矣。

朝課，夫妻並對基督與天父跪禱後，續核和平共存第四次完，記事，批示。九時與妻往大溪避壽，經兒全家來拜壽，勇孫不甚快樂，減少熱鬧興趣。正午宴客四桌後，聽杜月笙夫人[2]清唱甚佳。晡參加婦女新禱會茶會，晚餐後仍回蒔林，晚課，入浴，廿二時後寢。

1　大姊即宋靄齡。

2　杜姚谷香，藝名姚玉蘭，京劇老生筱蘭英與梆子青衣姚長海長女，嫁杜月笙為側室。1951 年 8 月杜月笙在香港病逝後，遷居臺灣，受宋美齡、孔令偉照顧。

上月反省錄

一、本月國際重要之發展：甲（丙）[1] 匈牙利人民反共革命爆發，匈共納奇[2] 反正要求俄軍撤退匈境，並宣布匈退出華沙會議軍事同盟，而俄揚言退出匈境，正從事交涉，於是毛匪又對俄歌頌，美、英幻想家又認毛為顯然有中立姿態，效法狄托之意。乙、波蘭共酋戈麥卡反俄，為俄軍包圍所懾服，毛匪且直電戈默卡，祝賀其爭取獨立之行動。丙（丁）猶、埃開戰，以色列進佔西奈半島，英、法聲明保持蘇彝士運河安全，將進軍運河區，而其乘俄共在東歐反俄革命機勢，其即將進駐運河要地，殆無疑義，但大戰是否爆發，端視美國大選後之決心與行動如何而定，預料俄不敢主動作戰也。（辛）巴基斯坦總理訪問共匪，且與周匪聯合宣言，此其對於美國東南亞聯盟之影響甚大，應加注意。戊、日本鳩山[3] 親自赴俄，恢復日俄邦交，實予美國之重大打擊。己、印度副總統中途停止訪匪，此必為印東加塞山區民族受共匪煽動，叛亂難制之事實有關乎。庚、共匪侵緬軍隊如常未已。（甲）狄托與赫魯雪夫在雅爾達會商後，東歐與義國各共酋皆訪南國狄托，顯已〔以〕民族獨立共產主義之盟主自居矣，此後共產集團之形勢如何變化，最堪注重。王、新加坡林有福政府反共甚為積極，可慰，此乃亞洲反共新興之勢力，不可忽視也。癸、英國工黨「比萬」被奉為其司庫，今後工黨之左傾殊堪注意。

二、國內反共形勢：甲、新疆南部各縣時起暴動反共，此必我從前駐新部隊被共匪編為工作隊之官兵所主動也。乙、港九反共居民之二日暴動，已引起國際對我國民心反共與擁護祖國精誠表現之重視。丙、西藏反共抗暴行動並未為共匪所征服。丙、據英記者報導，其參觀南京偽軍校後情

---

1 原文項目編號塗改，本段以下皆同。

2 納奇（Imre Nagy），匈牙利勞動人民黨主要領導人之一，曾任部長會議主席。1956 年革命後再次出任部長會議主席。

3 鳩山即鳩山一郎。

形，匪軍完全俄化矣。丁、共匪各種經濟工廠以及交通等建設之進步，乃已引起美國輿論界之恐懼心理，應加注意。

三、雙十節閱兵成績最為成功。

四、比、義、法、土各國來訪之團體與個人，皆對我政府之建設成績表示驚奇之色，殊使余更為慚惶不置。

五、建軍計畫第一期完成。

六、七十初度誕辰，手書六條征文紀念，殊值重視。

七、英國與我舊有關係之官員，今年忽皆對我致頌祝。

八、華僑經濟會議致詞或對東南亞各國發生影響乎。

九、華僑十月間來臺者共計二千餘人，更使余慚惶矣。

十一月

民國四十五年十一月

本月大事預定表

1. 第一期戰備完成紫宸演習與年中校閱前後實施，親自主持。
2. 對日要求其不允匪加入聯合國之保證。
3. 對蒙藏自治與獨立政策之基本方針。
4. 國外銀行經理之調整（人事）。
5. 憲法英譯本之分送各國圖書館。
6. 臺北市改為直轄市。
7. 司法機關負責樹法之命令。
8. 對日、對港協議方案之研究如何。
9. 對澳、對緬之宣傳聯絡工作如何。
10. 軍公教員加薪案籌畫如何。
11. 諜員之偽裝言行取信教育及長期潛伏組織。
12. 反攻時宣傳口號之研究如何。

十一月一日　星期四　氣候：晴

雪恥：昨夜雖小便三次，但甚好睡，前後睡足七小時以上，甚為難得。本晨七時前起床，朝課靜坐默禱時，對「主宰虛靈」之「虛靈」得澈悟了解如下：虛靈之心由其現實而所可言者，「未來不逆，既往不（戀）滯，當事不雜，物來順應」。至其虛靈景象，惟有以「中和純潔，一塵不染，至誠無息，於穆不已」乎？
本日朝課後記事，聽報，早膳畢遊覽庭院，參觀園藝所菊蘭會一匝回，續核前稿經濟陷於崩潰與外交陷於孤立併為一章，詳加修正。午課後續核和平共存？稿，作最後一次之修正完。晡車遊山上一匝回，入浴，膳後散步，晚課。妻病初癒，又整日修室整物，陷於疲勞，晚又失眠矣。

十一月二日　星期五　氣候：晴

雪恥：一、共匪對波、匈反俄變亂之態度採取狄托路線之失敗。二、美國對共匪之建設猛進已現恐懼之心理。三、英、法對埃及只轟炸重要機場二日，而不即加佔領，何耶？四、俄派正式軍隊二師，對匈亂決心鎮壓，是其決不放棄東歐之表示。五、阿拉伯各國對埃及之援助並無積極表示，且對英、法亦無極端憤恨與反抗之言行，此乃自然之情勢。
朝課，記事，八時乘火車往湖口，校閱戰備，完成演習（陸空聯合）至十二時半完回，午課，入浴，休息。晡與妻參觀菊花會後，車遊基隆道上。晚見公超與希聖，散步，晚課。

十一月三日　星期六　氣候：晴

雪恥：今日乘艦會稽號，即前年為我所截留之俄艦陶布斯號所改裝者，此乃十年來索取俄侵華血債第一次之應用也。

朝課後記事，約見陳納德[1]，以其將即告老返美也。九時起飛，十一時到鳳山陸校，主持特訓班第三期畢業典禮，並對全國童子軍大露營及各國童軍參加者三千餘青年訓話畢，回西子灣澄清樓午膳。十四時登會稽艦，出高雄港，親臨海軍紫宸演習。十六時演習開始，對艦射擊與對飛機射擊、對防潛等技能，比去年皆大有進步。十八時完後，午課靜默如常，晚約美陸海空，及幾高級將領英格索、鮑文等，聚餐畢，晚課畢，廿一時即寢。今日熟睡，前後足有八小時為最佳也。

上星期反省錄

一、英、法自本星三日繼「以色列」進攻埃及西奈半島以來，海、空軍堵絕蘇彝士運河南北兩口，與猛烈轟炸埃及各機場，準備進佔蘇彝士河沿岸機場，聯合國決議停止雙方戰爭後，英、法拒絕接受，並提出其停戰條件，其意在逼納塞下野，而美國尚取中立態度，且反對侵略，此乃在其大選以前必然之勢，惟其對我不應在鐵幕以外引起民主國集團之參戰主張，特加重視，並由其國務院特電藍卿，轉問我是否如此主張也，可知其並不願介入中東戰爭也，此案或將以聯合國組織警察部隊監視運河區之停止方式，實行停戰，但如俄軍不能參加此警隊，則其未必能同意耳。惟余料中東戰爭，俄國決不敢正式參戰，而且其地理與交通關係，俄亦無法接濟埃及武器，故大戰不致即時爆發，但阿拉伯各國俄共潛滲已深，故亦終成不了之局，非至大戰決不能根本解決耳。

二、俄軍已正式包圍匈牙利全境，並已準備強佔匈京，此為時間問題，匈牙

---

1 陳納德（Claire L. Chennault），曾任駐華美國陸軍第十四航空隊司令。1945 年 12 月，在上海與盛子瑾合股，開設「中美棉業公司」。1946 年 10 月與魏勞爾（Whiting Willauer）成立民航空運隊並參與經營，1950 年任董事長。

利反共革命必為俄共所消滅無疑，美、英在聯合國提議干涉俄帝軍事行動與援匈聲明，徒托空言，何益也。惟東歐共產各國今後必將繼續革命，決不能如過去之易於安定與統治矣。

三、共匪對波匈反共革命，仍主張共產主義與俄共關係不能脫離，但主張各國共黨獨立平等，表示對俄統治之反對，應加以注意及其對俄關係之研究也，共產集團內部之矛盾，自將發生變他〔化〕也。

十一月四日　星期日　氣候：晴

雪恥：六時起床，朝課如常。七時後坐艦進泊枋寮附近之平埔海面，船團各艦亦已如計畫進泊，陣容雄壯整肅，此為生平以來所未曾見者，而亦生平所期望者，今幸達到此一日矣。此並非為海空軍力強大，而以實力雖甚小，但建軍基礎及基本動作皆已樹立始基而已。九時後演習開始，依照登陸作戰之程序與預定計畫，順次實施，至十二時第一波登陸部隊搶灘登陸完畢時，乃啟椗返航，途中午課後，四時前回高雄西子灣澄清樓休息。晡與經兒散步，至游泳場前休息後回。晚餐獨觀「風雨車牛〔牛車〕水」影劇，余認為國片中演技最佳者也。晚課後廿二時寢。

十一月五日　星期一　氣候：晴

雪恥：一、聯合國大會通過中東設置國際警察隊，監察運河停戰案，並建議俄軍撤離匈國。二、英法傘兵佔領運河沿岸各機場，聲言願停火交國際警察軍接管。三、俄聲言將派海空軍往埃及反抗侵略。四、俄軍對匈國發動總攻，匈京成為火海，屠殺慘狀將不堪言喻。五、廈門匪軍渡海來歸者鄒壽生[1]，又北韓中共匪軍徐啟民來歸，此為韓國停戰後來歸之第一人，此二人之誠意，皆非普通歸誠者可比也，特感欣慰。
朝課後記事，上午補記九月、十月份自反錄。午課後，續核和平共存最後修正之稿件，至晚始完。與經兒車遊市中回，晚課。

十一月六日　星期二　氣候：晴

雪恥：一、巴基斯坦總理蘇拉華第訪北平時，與周匪[2]發表共同聲明，乃為其放棄東南亞公約之前奏乎。
五時後起床，朝課後續核和平共存稿第四、第五編昨所修正者，再作審核二小時，作為最後定稿，寄交希聖同志付印。十時前到岡山，本年度年中檢閱空軍開始，高射砲射擊成績有顯著的進步為慰。舉行空軍指參學校第十六期畢業典禮，與校閱將士一併致訓。正午召見菲國新聞局長[3]後，點名聚餐畢，回澄清樓。午課後記事，閱報。晡與經兒車遊左營，晚約于竣〔焌〕吉[4]大使聚餐，觀舞向自由，美製影劇及國片皆佳，晚課。

十一月七日　星期三　氣候：晴

雪恥：一、美大選結果，艾克已獲得絕對的勝利，此乃反共世界之第一希望，尤其是尼克生副總統連任，更為我中國反共勝利帶來之佳兆也。惟其兩院選舉結果，共和黨皆居少數，不無可慮耳。

1　鄒壽生，解放軍第三十九軍第九十一師偵查員，1956 年 11 月 3 日攜械向金門投誠。
2　周匪即周恩來。
3　克如斯（Jose A. Cruz），菲律賓新聞部部長。
4　于焌吉，字謙六，1946 年 2 月任駐義大利全權大使。1952 年兼任駐西班牙全權大使。

朝課後記事，朝餐前後散步遊覽回，閱報。時時聽取美大選情形報告，至正午十二時，其各選區票數艾克已超過其應得之數，其聯任已成定局矣。華盛頓明星報主筆白朗[1]夫婦來訪暢談，聚餐，午課後復敘，留其住宿一晚，彼欣受不辭。晡與其同車遊鳳山大貝湖，晚餐後續談至十時後別去。晚課，入浴，睡時已十一時餘矣。

十一月八日　星期四　氣候：晴

雪恥：一、美國大選之後，對反攻復國計畫應着手考慮具體方案：甲、國際形勢之發展（利與害二項）。乙、共匪內容及其可能行動。丙、俄與毛的關係。丁、俄共今後國際政策之變化如何。戊、美對我反攻行動是否援助。己、對美援要求之具體事項：子、武器。丑、經濟。二、反攻開始前，對大陸準備與實施之部署及行動。三、宣布戒嚴。

朝課後記事，十時到岡山，對陸軍第二軍團舉行年中校閱後，召見美顧問三員，聽取其報告畢，聚餐完回澄清樓。午課，閱報，召見吳道良[2]，此人可用。晚觀美製成吉思汗[3]「征服者[4]」，影劇甚佳且有益，彼侵佔王罕[5]後第一事，即殺了其王罕國叛亂主謀之降將，實為其成功第一之因素也。讀詩，晚課。

1　白朗（Constantine Brown），美國《華盛頓明星報》（*The Washington Star*）主筆。

2　吳道良，浙江杭縣人。1955 年 3 月任臺灣鋁業股份有限公司協理，1958 年 5 月任臺灣省菸酒公賣局局長。

3　成吉思汗（1162-1227），即元太祖，為蒙古帝國、元朝的奠基人、政治家、軍事家。

4　《征服者》（*The Conqueror*），美國雷電華電影公司（Radio-Keith-Orpheum Pictures, 簡稱 RKO）1956 年出品，迪克・鮑威爾導演，約翰・韋恩（飾演成吉思汗）、李・范克里夫與蘇珊・海華主演。

5　王罕、王汗、汪罕（？-1203），名脫里或脫斡鄰勒，克烈末代首領，因受金國冊封為王，故稱王汗。

十一月九日　星期五　氣候：晴

雪恥：一、對美要求其能贊助我反攻大陸為前提，至於物質援助暫緩提出。二、物質援助之大要：甲、降傘三萬項。乙、輕轟炸機一至三中隊。丙、原子砲一至三中隊。丁、潛艇二至六艘。戊、飛彈火箭阿比式。己、借貸白銀約值美金五億圓之數。

朝課後記事，考慮國際形勢，斷定俄無實際派軍援埃之可能，中東不致發生大戰，亦即俄只虛聲恫愶，不敢派兵出國參戰之明證，此乃於我有利，而中立主義者埃及演成孤立也。上午舉行年終海軍總校閱，進步甚多。午課後研究大勢與向美要求的問題。晚與經兒巡視愛河沿岸新建旅館工程回，散步觀月後，看「無敵機械人」影劇，讀詩，晚課。

十一月十日　星期六　氣候：晴

雪恥：一、美國大選愛克聯〔連〕任以後，對俄國威脅中東戰事，採取積極準備行動之表示，乃可消除中東大戰之禍因矣。二、令國防部特別預防共匪偷襲，加強戒備。三、要求日本加入聯合國以後，保證其不與共匪妥協，而後仍繼續協助其加入之政策也。

朝課後記事，上午審核閻伯川所擬總理誕辰文告，不甚合式，乃由其本人名義發表也，續記上月反省錄。午課後修正羅志希[1]代擬文告，尚可採用。晚與經兒、文孫車遊左營回，散步觀月後，觀國製影劇「春去也」，不可觀，中途停止。膳後觀月，晚課，廿二時後寢。

1　羅家倫，字志希，籍貫浙江紹興，生於江西進賢。時任中國國民黨中央委員會黨史編纂委員會主任委員。

上星期反省錄

一、共匪聲言退出今年世界運動會在澳洲所舉行之運動會，以其為邀請我國參加，並將其名次列在我國之後為理由，其實彼為澳之華僑反對，而其偽國旗又為華僑撕下，調升為我青天白日國旗也，此實為我在國際組織中之一重大勝利也。

二、南韓軍用飛機被共匪擊落二架，在此時期發生此事，應加戒備。

三、英、法聯軍佔領蘇彝士運河各要據點後，聲言願將其據點交國際警察部隊接管，以色列亦表示撤出西奈半島，惟埃及猶聲言外國軍隊不撤出埃及，決繼續抵抗到底。

四、俄國大批軍機六日晚經土耳其高空南飛，並積極調集大軍，要求土、伊（朗）假道援埃，其勢似甚兇險也。

五、五日俄軍對匈牙利革命襲擊，包抄匈京成為火海，屠殺甚慘，聯合國決議要求俄軍撤出匈境，反對其屠殺匈國革命之暴行，然而徒托空言，究何補益於反共耶。

六、美國大選愛克聯〔連〕任，其將予我反攻復國成功之新希望乎。

七、對今後國際新形勢之研究，尚未能深入澈底也。

八、緬甸宇奴訪匪後，對於匪侵緬軍撤退一部，從事妥協，此乃匪為國際情勢惡劣，故作此表示，但余不信緬能安心無慮，而專對我緬邊之游擊隊也。

本星期預定工作課目

1. 工作協調會議組織之督導。

十一月十一日　星期日　氣候：晴

雪恥：一、美國「俄克蘭」論坦〔壇〕報注重中國問題之內容查明。

朝課後增補和平共存稿中，關於俄共戰爭思想與東方孫子[1]及成吉思汗學術之關係一段，頗為得意。續修總理誕辰文稿，以俄共清算史大林與中共慶祝我國父誕辰之對照一段，說明共匪反覆無常，投機取巧的無恥行徑，以證其共匪所謂革命歷史的真相所在，後因商討結果，予以刪除也。記事，記上周反省錄。膳後召見劉[2]代要塞司令畢，即到臺南起飛，回臺北已十六時半矣，入浴後修稿。晚與妻散步，續修前稿，晚課，廿二時半寢。

十一月十二日　星期一　氣候：陰

雪恥：一、毛匪對我國父誕辰紀念詞最後結語：「孫先生也有他的缺點方面，這是要從歷史條件加以說明，使人理解，不可苛求於前人的。」可知毛匪對國父的心理是如何藐視與侮辱，以牠的口味，今日不對國父清算，是牠的不究既往的寬大態度，能不悲憤知恥乎。

朝課後記事，自讀國父紀念文，對於聯俄一點之說明顯有弱點，應加補正也。十一時在府中舉行紀念典禮後，與希聖談和平共在稿譯印問題。午課後與大姊[3]及妻車遊大溪，敘談今昔有感。晚續審前稿第四編第一章之各節與標題，重加修正，晚課。

1　孫武（約前 545- 前 470），字長卿，春秋時期齊國人。著名軍事家、政治家，兵家代表人物。兵書《孫子兵法》的作者，後人尊稱為孫子。

2　劉義生，號德專，湖北沔陽人。時任高雄要塞司令部代司令。1957 年 6 月，調任陸軍軍官基本訓練中心副主任，7 月任第六十軍副軍長。

3　大姊即宋靄齡。

十一月十三日　星期二　氣候：晴

雪恥：一、要塞撤消後，重要火砲之如何接管。二、蘇俄軍事考察團派到南斯拉夫之性質，實為中東問題嚴重開始，近周來頻傳俄軍之向西、向南集中情報，以及其志願軍人員到達埃及、敘利阿之消息，更堪注意。三、駐外使館應設統戰員。

五時起床，朝課畢，與妻送大姊至機場赴香港，感想無涯，回寓記事，早膳。十時入府，召見調職人員後，主持一般會談，對於工作協調會議之組織要旨垂詢與指示頗切。午課後，傷風。續核和平共存之增補各段與校對重印本，錯誤仍多也。晡約美國特種作戰組長[1]與陸軍部次長[2]茶會。晚續校前稿，晚課後廿二時寢。

十一月十四日　星期三　氣候：晴

雪恥：一、此次革命失敗遷駐臺灣後八年來之反省，最堪痛心者，乃子文[3]在政治、經濟上之奸詐行為，實與為黨務上之汪逆精衛[4]、軍事上之白逆崇禧罪惡相等也，惟其行動為私心自用、敗壞國事，而非叛變已也。思之愧怍，記此特自暴其知人不明、用人不當，以致貽誤黨國之罪也。

朝課後續修和平共存稿第五編，有關中東之中立主義與俄共經紀代理人狄托一段，頗費心力，又結果中日本侵華與美國縱共責任問題，亦重加修正也，

1　艾斯金（Graves B. Erskine），美國海軍陸戰隊將領，時任國防部特種作戰主任。

2　羅德力克（George H. Rodrick），時任美國陸軍部主管軍民作業助理部長。

3　宋子文，原籍廣東文昌，生於上海。曾任外交部部長、行政院院長、廣東省政府主席等職。1949 年 1 月蔣中正下野後辭職移居香港，1950 年起寓居美國。1950 年初，兩度拒絕返回臺灣，1953 年，被開除國民黨黨籍。

4　汪兆銘（1883-1944），字季新，筆名精衛，籍貫浙江紹興，生於廣東三水。歷任國民政府主席、軍事委員會主席、行政院院長、國防最高會議副主席，及中國國民黨中央政治委員會主席、中國國民黨副總裁等。1940 年 3 月，與日本合作在南京別立政權。

故本日中央常會未能出席。午課後記事，閱報。本日傷風，未外出散步，晚讀詩，晚課。

十一月十五日　星期四　氣候：陰晴

雪恥：一、人心之可貴者，在於虛靈，虛靈者，即天性－理性之所在也，亦即所謂靈心是也，故虛靈者，虛則靈也之意，以此虛靈本體，清虛明徹而不能有微塵滯染，其間亦即不能有絲毫污點存留也，惟此虛與「空」有別，須知虛非空也，故此靈心必有天性為之主宰，若其空洞無物，則其他邪惡隨之侵入而為主矣，故靈心必有上帝所賦予之天性，為之充實無隙，乃得謂之虛靈也，此即所謂心欲其虛，又欲其實也，但此「實」者，近乎充沛自在，而非充塞飽滿，更非阻塞停滯之意也。

朝課後修稿，上午入府會客回，記事。午課後修稿。晚宴僑胞祝壽者九百餘人畢，觀粵劇回，晚課，廿三時前寢。

十一月十六日　星期五　氣候：晴　大風

雪恥：一、金門指揮系統與主官人員之研究。二、羅列、袁樸[1]及羅友倫[2]之職務。

朝課後，記「虛靈」之心得一節。膳後赴龍潭，舉行第一軍團年中校閱，今日風旺無比，在此風季，新竹區平時風速本已甚急，而此次又加颱風（在菲

1　袁樸，字茂松，湖南新化人。1952 年 2 月出任臺灣東部防守區司令官。1953 年 3 月調任預備軍團司令官。1954 年 5 月調任第二軍團副司令官。

2　羅友倫，原名又倫，號思揚，廣東梅縣人。1955 年 9 月，調任國防部參謀次長。1957 年 4 月，調任海軍陸戰隊司令。

附近）影響，故更猛烈，幾乎站立不穩也。正午點名後聚餐，訓話，在操場上因對風訓話與讀訓，故略覺喉痛。午課如常，午後記事，考慮俄共冷戰發展之竅訣，最大為乘美英對世界政策敵我不分與是非不明之態度，此其所以能混生〔水〕摸魚，乘虛抵隙而實施其矛盾統一律之故技也。晚以寒冷不適，在寓休息，與妻閒談，讀詩。晚課後廿一時半即寢。

十一月十七日　星期六　氣候：晴陰雨

雪恥：一、紐約中國銀行之調換（李德燏[1]）。二、要塞移轉為省轄機構，其炮位與產業保管計畫如何。三、共匪鷹廈路工轉移於新疆修路工作，可知俄共之積極備戰與毛匪依附俄帝之決心，以毛匪自知其一旦叛俄，則其將無立足餘地也。

朝課後記事，入府召見坤甸與北婆羅洲及越南僑領畢，主持財經會談，聽取華僑回國接洽經濟之經過報告後，加以指示，對於國際貿易與商務機構之調整以及今後行政工作之要領：甲、政策。乙、計畫（總）。丙、組織。丁、權責。戊、時限（積極迅速）。加以指示行政過去之風習，甚難改革為慮，午課後以食蟹太多，消化不良，故心神不適，批閱。晚宴義國議員，晚課。

上星期反省錄

一、本年度年終校閱，至十六日龍潭第一軍團校閱完畢後全部完成，此為中興史上一大事也，惟最後一日因風猛而傷風喉痛，身心不甚舒適耳。

1　李德燏，浙江紹興人。時任中國銀行紐約分行經理，1957 年 7 月調任中國銀行臺灣總行副總經理兼國外部經理。

二、星四晚宴華僑第二次祝壽團九百餘人，對於此次祝壽之舉乃告段落為慰。

三、埃及納塞最後接受聯合國警察部隊行使其職務，但此一部隊組織複雜已極，能否有效是一問題。

四、共匪對俄共征服之行動，其最後匪黨二全大會，發表其全力信任俄共行動為正當之宣言，是其對俄寇始終順服依從之又加充實一層也。

五、俄與匪一周來所唱援埃志願軍大事宣傳，卒因美國反對而乃消聲匿跡，以阿拉伯同盟各國亦反對俄匪軍入埃也。

六、俄共又向美國提出裁軍新方案，名為同意美國空中偵察計畫，而實則不能發生效用，乃與其前所答案無異也，但其一方面提催裁軍，而同時又於十七日試放高空爆炸之氫彈，對美示威挑戰也。

七、聯合國本屆大會，美國提案不討論中國代表權問題，以四十七對廿四票通過，而印度小丑又呶呶不休再度反對，可謂無恥之至。

本星期預定工作課目

1. 海外貿易與華僑合作計畫。

十一月十八日　星期日　氣候：陰雨

雪恥：一、共匪最近新的口號：「共產主義各國必須以蘇聯為首的加強團結」，此為使俄共對其不妒忌，爭取平等或領導地位之野心為出發點？

昨夜喉病忽劇，以致睡眠不佳。今晨朝課後，校核新增補稿「敵我不分」一段，改編於中立戰術一節之內，比較簡明不複也。午課後續修前稿，與希聖商談編譯方法，並報共匪消息，將對「聯俄」、「容共」與西安事變發表當時事實，余初聞之，共匪以此三案皆有鐵證，史料不能再製造其虛偽材料，何以有此消息，繼乃知其對此三案無法再作辯解，故其特放此將另發表事實之消息，以混淆視聽，使閱者以為其真另有事實，以疑我在總理誕辰所說為不確也，其實他決不敢再製造曲解或另作辯明也。晚課。

十一月十九日　星期一　氣候：雨

雪恥：一、對外貿易業務應劃歸經濟部主持，或以信托局改組為商務機構。二、物資局業務應否改隸其他機構，集中事權。三、對韓、越、泰等有美援各國貿易之特種計畫。四、各使領館應增設統戰與黨務人員。五、對華僑投資輔導組。六、交通服務之改良。七、對外貿易總計畫。

朝課後記事，十時到研究院主持紀念周，並舉行政工幹部高初級班第五期畢業典禮後，召記〔見〕劉乙光[1]，對張學良[2]生活行動加以注意。午課後閱報，批示。今日傷風喉疾未痊，故未外出散步。晚觀國製影劇「青山秀谷」尚佳，膳後晚課畢，早睡，以喉痰作癢，仍未能安睡。

十一月二十日　星期二　氣候：雨

雪恥：一、行政要領：甲、政策。乙、組織。丙、人事。丁、權責。戊、統一。己、計畫。庚、時限。辛、執行。壬、考核。癸、結果成效。

1　劉乙光，原名書之，字乙光，湖南永興人。1937 年出任軍統局直屬的張學良管理處主任，負責監管張學良。1952 年任保密局組長，繼續擔任張學良的看守總管。

2　張學良，字漢卿，奉天海城人。1936 年 12 月 12 日，與楊虎城向蔣中正「兵諫」，爆發西安事變，12 月 25 日，釋放蔣中正，並隨蔣回南京。12 月 30 日被判刑十年，五日後即被特赦，但一直遭到軟禁。1946 年 11 月起居住新竹縣五峰鄉清泉溫泉，1957 年 10 月移至高雄西子灣。1959 年移居臺北北投，1961 年解除管束。

本日七時方起床，朝課，閱報，入府召見僑領三批後，主持宣傳會談，認為英、法對埃及軍事行動結果之失敗，俄共不能達到其志願軍援埃之目的，亦並未勝利。最近共匪二中全會所發表消息，特唱「以蘇俄為首共產主義各國之團結」口號，以及其糧食與副食物之缺乏恐慌，尤其財政經濟已經走到盡頭之狀況，皆已完全暴露矣。午課後批閱公文，經濟貿易問題之發展特加重視。晚閱報，剪報，晚課。

十一月二十一日　星期三　氣候：雨

雪恥：一、周匪[1]訪問南亞各國，在此東歐與中東局勢緊張中，其對各鄰近弱國之安撫與恐懼心理為何如乎？

昨夜睡眠不佳，今晨七時起床，朝課後記事，十時至中央常會，對於海外黨務組織與職權皆有新的規定，或較有進步乎。最近以行政院無力鮮效，甚為焦慮，鴻鈞性情與習氣，恐難期其有新的振作也，但繼任人選頗難，甚想為其選擇有能力秘書長為其協助，以免調動人事也。午課後記事，並補記九月份自反錄，晚續校和平共存稿對於第四編第二章節目復有改正也，晚課。

十一月二十二日　星期四　氣候：雨

雪恥：一、美參二期特班生之報告與召見。二、特別第三班續辦之交涉。三、軍人地位與優待之各種設計與可能的實施。四、軍官真退役制經費之設計。五、對外貿易之具體方案。

1　周匪即周恩來。

朝課後記事，續修前稿攻心戰術與中立戰術二節重複各點。入府接見義大利、古巴、北婆羅洲、越、泰、緬、日各區華僑來祝者計八批後，批閱公文。西藏反共抗暴情形並未平熄，應設法援助。午課後批閱公文，清理積案，外蒙近情得美記者報導，如獲至寶也。修正反攻自由歌完，晚研究高級將領調動資料，晚課。

十一月二十三日　星期五　氣候：雨

雪恥：一、美參將二班學員之報告。二、續辦特三班之交涉。三、特二班成績之要求。四、傘兵訓練團之擴充計畫。五、軍人優待與提高社會中地位之方案：甲、乘車乘船半價。乙、觀影劇與旅社半價。丙、軍人招待室。丁、軍眷優待病患醫藥與教育之公費。六、要塞撤消之善後與砲位之保管如何。七、阿比式飛彈、火箭砲與原子砲之訓練人員。

昨夜睡眠以服中藥後喉痰已消，睡眠亦佳。今晨朝課後記事，入府見新馬記者團後，召見雷法章[1]等畢，情報會談，批閱公文。午課後，審查明年度團長以上派入各學校與學社教育之人員調動名冊未完。晡約沈常福馬戲團[2]茶會。晚觀影劇，晚課。夜失眠。

1　雷法章，湖北漢川人。1948 年 7 月，出任考試院秘書長，1952 年 6 月，調任銓敘部部長。

2　沈常福馬戲團在東南亞享有盛譽，於 1956 年 10 月 10 日雙十國慶晚會上進行在臺灣的第一場表演，10 月 13 日至 11 月 25 日更在臺灣各地進行百餘場表演，演出內容包括老虎、獅子、大象、黑猩猩、袋鼠等動物的特技表演，以及空中飛人、走鋼索等驚險的高空表演，深受觀眾喜愛。

十一月二十四日　星期六　氣候：雨

雪恥：一、對美軍援要求：甲、中型戰車。乙、魚雷快艇。丙、噴射轟炸機，各種武器。二、傘兵訓練擴充計畫，每年以一萬人訓練完成為度。三、軍官退役基金，以公營事業股票為主，另發現金二至三成。四、孫[1]案人犯處理。

朝課後記事，考慮會談提示。入府召見僑領二批與調職人員後，主持軍事會談，在聯合作戰室組織比較現代化矣。解決部隊伙食副食供應實施計畫，及經費與美援運用方案，皆甚重要也，指示要務五項。午課後審核調學人事案，修正新馬記者問答語，招待比團參議員二位[2]。晚續審人事後晚課。

上星期反省錄

一、本周傷風，喉痰漸劇，睡眠亦差，但為處理軍隊校閱後各種延擱公務甚多：甲、分別接見僑領。乙、指示經濟、政治與僑務。丙、考慮軍事明年度建設事項。皆得順次清理，尤其和平共存稿五次修改編印，至星四日乃得完全脫稿，作最後之定稿，此一大願總算已償矣。

二、國際情勢：甲、英、法在埃及撤兵問題，對塞德港部隊不允速撤。乙、匈牙利反俄革命被俄軍征服漸近尾聲。丙、南斯拉夫狄托與俄共交惡日劇，但不會破裂。丁、波蘭、東德、羅馬尼亞之反俄風潮並未平熄，故俄共今後統治東歐之破綻決難彌縫，其崩潰之勢至少可說已開始。

三、美國反俄政策似較前堅定，而且正在積極策劃新方案乎。北大西洋各國以英、法為中心，其反俄情緒亦有增無已，而阿拉伯與回教各國，反對

1　孫即孫立人。
2　參議院議員蕭特（Jean Shot）、眾議院議員布拉賽（Maurice Brasseur）。

俄派志願軍進入埃及之勢力甚顯，納塞已成強弩之末矣，印度尼丑[1]對俄亦將隨風轉舵乎。

四、周匪[2]急急訪問南亞印、緬等地，企圖勾結，緩和反共情勢，今後恐非如往日之易予乎。

五、大陸共匪之財政、經濟趨勢惡劣，乃可斷言其日甚一日，故其崩潰開始矣。

六、共匪所提「以蘇俄為首之社會主義各國團結」之新口號，實為毛匪崩潰滅亡之喪鐘也，應特加注意毋忽。

十一月二十五日　星期日　氣候：陰

雪恥：一、對美建議其應採取主動反共行動。二、要求美國撥借攻擊武器與訓練武器。三、催籌增加薪俸基金。四、限期調整職權與人事制度。

朝課後記事，上午續審調學人事後，禮拜畢，往觀沈常福馬戲團表演十種技能，頗感奇異，其中虎豹之馴服一如人性，使余發生教育改造性能之信心益增也，其他技術雖精，無足駭異。午課後記上周反省錄，晚宴土耳其議會訪問團後晚課。

十一月二十六日　星期一　氣候：晴　寒

雪恥：一、對美默許我反攻大陸之政策。二、對美要求撥給我訓練之武器：甲、阿比式飛彈火箭。乙、原子砲。三、降落傘三萬具。

1　尼丑即尼赫魯（Jawaharlal Nehru）。

2　周匪即周恩來。

朝課後記事，入府會客，召見義大利訪華團長及香港回國祝壽團各團長，又秘魯僑領等。召見港幹朱瑞元[1]，詳告雙十節港人反共空前熱烈情形後，批閱。召見岳軍、公超、大維畢回，午膳後起飛，午課後在臺中着陸，乘車轉日月潭休養。晚膳後研究共匪中委人事，晚課，九時半寢。

十一月二十七日　星期二　氣候：晴

雪恥：一、傘兵計畫鈔送一份。二、政經與軍事黨務近、中、遠各程之計畫。三、戰略研究會與第三廳聯系協調之工作應加強。四、反攻總計畫之確立與明年度之訓練總計畫。五、各部廳工作考核與測驗組。六、聯絡組優秀人員之考報。七、各單位特保最優秀人員二名。八、致愛克函以根據其上次復書之重申前議，且以時局已經改進為主題。九、對美要求新武器之撥援。昨夜宿涵碧樓甚好睡，今晨七時起床，日光湖色相迎，心神愉樂。朝課後早膳，散步回，記事。正午緯兒來談其工作，頗有長進，其對研究發展能力獨優也。上、下午皆研閱共匪八全大會之剖析小冊，皆為有益。晚續審人事，午課、晚課皆如常，心神頗悶，晡獨自乘舟遊湖，廿二時寢。

十一月二十八日　星期三　氣候：晴

雪恥：一、今後對於自由文人之政策，只要其無匪諜嫌疑與關係者，則其反對政府與惡意批評者皆可寬容不校，以此時反蔣之惡意言論，不能減低政府

1　朱瑞元，字仲甫，號靜之，廣東高要人。歷任中國國民黨改造委員會駐港九支部主任委員、中國國民黨中央黨部駐港澳特派員、港澳指導小組召集人，並獲聘為中國國民黨第九屆至第十四屆中央評議委員。

之權威也。二、文孫體力與心志皆不宜於學習軍事，應使其從早退學，改習文科為宜。三、對美商談軍援要旨：甲、降落傘。乙、飛彈火箭。丙、潛艇。丁、原子砲。四、國防部近期工作重點：甲、反攻大陸之登陸地區之決定。乙、反攻之軍事作戰計畫。丙、反攻部隊專長訓練之指定。丁、要塞歸省防之方針。戊、軍官退除役基金。己、軍眷待遇。庚、新式噴射戰鬥機。辛、第二期戰備校閱之目標與課目。

朝課後早膳，散步，記事，續審國防大學第六期調訓學員完。午課後，與與[1]乘舟遊湖，以湖水滿足，故入水口之噴度不見也。

十一月二十九日　星期四　氣候：上晴　下陰雨

雪恥：昨晡遊湖回後，觀影劇美製「汽車站[2]」片，並不甚佳。晚膳後，重校和平共存第五次新印本第一編開始，廿二時前晚課後寢。

朝課後早膳散步，記事，審核團長級人事與明年度國防部中心工作之指示。午課後續校「和平共存」第一編完，尚有修正之處。晡散步，入浴後，考慮反攻登陸地區，作最後之決定，乃以興化灣先行登陸，作進取福州之姿態，以吸引敵之兵力後，再以主力向韶安灣、拓林灣方面登陸，直取澄海機場與潮汕，佔領灘頭陣地，即向鷹廈鐵路兩側地區挺進，側擊泉、廈敵之主力，壓迫之於福、泉沿海岸而殲滅之。晚與孟緝商談反攻計畫與國防部工作重點後，核稿，閱報，晚課，廿二時後寢。

1　原文如此。

2　《巴士站》（*Bus Stop*），美國二十世紀福斯（Twentieth Century Fox）出品的電影，由約書亞・羅根（Joshua L. Logan III）執導，瑪麗蓮夢露（Marilyn Monroe）、唐・莫瑞（Don Murray）主演。1956 年 8 月 31 日首映。

十一月三十日　星期五　氣候：陰　微雨

雪恥：一、公超對於和平共存稿認為太長，不能迎合讀者心理，彼擬為余代擬一篇較為簡短之文字，以代余稿，殊為可笑，彼為新聞記者，只知迎合他人心理，而不敢主動發表其本身主張，此乃投機之記者一般心理，無足為怪，殊不知余之此冊，乃是將余反共思想與經驗以及主張與對俄共政策行動，應明告世界人類，此乃余之責任，不惟余之地位應如此而已，故對原著只准其修正英譯之文句，而不願其修改原意與內容也。

朝課後與孟緝談話，辭去後散步，記事。審核實踐學社下期調訓學員，頗費心力也。午課後閱報，與妻車遊水裡坑。晚觀影劇後，與國華談中信社貿易政策後，散步，晚課。

上月反省錄

一、七十初度之自反：甲、三軍戰備初步完成之程度，僅以官兵訓練普通作戰之能力具備而已，至於攻擊武器與儲備數量則談不到耳。乙、聲望日重而修養與靈程並無進步，惟學術與思慮智識或比前增強矣。丙、人民對余期望殷切，信心加強，尤以華僑為然，中東與歐洲人士對我政府之觀感，亦由此次閱兵與演習之成績似已為之一新也。

二、本月國際上變化最大，共產集團之矛盾與分裂完全暴露，亦可說世界反共形勢優劣之轉捩點也：甲、俄共先以武力脅迫波共屈服，繼以武力實施征服匈國，而匈民反俄革命勢力雖被征服，但其行動與精神仍繼續反抗，而並未被其消滅也，匈民反共之價值，實不亞於法國大革命初期爆發之地位也。乙、狄托與俄交惡。丙、共匪宣布擁護俄共征匈，並聲明其「以俄為首的共產各國之團結」，是其再表明依存俄共之決心。丁、共匪二中全會，除決定依存俄共以外，補救其人民副食物之減產與經濟崩潰之政策，斷定其已無法挽回其命運。戊、周匪[1]遊說南亞各國，特別勾結印度，希望允其向美牽線，故周匪在南亞各地演說，對美時送秋波，而一面又不能不擁護俄共征匈，而痛斥西方美、英殖民政策，以討好中東與南亞各國，其虛偽之真相，仍不能欺瞞世人也，尤其是在印度民眾歡迎場中炸彈爆發，以報其兇犯，不能不使之對反共勢力驚惶失色也。己、共匪在澳洲世運大會無顏立足，乃為我代表排除不能參加，此實為國際社會中，共匪所受重大打擊之又加一次也。庚、聯合國代表權問題，我雖能四十七票對廿四票致勝，但投共匪票者，今年已增至廿四票，比去年幾增一倍，其勢甚堪注意。辛、東歐附庸各國之內部反俄形勢，以匈牙利革命影響，幾乎全部動搖矣。子、英、法猶進攻埃及，

---

1 周匪即周恩來。

佔領蘇彝士運河沿岸各據點與塞德港，卒為美國反對而由聯合國部隊接防以後，英、法無條件退出，乃以不了了之。丑、大西洋聯盟各國反俄形勢已經增強，而美英裂痕亦並非不能彌縫也。寅、回教國對埃及與敘利亞親共，受俄武器接濟，土耳其與伊拉克且露骨反抗，故埃及納塞雖未倒塌，但其勢殊難復振矣，而共匪對埃除經費以外，並輸送糧食與羊、牛肉為之接濟，但其月初所唱援埃志願軍響澈雲霄者，而最後則消聲匿跡矣。卯、美國大選愛克聯〔連〕任，或終於我有利乎。辰、俄共試放新核子武器空中爆發成功矣。

三、年終校閱完成，但受寒致病，喉又作癢，幾難安眠也。

四、國防大學與實踐學社下期學員人選親自審核已定，頗費心神。

五、國防部明年度工作計畫之方針與反攻地區及時期，亦大體決定矣。

六、和平共存第五次稿與譯文初稿審定矣。

十二月

民國四十五年十二月

本月大事預定表

1. 反攻前對大陸進行事項之具體研究。
2. 改變文武幹部之習性為第一要務（惰性）。
3. 軍官退除役基金之指撥。
4. 加強軍士制度，增加俸給。
5. 各級命令不能貫澈之原因，在上級不重監核。
6. 車禍在塞車不實與超越速度。
7. 步砲兵聯系不良。
8. 經理軍醫與兵工業務不良（改變舊習）。
9. 國防部各廳局與聯絡組之特優考績人員召見。
10. 反攻時期農村政策與綱領之研究。
11. 對共匪工農聯盟之騙局應如何揭穿與定對策。
12. 電話傳達聲音限度之特別訓練。

十二月一日　星期六　氣候：陰

雪恥：今日為我夫婦結婚二十九周年紀念日，特別欣快歡愛。曾憶八年前余妻前往美國，要求馬歇爾援手之時，亦正於我們結婚紀念日到達美國，受盡其朝野冷酷的諷刺待遇之情形，而今日在臺反攻復國尚未開始行動，但其人民代表、參眾議員，皆欲將來日月潭休假地點親訪面晤為快矣，可知人與國必須自立自助，而後纔得人助，若徒求於人，則惟有被辱而已。

朝課後膳畢，察勘新築旅舍地址後，續核前稿，加以修正。午刻美參、眾兩院議員太爾[1]夫婦等十四議員來訪聚餐，暢談一小時後辭去。午課後閱報。晡與妻車遊埔里，追述往事，無任感慨。晚約侍衛長等聚餐後，觀影劇畢，晚課後入浴，廿二時寢。

上星期反省錄

一、此次來潭休養期間所考慮與決定各點：甲、反攻登陸地區審慎已加決定。乙、傘兵使用計畫之擬定，對美提出要求以試其誠意如何。丙、反攻時期亦經決定。以上三事，實為最重要之急務。

十二月二日　星期日　氣候：晴

雪恥：一、美國務院最近發表一九四二年以後，中、美外交有關文件與檔案，名為白皮書之補編，或可以糾正其杜魯門政府時代，艾其生[2]所發布之謊〔荒〕謬論調，以澄清中、美十五年來之關係，當有重大補益也。

朝課後續修和平共存稿中第四編第一章第八節中，自由世界對共黨應注意二點，重加增補後記事。午課後，再補修第三編第二十九章，中共土改與農工聯盟之目的最後一段，乃有必要如此，則其內容更能充實矣。余妻主持英譯

1　太爾（Henry O. Talle），美國共和黨人，1939 年 1 月至 1959 年 1 月為眾議員（愛荷華州選出）。

2　艾奇遜（Dean G. Acheson），又譯艾其生、艾其蓀，美國政治家，曾任國務次卿，1949 年 1 月至 1953 年 1 月任國務卿，後即自政界退休。

文稿，對余中文原稿商討亦有重要修正之點，可慰。晚觀美製影劇「加貝」頗有意義，晚課。

十二月三日　星期一　氣候：陰晴

雪恥：一、經兒所著「我的父親」一書之名稱，對於他似有損失為慮，以其工作能力，不必以家人父子關係為其憑藉，更為有利也，而且胡適之[1]先有其所著「我的母親」一書，則經兒此次書名，人以為其倣效適之所為，更為不利也，應使之警惕，並圖今後補正之道。二、對李承晚商討中、韓同盟之建議，不宜作正面之拒絕，應先解決以下各問題為前提：甲、韓國停戰協定如何廢除。乙、如何獲得美國諒解或同意。丙、中、韓鐵幕內引發反共革命行動為第一要務。丁、此時如何能使美國作不得已之援助行動。

本日朝、午、晚各課如常，上、下午皆續修和平共存之增補新稿，對於三十五年四、五月間四平街戰役及第二次停戰令結果一章之修正，更費心力也。晡與妻遊湖。

十二月四日　星期二　氣候：陰晴

雪恥：一、英、法聲明無條件的撤退留在埃及之全部軍隊，在政治上與對俄戰略上，不失為明智之舉，此又美國之重大勝利，但此後第二步行動，就要看俄共在中東挑戰，與非法對敘利亞等國運械助亂之行動如何而定。余判斷

1　胡適，字適之，安徽績溪人。曾任駐美大使、北京大學校長。1950 年 9 月至 1952 年 6 月，任美國普林斯頓大學葛思德東方圖書館館長。時任中央研究院院士、第一屆國民大會代表，寓居紐約。1957 年 11 月任中央研究院院長，1958 年 4 月返臺就職。

中東糾紛，非至大戰無法解決也。

朝課後記事，散步。上午續修文稿，研究韓國金[1]大使文件。正午與金談話要旨，李承晚所提中韓軍事一致行動之約言，或兩國訂立同盟皆無問題，自可同意，惟應注重二個前提：甲、韓國停戰協定如何取消。乙、必先使美國同意或要求美國參加成為三國同盟，如此方能實行有效也。午課後寫經兒覆信後，閱報。晡與妻遊湖，參觀玄奘[2]新廟，晚觀影劇後續校前稿，晚課。

十二月五日　星期三　氣候：晴

雪恥：一、聯合國大會議決限匈牙利七日以前，答覆接受其派遣視察員入匈調查之要求一案，此乃為英、法在埃撤兵之根據乎。二、致愛克函意，應對中立主義之為害一點特加強調。三、傘兵使用計畫，應通知葉外長注意。

朝課後，續修卅五年四、五月間四平街戰役之關係一段，因此段性質甚為重要，記事後續校核第二編完，並增補共匪製造我政府與日本秘密進行單獨停戰之謠諑，以期美國對華斷絕援助之陰謀一段，殊有必要。正午紐西蘭駐泰大使雙納翰[3]來訪，留餐。午課後續校第三編完。晚與妻及公超商討第一編修改各點後，觀影劇畢，晚課後散步，廿三時寢。

1　金弘一，韓國獨立黨人。1948 年 6 月返韓，相繼出任南韓陸軍士官學校、陸海空軍參謀學校校長。1951 年 10 月至 1960 年 6 月，出任韓國駐華大使。

2　玄奘（602-664），俗姓陳，名褘，唐洛州緱氏縣人，師承印度那爛陀寺戒賢大師，為中國佛教法相唯識宗奠基人，被譽為漢傳佛教最偉大的譯經師之一。由其所口述、弟子辯機撰文的《大唐西域記》為研究古代印度歷史的重要文獻。

3　雙納翰（Foss Shanahan），1955 年至 1958 年任紐西蘭駐新加坡高級專員，兼駐馬來亞和駐泰國大使。本年 12 月到臺灣進行為期九天的訪問。

十二月六日　星期四　氣候：晴

雪恥：一、土爾其與伊拉克等回教國對敘利亞、埃及親共阿拉伯國家，積極反對俄共志願軍與俄械之援助以後，阿拉伯聯盟引起內部矛盾，已足牽制俄共勢力之侵入中東，此時英、法在埃及撤兵，可使中東反西方國家無所藉口，而轉移其共同反俄形勢，殊為得宜，至少亦可使俄共勢力不致獨佔中東也。

朝課後記事，散步，續修前稿，批閱公文。午課後繼續修正第四、第五編與緒論，重加改編，乃以原第四編與第五編對調次序，並將原第二章（第四編）完全刪去，改為補編，以供參考而已。晚間散步最久，晚課，廿二時寢。妻則終日編核英譯稿至午夜二時後，第二編核正方畢也。

十二月七日　星期五　氣候：晴

雪恥：一、風景與環境影響於個人之精神與思想，其關係之大無可比擬。今晨六時後起床，朝課，尤其在靜坐默禱之中，其清虛明靜之安樂心境更難言喻，而日月潭之朝色晚景，其有助我反共革命事業之成功，殆無疑義。二、後天即為先慈九十三歲誕辰，將如何紀念，惟有以中俄三十年經歷紀要，奉獻於靈前以慰之，然亦不能補償我不孝之罪耳。

朝課後記事，重擬致愛克函稿，以前代擬稿不能用也。正午聽取公超為余和平共存稿緒言、總括各節，代擬簡稿一篇，以便讀者易於深入，故予以採用。午課後乃將原緒言與第四、第五二編重加改編，初試完成。晚觀影劇，散步，晚課。

十二月八日　星期六　氣候：晴

雪恥：先慈九十三誕辰即將於三日後來臨，不肖無狀，不知如何得慰慈母在天之靈，惟以最近所著「中俄三十年經歷紀要」一書奉獻以為紀念乎。奉獻文如下：「謹著此冊，奉獻於先慈與岳母[1]，以報二位偉大之女宗，作育我夫妻一生劬勞之大德深恩，並以革命報國實行家教自矢，勉為毋忝其所生也。」

朝課後膳畢，散步回，續修前稿，審核章節改編之文字後，記事。午課後寫經兒信畢，續校前稿改編章節之文字。晡遊湖，晚宴伊拉克副議長穆納[2]夫婦，觀國製影片甚差，晚課。

上星期反省錄

一、英、法無條件撤退運河佔領區之軍隊實行以後，對於俄共增兵匈牙行〔利〕，實行屠殺征服之侵略行動，實為最大之打擊，此亦美國在中東政策之重大勝利也。

二、土耳其與伊拉克對敘利亞接受俄械之積極反對運動，實為消除俄共獨佔中東陰謀之重要關鍵，亦為美國之又一勝利耳。

三、李承晚要求共同致電愛克及中韓同盟之提議，已無形打消。

四、手擬致愛克函稿，再三斟酌修改以後，自覺已無弱點矣。

五、中俄卅年紀要之修正與英文譯稿之核正，本周由夫人自行主持，最為重要，而自我用腦亦為最烈之一周也。

1　倪桂珍（1869-1931），徐光啟後人，1887 年夏與牧師宋嘉樹結婚。婚後生有三女三男，分別為靄齡、慶齡、美齡、子文、子良、子安。

2　穆納（Izzuddin Mullah），時任伊拉克眾議院副議長。

本星期預定工作課目

1. 擬設貿易總局而不設部。張[1]任局長？
2. 行政院人事、財政部長、美援會秘長及院秘書長應作調正（宏濤）？
3. 袁守謙應另調職務，內政部長或黨部副秘書長。
4. 現任內政部長調考選部長？
5. 臺省府應改組：甲、嚴[2]調財長或美援會主席。乙、周[3]任主席。
6. 行政院各部工作職權調正總計畫。
7. 中、日合作機構組織與人選。
8. 和平共存全稿中文本改編完。
9. 清理積案。

十二月九日　星期日　氣候：晴

雪恥：一、美國副國卿胡佛[4]辭職，以赫塔[5]繼任，聞其思想左傾，未知其能影響美國外交政策之程度如何，殊足注意。二、共匪鷹廈鐵路全線敷軌已成，而其在贛南新城又建築新的大飛機場，可知其防我反攻作戰，仍有在沿海決戰與突襲臺灣之企圖，仍未稍懈也。三、共匪經濟已憑〔瀕〕破產，並有停止其第二個五年計畫之消息，此雖未必一時公開停止，但其實際上已無法繼續實施，自將無形停止，因此匪對大陸民眾壓制亦不能不逐步放鬆，是又增加我反攻勝利之機會也。

---

1 張茲闓，字麗門，廣東樂昌人。1950 年 4 月任財政部政務次長。財政部政務次長，1951 年 4 月兼交通銀行菲律賓分行經理。1952 年 4 月，任行政院政務委員兼經濟部部長，並兼臺灣銀行董事長。

2 嚴即嚴家淦。

3 周即周至柔。

4 小胡佛（Herbert C. Hoover Jr.）。

5 赫塔（Christian A. Herter），又譯哈達、哈脫、赫特、哈太，美國政治家。1953 年 1 月至 1957 年 1 月任麻薩諸塞州州長。

朝課後，與穆納夫婦朝餐送別後，記事。十一時與妻往霧社萬大水壩，視察工程打尖後，參觀電廠與築壩基地，參觀二小時餘，甚覺有益。途中夫妻商討家事，申刻回寓，入浴，續校新第四編稿完。晚散步，觀月，閱報，晚課，九時半寢。

十二月十日　星期一　氣候：晴

雪恥：本日為舊歷十一月九日先慈九十三誕辰。朝起後夫妻並肩禱告，為先慈在天之靈告慰也。朝課後，重擬奉獻「中俄三十年經歷紀要」著作於先慈與岳母宋太夫人二位女宗靈前紀念文，較前所擬者為佳也。記事後續審致愛克函稿，作最後之改正，或可補正舊稿之缺點矣。正午與岳軍談話後，接受瓜地馬拉國之最高勳章，對於其特使教育部長加以優待宴會，以其國雖小，但中南美各國特使與精誠反共之友邦派遣特使授勳，此為第一次適逢先慈誕辰，更覺欣快也。午課後審核葉[1]擬英文緒言轉譯中文稿，甚不洽意，應重加修正。晡與妻遊湖，膳後觀影劇畢，散步，晚課，廿一時半寢。

十二月十一日　星期二　氣候：晴

雪恥：一、年終讀訓與心得課題及研究書名之指定。二、聽講電話與問答方式、聲音高度之規定與教育。三、美國與毛共日內瓦會議之停止。四、中國參加東南亞防盟使英國間接復交之作用，應對英、美說明此事對英之利益。

朝課後散步，記事，膳中聽報「美俄在中東鬥爭情形」之專題報導，甚為有

1　葉即葉公超。

益。上午續校中俄三十年紀要之新第五編第四章未完，午課後續校前章。希聖、劍虹來潭，研討中英文緒論與結論編修之方式，英文結論之文筆，乃比緒論更佳也。晡與妻遊湖觀月，約一小時為樂。妻問余平生何一時期為最樂，余以為自幼年有知識之後即受塾上學以來，就未得一日之快樂，直至最近一年中略感苦中之樂，此或為修養有得之趣也，散步，晚課。

十二月十二日　星期三　氣候：陰雨

雪恥：一、與藍欽商討之事：甲、出示和平共存論征詢其意見。乙、傘兵計畫。丙、東南亞經濟合作機構。丁、經財協助之提攜。

朝課後記事，聽報，散步，上午重修和平共存中改編之新稿。午課後續校前稿中、俄共在中國卅年所施展的政治戰術與辯證法之運用一章，決定改為補編。晚觀影劇「採西瓜的姑娘」後，續校前稿。晚課，入浴，寢。夫人為余修校英文譯，又至深夜廿四時方畢，英譯全文第一遍，至此亦告完畢。

十二月十三日　星期四　氣候：雨

雪恥：一、下期研究學員，應遴選水利工程與各廠及公司高級人員，及技術與管理人員、鋁廠副經理[1]與霧社郭主任等。二、今後對黨政軍學員，應以強調協調合作、去私互助之精神自修為第一要務。二[2]、戰爭原則應以「士氣」更換「精神」。三、對軍事教育精神重於物質之強調。四、合理的與科學的思惟。五、沉靜與勇敢、熟慮與決心皆不能偏廢。

1　即吳道艮。
2　原文如此。

朝課後記事，上午續修「和平共存」之補編稿完，正午約見美參議員賈維茲[1]，藍欽陪見留餐，相談一小時餘，彼亦認為反攻時機將近了。午課後續校前稿。晡觀影劇，膳後散步，閱報，晚課，廿二時前寢。

十二月十四日　星期五　氣候：雨

雪恥：一、共匪第五年計畫如一停頓，其對經濟政策所謂農業合作化與公私合營的計畫，亦將改變與較前放寬，只要其果能如此，則其社會即無法控制，此乃共匪總崩潰之開始也。二、今日大陸農工商學、男女老幼皆受共匪控制、鬥爭與集體會議之訓練，只要其社會民眾與共匪的利害生死關係，一經矛盾衝突，則其昔日所訓練之工具，必為攻擊其共匪本身之惟一武器，故共匪崩潰如一經開端，乃即無可收拾，故其覆滅之速度，亦必較預期為更快也。三、反攻開始時期預定為明年六月至十月之間，利用季風時節，共匪必較我作戰更為困難也。四、夫人近日忽抱悲觀，心身不佳，此或受氣候不良之影響乎。

十二月十五日　星期六　氣候：雨

雪恥：昨十四日朝課後記事，上午修正新緒論稿第一次完，午課後核對英文結論新稿，並修正中文結論新稿，幾乎從新修編也，至晡十九時方脫稿。晚觀影劇「和蘭畫家之悲劇」完，散步，晚課，廿二時後寢。

本日朝課後，續修三十年經歷紀要結論新稿，並將中、英文對照重加核定，

1　賈維茲（Jacob K. Javits），美國共和黨人，曾任眾議員，1955 年 1 月至 1957 年 1 月任紐約州檢察長。

膳後審核日月潭別墅與涵碧樓新添客舍圖樣時，傷風。上午續校前稿，午課後記上周反省錄，清理積案，並修前稿。晚觀影劇後，增補寧可放棄整個大陸而獨力保持臺澎根據地一段，對於本書補缺不少也。晚課後寢。

上星期反省錄

一、本周東歐反俄形勢仍在繼續發展中，深信俄共之崩潰實已開始，而不能挽救，則共匪亦必隨之覆亡無疑，但仍要視美國之行動如何耳。

二、周匪[1]勾結「尼赫路[2]」，乃是共匪叫喊救命最後之一法，豈其再能生效乎，但不能不特加防範。

三、先慈九十三誕辰，謹擬奉獻文一篇，甚足自慰，但悲歡交作，今後更期家庭親愛自得則足矣。

四、中俄卅年紀要結論與結論的中、英文稿，本周乃告完成，但尚有幾點仍待修補也。

五、北大西洋公約在巴黎集會，就一般言，反俄形勢較前明朗，美國政策亦有轉強之跡象，尤其美國已允其飛彈將於明春運來臺灣一點，更為可慰，但亦要視其到達後之行動與方針如何耳。

本星期預定工作課目

1. 反共戰爭大陸淪陷，軍事與政治上雖告失敗，但對俄共所有簽訂協定與條款仍恪守不渝，未有一字一句之違反，而予俄共藉口與指摘之點，此乃道

1 周匪即周恩來。
2 尼赫路即尼赫魯（Jawaharlal Nehru）。

義與法律上之勝利，卒使最後是非判明，善惡澄清，自認為在復國之基礎與精神，仍未為邪惡勢力所勝也。

2. 召見研究員。

3. 召見防大優等生。

4. 去年讀訓心得成績總表。

5. 與俞[1]商談組織與人士及行政效率。

6. 與勞勃生[2]談話要點：甲、美、毛會談停止。乙、反攻時期。丙、美對俄共新政策如何。丁、明年度美援數字。

十二月十六日　星期日　氣候：陰晴

雪恥：一、俄共飛彈發射機到達閩浙之情報，是否真實之研究。二、鷹廈鐵路使共匪不能發生重大作用之戰略，或加以澈底破壞之準備計畫。三、主張接受和談者，或為和談徵求意見之黨員，應以匪諜與投降分子視之，若非黨員，則應視為第三者中立主義之復活，與為匪招降之投機分子，不應再以反共人士待之。

朝課後記事，續補前稿，對結論新稿甚多弱點為慮。十時由日月潭出發，中經霧峰故宮博物庫視察，在臺中上機回蒔林。午課後續修補結論與萬隆會議一段新稿，十九時後方完。膳後散步，閱報，晚課。

體重一百廿七磅。

1　俞即俞鴻鈞。

2　勞勃生（Walter S. Robertson）。

十二月十七日　星期一　氣候：晴

雪恥：一、本日對勞勃生說明美、毛在日內瓦談判應即停止，否則余將受全國人民責難，無法處理之困境。二、屬其面告愛克，若此時不對俄採取積極政策，決定新的反共方針明告世人，則恐於不久將來，任令俄共制服匈牙利等反共革命以後，則世人必以今日恨俄情緒，轉恨美國空言欺世、袖手傍觀之一日，如此愛克無法維繫四年來囑望最高點之人心，而且此後亦決不能再有此種制俄良機矣，試問美國有否對此預為準備乎，彼乃無言以對，轉而求教於我也，我乃置而不答。三課如常，上午舉行國防大學畢業典禮，召見學員與顧問聚餐。午課後續修結論稿，晚宴前後與勞[1]談話約二小時以上，晚課。

十二月十八日　星期二　氣候：雨

雪恥：一、本日閱張學良自述其西安叛變與通匪經過情形，甚覺當時不即追究此一經過，重要事項過於疏忽，以致對東北軍很多處理方針與人事之失當，加重卅七年冬東北失敗之因素，甚為遺憾。二、明年度指定將領應讀之書與寫心得之課題。三、元旦文稿要旨：甲、鼓勵大陸同胞及時反共革命。乙、準備響應反攻，俾得內外夾擊，以提早共匪之崩潰。丙、世界形勢。

朝課後續修結論第三次完，入府接見西德議員馬尤尼克[2]與莫沙[3]後，又見英教授葛壁[4]與蔡孟堅[5]，召集一般會談，商討越南華僑國藉〔籍〕法問題，余以

1　勞即勞勃生（Walter S. Robertson）。

2　馬尤尼克（Ernst Majonica），又譯馬友義克、馬尤尼卡，西德基督教民主聯盟（CDU）成員，國會議員，於 11 月 24 日抵達臺灣進行為期三週的訪問，以探討擴大自由中國與西德之間貿易的可能性。

3　莫沙（Musa），西德經濟訪問團團長，西德銀行代表。

4　葛壁（E. Stuart Kirby），英籍香港大學經濟系主任，12 月 9 日從香港來臺進行為期十天的訪問。編著《進步中臺灣的鄉村》一書，1961 年由中國農村復興聯合委員會出版。

5　蔡孟堅，字侔天，江西萍鄉人。時為國民大會代表、經濟部顧問。

為應勸令僑胞入越藉〔籍〕也。午課後召見研究員廿三人回，閱張自述書，甚為有益。晚重修前稿與緒論結論，皆作最後之定稿。晚課。

十二月十九日　星期三　氣候：雨

雪恥：一、電澳洲馬修士致謝意。二、共匪八全大會研究小冊應分發各將領同閱與寫心得。三、對張學良赦免與解除其監視之時間。四、郭匪增愷[1]之處理辦法。五、對審計部長選舉情形之追究。

朝課後記事，上午主持中央常會，對澳洲世界運動會經過與共匪退出之無恥情形，乃是國際社會上對共匪最大之打擊，亦是我國之重大勝利，可知公理自在人心，只要自我能奮鬥到底而已。午課後召見研究員二十三人回，復檢郭匪在港報誣蔑西安事件之文字，應交張學良一閱，使能說明當時虛實真偽情形，可說郭匪所說無一字句真實，而將為共匪反噬時之預作其偽造之根據而已。晚以感冒喉癢失眠，晚課如常。

十二月二十日　星期四　氣候：晴

雪恥：一、金門司令人選：袁樸、羅又倫、鄒鵬奇[2]。二、防衛部與軍部之組織統一化。三、司令與軍官職權劃分：甲、指揮作戰。乙、訓練與築城。丙、行政業務。丁、司令官代表國防部對命令計畫之監督實施，與對軍長直

1　郭增愷，直隸安次人。曾任馮玉祥秘書、楊虎城參議、張學良顧問，全國經濟委員會西北專員。西安事變時，任宋子文秘書。後任胡宗南顧問、廣東省政府顧問。1947 年任香港《星島日報》顧問。1948 年從事專欄寫作。

2　鄒鵬奇，號東賓，湖南隆回人。1953 年 9 月任國防部戰略計劃研究委員會委員。1958 年任第二軍團副司令。

接指導作戰。四、陸校長李[1]參謀長或第五廳長。五、中央與省的行政部門人事計畫。

朝課後記事，入府會客蕭大衛[2]、鄧昌黎、史尚寬[3]、袁子健[4]、吳大猷[5]、劉乙光等，對張學良自述書之研究，並令其補充未述之各點，批閱公文。午課後召見研究員，得二人李振宗[6]與鄒雲亭[7]甚有望也。晚續修結論，增補反共戰爭原則之第三點，晚課。

十二月二十一日　星期五　氣候：陰

雪恥：一、金門兩司令部合併組織，但其司令官之辦公室（指揮部）應保存。二、後勤司令兼陸軍副司令。三、紅外光線視察器。四、軍隊應停止表演的演習。五、年終特給應研究儲蓄與濟急之辦法。

昨日已覺身體不適，今晨起床更感精神疲乏，並覺頭部與四肢微痛，恐有熱度。朝課後記事，醫官來診，果有熱度，但只高一度而已，上午仍勉強入府會客，主持財經會談，討論明年度預算問題未完。正午回寓，體溫已減至卅七度。膳後熟睡一小時，在床上休息。十六時起床，午課如常，續審實踐學社下期學員人選，頗費心力。晚課如常。

1　李即李惟錦。

2　蕭大衛（David P. Schorr），美軍顧問團陸軍組組長。

3　史尚寬，字旦生，安徽桐城人。《中華民國民法典》起草人，獨力完成《民法全書》。時任第一屆立法委員，1952 年 6 月出任考試院考選部部長。

4　袁子健，浙江慈谿人。1954 年 11 月，擔任駐委內瑞拉大使館公使。1956 年 12 月，調任駐越南大使館公使。

5　吳大猷，筆名洪道、學立，廣東高要人。1948 年，獲選為第一屆中央研究院（數理科學組）院士，1950 年為加拿大皇家學會會員，在加拿大國家研究院主持理論物理組。1956 年應邀回臺講學，1983 年任中央研究院院長。

6　李振宗，號繩武，察哈爾懷安人。時任革命實踐研究院石牌訓練班教育組組長。

7　鄒雲亭，字芸汀，湖南阮江人。1953 年 2 月，任外交部條約司第一科科長。1957 年 4 月，調任駐阿根廷大使館一等秘書。1960 年 12 月，調任外交部專門委員兼亞西司幫辦。

十二月二十二日　星期六　氣候：陰晴

雪恥：一、召見美特訓班學員與報告日期。二、定期保舉各單位優員。三、選定應讀書藉〔籍〕與寫心得之題目。四、核定實踐學員。

朝課後仍覺尚有熱度，膳後測量，果有溫度卅七度六，但半小時再量，則退至卅六度六矣。用膳初畢時，其溫度與平時可有一度上下之差也，記事。入府會客，見一哲生[1]交友某，其言意中立自重，殊投機之亞者也，可知善人不會與哲生相交也。而子文知交則多為叛徒，張學良、孫立人與張發奎[2]皆其所認為知己也。召見劉乙光，交張[3]續函，主持軍事會談，指示軍費預算原則與約數。午課後仍有熱度，在寓休養，續修前稿。晚閱報，晚課。

上星期反省錄

一、印度泥黑路訪美為共匪作媒介，已遭愛克拒絕，此乃必然之結果，但泥氏此行必多得美援款數，此或為愛克收買，其漸離共而向美之作用乎。

二、審閱張學良對西安事變之自述書，頗有所感，實亦有益，擬印發高級幹部研究，或對共心理略有補益乎。

三、勞勃生之澆薄游滑，毫無外交官之學養，誠一流氓之亞者也，但余對美所貢獻之反共意見，如其能真對愛克詳報，則必有益也。

四、卅年紀要之結論與緒論以及西安事變一章，皆已作最後之修正矣。

1　孫科，字哲生，孫中山哲嗣。1948 年 11 月，任行政院院長。1949 年 3 月辭職，移居香港。1950 年遊歷巴黎、西班牙等地，1952 年定居美國洛杉磯。

2　張發奎，字向華，廣東始興人。1949 年 9 月，舉家定居香港。1950 年與左舜生等組織「第三勢力」，成立民主戰鬥同盟，任召集人。始終拒絕到臺北任職，直至 1972 年始到臺灣參加雙十節，與蔣氏父子會面。

3　張即張學良。

本星期預定工作課目

1. 由經國對美提傘兵使用節略。
2. 職位分類工作督導。
3. 軍師團長調職名單催速呈報。
4. 文官退役制度之準備實施。
5. 建國工作在基本制度與除弊着手。
6. 海上防空監視艦。
7. 反攻時期農村政策與綱領及細則，以及商工政策等實施辦法之擬定（安全小組）。
8. 村指導員與鄰里小組長之遴選訓練（綜核政治小組）。鄉鎮公所。
9. 示範與競賽及獎懲規則與效率之關係。
10. 研究匪情資料時，應先着重匪的優點與強處。
11. 小學教科書應注重現代常識與忠烈冒險等故事。

十二月二十三日　星期日　氣候：陰雨

雪恥：一、指令研究之書，今年為「蘇俄的軍事思想」（葛爾多夫[1]）著，鈕先鍾[2]譯本，又讀訓，以解決共產主義思想與方法的根本問題，令作心得。本日溫度正常為慰。朝課後記事，重閱張[3]之自述書，修正「西安事變」章，另增一段較為完備，禮拜。午課後召見劉乙光，彼為監視張者，迄今亦將二十年矣，屬帶張明年新日記本一份，並由妻送其聖誕禮物甚多，認為過分，

1　葛爾多夫（Raymond L. Garthoff），所著 *Soviet Military Doctrine* (Glencoe, Ill.: Free Press, 1953)。

2　鈕先鍾，筆名萬仞，生於江西九江。1949 年進入中國廣播公司，從事新聞傳播和翻譯工作，後任國防計畫局編譯室主任、《軍事譯粹》發行人，引入國際政戰資訊，提供政府高層理解國際情勢。

3　張即張學良。

擬減少半數為妥。晡續增西安事變章中張季鸞[1]一段談話，亦甚重要也。與妻燈下閒談，以其身體不如過去，乃慰之。洗腳，殲甲，晚課。

十二月二十四日　星期一　氣候：雨

雪恥：一、張學良自述其所以被共匪誘惑生效與原因，並不是他們有什麼真正的魔力，而其根本還是在我們自己內部有了矛盾，心理發生動搖，所以他纔能乘機而入，針對我們的矛盾與弱點，盡量為其擴大與利用而已。他有自述說，我在國內參加內戰已經不少，而且親歷過很多和戰，「例如宋哲元[2]、于學忠[3]……以及他自己歸誠中央以後，都是很忠實的部下」，此段最好亦引入在內。

本日仍有一分上下的熱度。朝課，記事，上午續修西安事變章補稿，批閱公文，核定實踐學員人選稿。午課後，入府召見研究員廿三名回，因有熱度，不敢入浴。晚經、緯二家及至親知友等二十餘人聚餐，歡度聖誕如常，惟夫妻身體皆不適，故無往年熱鬧耳。晚課。

---

1 張季鸞（1888-1941），名熾章，字季鸞，筆名一葦、老兵，山東鄒平人。著名報人、政論家。在其主持《大公報》期間，事業達到頂峰。

2 宋哲元（1885-1940），字明軒，山東樂陵人。與張之江、鹿鍾麟、鄭金聲、劉郁芬被並稱為馮玉祥西北軍「五虎將」。「九一八事變」至「七七事變」期間，率第二十九軍在華北支撐危局。

3 于學忠，字孝侯，山東蓬萊人。本發跡於吳佩孚，後投奔張作霖與張學良麾下。抗戰爆發後，奉命率部守衛山東海防，參加淮河戰役、臺兒莊戰役、參加武漢保衛戰，屢敗日軍。戰後為第一屆國民大會代表。中共建政後留在大陸，時任中國國民黨革命委員會中央委員。

十二月二十五日　星期二　氣候：雨

雪恥：一、據報埃及塞德港英、法軍撤退後，接防的聯合國軍亦於第二日繼之撤退，此一舉措，不僅此次英、法軍行動毫無結果，而今後中東問題反為俄共創開其挑釁與侵略非洲之門，余誠不知美國之用意何在，可謂拙劣愚笨極矣。二、發余伯泉醫藥費。三、周士富[1]職務。

朝課中停操一日，課畢記事。上午續修前稿後，審閱研究員成績表及其自述。正午約基督徒中外友人二十位聚餐，曾約農報告其此次印度開會期間，印人之反共及親蔣學者多有接觸，表示其將來印度急迫時，仍望蔣總統如前一樣對印民援手也，此言且載其著書之首頁，可知印人對余不忘前情，大有其人也。

十二月二十六日　星期日　氣候：晴　夜雨

雪恥：昨下午入府接見芝加哥論壇報記者[2]後，召見研究員廿四人回，入浴。晚聽杜太太[3]清唱華容道、關公戲有感。膳後續修西安事變一章，又增補一段，乃可完稿矣。晚課。

朝課後記事，續修前稿。十時到中央總動員會議，對行政院工作延緩誤期事無常識，又動鬱怒憤，國家前途不知如何為憂。聽取銓敘部職位分類準備工作與社會組水利會改組工作，以及文化組小學教育工作，各報告皆有進步為慰。午課後召見研究員二十四名完，回審閱陶[4]擬元旦文稿，似不能用為愁。晚續修前稿後，聽杜太太等清唱宇宙瘋〔鋒〕消遣，妻在今晚最為興奮為快。晚課。

1　周士富，號靜遠，浙江吳興人。原任陸軍軍官學校參謀長，1956 年 5 月奉調黨政軍聯戰班軍事組受訓。

2　伍德（J. Howard Wood），芝加哥論壇報記者。

3　杜太太即杜月笙夫人杜姚谷香。

4　陶即陶希聖。

十二月二十七日　星期四　氣候：晴　夜雨

雪恥：一、審閱張學良最近自述函件，余自愧對人的心理不能精密審察與揣測，當時張之態度心緒如能略加測度，或試探其口氣，即可發現其真相，或可免除變亂。此乃余主觀固執、不重客觀對象，故處理大事常犯疏忽粗露之大病，以後對事必須求精密、求根柢真實，對人必須揆度其隱情，並將順其意，而探伺其動向與內心的趨向，或可略補平生之過缺乎。

朝課後記事，入府。對情報高級訓練班畢業學員點名，訓話畢，會客，批閱。與岳軍談考選部長人選問題。午課後修正元旦文稿初次畢。晚觀影劇「蓬萊春暖[1]」國片尚佳，晚課。

十二月二十八日　星期五　氣候：雨　昏沉

雪恥：一、愛克覆函，上次以凡用武力反共戰爭，彼皆絕對反對，而今次只說推倒共產無須由自由世界進攻之意。又對大陸反共革命，彼以積極準備等待機會之到來，得以適當方式利用此等事態之發展。余以為此乃余前對勞勃生面詢其「如我大陸反共革命，一旦如匈牙利者群起，你美國仍將反對我國軍反攻乎？」之答語也，故其此次覆函，不能說無進步耳。

朝課後修正元旦第二次文告。入府會客，召見調職人員後，情報會談畢，與孟緝談話，以張學良來函交經國研究。正午藍欽夫婦在寓便餐。午課後修稿，記事，看西安半月記完，更有所感也。晚與妻等玩桌上跑馬遊戲具，妻甚興奮，晚課。

1　《蓬萊春暖》，唐煌導演，石英，趙雷主演，香港邵氏父子電影公司 1957 年出品。

十二月二十九日　星期六　氣候：日中帶雨

雪恥：一、共匪軍事教育與訓練的方式與程度究竟如何，是為六年來所時切搜索而未能稍得者，此次由日人考察匪區中所得消息，雖未完全，但其海、陸、空三軍之中級教育與訓練之程度，似可窺測其大概：甲、空軍以油料不足，故甚少活動訓練，決不能我軍之精勤。乙、三軍教育皆係俄式，但甚陳舊，其校尉級教育之學期皆在二年以上，皆不能如我軍之現實與科學化也，尤其是空軍基層初級教育只有二年半畢業，則更不如我空軍四年畢業之程度矣，得此聊慰我心。

朝課後手擬講稿要目，十時主持研究院第八期結業典禮，致訓一小時畢，召見指導員十人後聚餐。午課後記事，閱報，與妻車遊山上回，審閱日人犬飼[1]總報告，甚有價值，晚課。

上星期反省錄

一、審閱日人「犬飼總一郎」視察大陸匪區之軍事報告書，實為五年來朝夕所想念之要務，而未能一得者也，今竟得其概要，殊於我判斷共匪戰力之最貴之資料也，或以為此乃共匪故將其弱點洩露於我方，使我能對匪輕視而判斷錯誤也，惟余以為此一報告共匪必非真實之軍實內容，自可想像而知，但認此為共匪故裝惡劣弱點以示人，則未必其所願也，蓋只有假裝其優強之事則易，而假裝其劣跡弱點甚難，何況此非共匪欺詐手段之必要耳。故余以為共匪尚有此種不良軍事教育一部之存在也，如此當不致判斷大錯乎。

1　犬飼總一郎，戰史研究者，戰時曾任第十六師團通信隊隊長，參與南京戰役，終戰時為陸軍少佐。1956 年 8 月至 9 月參加「元軍人訪中視察團」赴大陸。

二、接愛克覆函，對我反攻大陸之軍事企圖較前似有進步，此或勞勃生回美後對余意見其已轉達之結果乎。

三、聯合國警察部隊隨英、法之後全部撤出塞得港，如無其他補救辦法，則中東第二危機必伏於此舉矣。

四、本周續補和平共存稿，審閱張學良自述書，更覺於我甚有補益，和平共存之補修亦在本周完成矣。

五、本周為本年最後之一周，研究院聯戰系第七期已經畢業，各重要會談雖略有熱度，心身不適中亦能勉強舉行為慰。

十二月三十日　星期日　氣候：雨

雪恥：一、電葉[1]，問愛克此次「泥黑路」訪白宮關於中國問題所作談話，請其儘量明告，俾可作為對共匪心戰研究之資料。二、屬美將日內瓦美、毛會談務請從速停止，以安中國民眾之心理。三、電慰大維，望其國軍會議前能回臺參加。

朝課後記事，上午續修元旦文告稿後，禮拜。午課後閱報，續修文告第三次稿畢，經兒來談張學良自述函件，讀後對彼最有益趣也。晚續審犬飼總一郎視察匪區海、陸軍學校部分，認為甚有價值也。晚課，廿二時後寢。

1　葉即葉公超。

十二月三十一日　星期一　氣候：雨

雪恥：本年丙申歲又忽忽過去，自惟馬齒加長，而一事無成，時對慈母遺容不勝歎惜，不知明年又將如何，但願天佑中國軍事反攻行動，得能如期開始順利進行，以不負大陸同胞解救之望，是為第一之禱祝焉。

朝課後續修元旦文告第四次稿，約一小時餘，作最後之定稿也。十時後入府主持軍事會談，聽取軍官退除役基金籌劃與數字之詳報，認為此事不難實行也，指示對日人視察匪區之資料研究要旨。午課後記事，審核和平共存第六次重印稿開始。晚翻閱廿五年日記，感慨無已，惜有其中一部分以保存不良，紙張碎膠，字跡不明為憾。晚課。

上月反省錄

一、共匪在十二月廿九日發表其中央政治局所討論的結果，再論無產階級的歷史經驗，對其內容表示，其擁護蘇聯為共產集團的泰斗，與史大林為共產主義成功的首腦，而反對狄托主義之外，最重要一點，還是在其竭力避免與蘇聯爭取領導地位之嫌隙，而不為蘇聯所嫉忌也。

二、根據「犬飼」對匪區視察報告鄭重考慮的結論：甲、蘇聯對共匪軍事教育與新式武器之訓練與供給大有折扣，決不如訓練其本國蘇俄一樣之精神，尤其是各種基本制度與方法為然。乙、蘇俄對共匪飛機汽油與戰車汽油，皆不能盡量供應訓練之用，則其戰備儲油更無論矣，此實可為我反攻必勝之主要條件也。

三、中東局勢：甲、土耳其與伊拉克皆反對敘利亞接受俄援之決心。乙、英、法決定無條件撤退佔領埃及之部隊，尤其撤退塞德港之佔領軍，以上二者乃為好轉之機運，但聯合國軍隊接防塞港後，即交埃及而同時撤退，實為最大之失策，如美國不能實施其在中東負責防護俄共侵略發展之決心，則中東危機更大矣。

四、周匪恩來勾結「泥黑路」，誘引美國之狡計與陰謀似未得售，而泥氏訪美似亦無重大收穫，尤其是彼聲言愛克明年訪印之謊語，即時為其美國正式否認也。

五、本月在日月潭，除修補和平共存篇新有所得以外，對於明年軍事與政治進行與改革方針亦能詳加考慮，決定其大要方針也。

六、鷹廈鐵路鋪軌已於月初完成矣。

雜錄

蔣中正日記

Chiang Kai-shek Diaries

雜錄

一、作戰辦事、研究問題，切戒固執成見主觀，而忽視其現實客觀，尤其對於敵人的企圖及其可能之行動為然。

二、只要能毀滅敵人所可利用之一切，則對於將來我方之是否有利或有害，皆可不計也。

三、機會難得而易失，凡是機會皆是稍縱即逝，故一遇機會務必緊握不放，切勿大意疏忽，以待將來之重來，此一對共匪失敗之教訓，今後無論何時何地，必須牢記不忘為要。

四、指導作戰之要件：甲、體察政治一般情勢（大體）。乙、明晰傳統精神，以及其軍事、政治相互交錯的各種利害關係。丙、當前各種重要問題。丁、熟悉當代內外諸人物性格。

以上二月五日記。

一、俄共以第五縱隊－各國共產組織，顛覆其本國政府，余以蘇俄在中國之教訓，明示非共各國，促使其醒悟之意志。至今對美、英似已發生效力，此乃非故意犧牲自我，為喚醒世界救轉人類之示範，實為地理與時代所犧牲，不得不如此，是乃必然之形勢所造成也。

二、放棄大陸，退守臺灣，讓俄共對亞非擴張侵略，對各國樹敵，尤其促成美國對共匪陰謀之覺悟，以解脫美、英對我之敵意與嫉忌，此一意志，至今或亦漸次生效乎？但非如此重大犧牲，無法旋轉此一大難也。

三、昔在大陸，俄共製造全世界對我整個包圍、以我為眾矢之的，若非退出大陸，絕無他法打破此一國際大陰謀，亦無法使美國覺悟俄共之陰險及其自身環境之險惡。今則在亞洲，至少美、韓、越皆成為共匪之敵而作反包圍矣。

四、今日世界在美國強調優勢核子武器的嚇阻政策，在俄共誇耀其陸軍隨時可以佔領全歐空軍，可使美、英化為廢墟的黷武主義，而且彼此皆作氫彈爆炸競賽之形勢下，會有和平共存的奇跡神話出現？美、英立國精神固不發動戰爭，但戰爭之發生從來就不是讓當事人可以自由選擇也。以上。二月十六日。

一、「心虛則性現，不息心而求見性，如撥波覓月，意淨則心清，不了意而求明心，如索鏡增塵」，此心性與意心之關係，至最近方漸有悟也。二月廿一日。

「天」字釋義：「至高至大，自然自在，無始無終，於穆不已。」最後二句或改為「眾理所出，萬物資生」。記二月二十日記中。

國家無靈魂不能生存，人生無靈魂即無意義，精神上最高境域就是接觸到靈魂的境域。英人語。

自由之花是要拿烈士和暴君之血去灌溉的，那才是自由之花的天然肥料。
美前總統[1]語。四月十八日。

授職宣誓訓詞：大陸被俄共侵陷，人民慘遭浩劫，革命失敗，乃為我文武職員之無上恥辱，故認就職盡責，應立志以復仇雪恥、光榮戰死（犧牲）為惟一機會，亦為惟一目的，自今以後惟有殺身成仁為光榮戰死，毋求生害仁沾辱歷史也。

1　指美國第三任總統傑佛遜（Thomas Jefferson, 1743-1826）。

七月四日。今年已過去一半日子，共匪在港發動其還鄉自由來往運動，以及進行統戰戰術。俄共發動其對史大林鞭屍運動以及中立戰術以來，在此半年中，俄共所得成效，以中東阿拉伯國家反對英、美，尤以軍貨援助埃及，使俟〔埃〕轉向俄共一着，其收效最大，此為其具體顯著之利益，至共匪所收獲之效益，並無卓著可數之大事，埃及雖承認了共匪，但此為俄共附帶之餘瀝，並非其本身所作之效果也。惟俄共集團之和平共存政策，余以為所得不償所失。甲、俄共對其國內黨內以及附庸已無法統制之弱點完全暴露。乙、對美以戰爭恫嚇與武力競賽，自知其無效，而其此時避戰之心理亦昭然若揭。丙、英國為中東問題，對俄已無退縮之餘地。丁、附庸各國此後狄托主義必接蹤〔踵〕而起，競相效尤，此乃俄共中立戰術與放寬政策，實為對其本身最大之致命喪〔傷〕也。余嘗以為共產式統制，只可加緊而不能放鬆，否則無論其人民與附庸，定必如脫羈之馬，一發而不可收拾矣，此乃必然之勢，故共匪對其區內人民一時之羈靡〔縻〕與虛偽之籠絡，必不能持久下去，只要其形式上果能略示寬鬆，則對我革命亦是有益，只要我臺灣能對峙不搖，則其偽裝必有弄假成真之一日，今波蘭工人大暴動，對俄共之革命已發其端，而我西藏人民遍地暴動且至今未熄，是俄共鐵幕漸形無力控制之象，而尤其共匪對其偽人民代表會之認罪與對我之求和，更可知共匪自知其對大陸統制無法持久，而其心理已發生動搖，斷非如其往日有意裝態，施展其欺弄策略時代之可比也，今後其將弄巧成拙矣。

七月二十四日。組織（配合）為作戰勝負主要因素。

十月十一日。「遺民淚盡胡塵裡，東望王師又一年」、「田園廖〔寥〕落干戈後，骨肉流離道路中」、「有弟皆分散，無家問死生」、「室如懸罄〔磬〕，野無青草」、「人生到此，天道寧論」。臨此開國紀念，更對大陸不堪設想矣。

十一月九日。降將亦即叛將，叛將必殺毋赦。降將亦必殺毋赦，但降兵莫殺，且應優遇善教之。凡既叛一次者，其必繼續叛變，成為其貿利之習性，決難望其改正，亦必不能感化，凡降將亦然，此為余一生所得之經驗，且因利用降將與寬容叛徒，以致功敗垂成，此亦為一生失敗原因之一，故今後應撰定口號：（一）莫害降兵。（二）莫赦降將。（三）莫恕叛徒。（四）降將必殺。（五）叛徒毋赦。更不可以寬大為名而思利用也，因觀昨夜成吉思汗影劇，彼侵入「王罕」之後，先殺其通敵漢奸之主謀「沙門」而有感，認為此乃成吉思汗大業成功之基因，而其勇敢果決、疑忌仇恨性成，實亦為其成功之要素也。

十一月十日。中庸朱子解說：「首明道之本原出於天，而不可易，其實體備於己而不可離。」證明天即人人與生俱來所備有之性，亦證明性即理也，無理則不成為性矣，故其序言中「其書始言一理」之理，亦即天命之謂性的「性」之表現也，所以余認性乃寓於理之中耳，道則循於性之有理者的具體化者也，是乃無理不成其為道之謂乎。

十二月廿四日。從變動的觀點，把握其內在的聯系來加以分析。

又赫魯雪夫十一月十八日在波蘭大使館歡迎波共首腦時，對西方各國等外交官參加歡迎會中說：「吾人將埋葬汝等。」

姓名錄

	于豪章
	趙國昌[1]　楊學房[2]
派美	劉修政[3]　岳陽　校十五 遺族　9A　46D　砲指揮　（美砲校）
參大	童俊明　49D　砲指揮
	楊清鏡[4]　美砲工校與英情報校　預六師十六團長
	江無畏[5]　駱競渡[6]
	丁繼榕　合江（川）校十　四〇才　10A 副參　曾任團長
	張成仁　長汀　校十三　2A 副參　仝上
任武官？	李惟錦　成都　校八
	鍾希同[7]　古田　校十　留美　工校　曾任團營長　工兵器材庫長
	盧福寧
	劉振寰　美參校　優　應任砲指（胡璉部）

1　趙國昌，遼寧瀋陽人。1955 年 5 月任陸軍總司令部第五署署長。1956 年 6 月調任國防部高級參謀。

2　楊學房，字留軒，山東樂陵人。1953 年 9 月，調任駐韓大使館首席武官。1956 年 7 月，調任國防部聯合作戰委員會委員。

3　劉修政，曾名佛照，號岳翰，湖南岳陽人。1956 年 1 月，調任第九軍第四十六師砲兵指揮官，3 月入美國指揮參謀大學受訓一年。後任第六十八師副師長。

4　楊清鏡，江西九江人。1955 年 12 月，調任陸軍指揮參謀學校第四組主任教官。1956 年 2 月，調任預備第六師第十六團團長。3 月考選進入美國陸軍指揮參謀大學正規班四十六年班，後任國防部計畫參謀次長室第二處處長。

5　江無畏，號尊理，廣東南海人。1955 年 5 月，調任國防部第四廳副廳長。1958 年金門砲戰間，任金門防衛司令部第三處處長，12 月調任第四十一師師長。

6　駱競渡，河北武邑人。原任裝甲兵旅教育處處長、副參謀長，1957 年 1 月調任裝甲兵司令部參謀長。

7　鍾希同，號舜九，福建古田人。1956 年 4 月任陸軍供應司令部工兵署副署長。

范光華[1]　三廳副　空

楊鍾祥[2]　美參校　優

陳清文[1]　留英　航業 招商局

李國鼎[2]　留英　經濟安全局

朱登高〔皋〕[3]　交大

胡祥麟[4]

王慎名[5]

許承功[8]

葉冠軍[9]　憲一團

李虎辰[10]　32D 参長　耶教　陳玉玲[11]　五十七師副

---

1 范光華，號慶華，天津人。原任國防部第五廳副廳長，1955 年 4 月改任國防部第三廳副廳長。

2 楊鍾祥，河北正定人。1952 年 2 月調升國防部第五廳第四組組長，1954 年 7 月出國。1955 年 11 月，任陸軍指揮參謀學校教官。1963 年 10 月，升任軍指揮參謀大學教育長。

1 陳清文，福建廈門人。時任交通部顧問，1956 年 1 月，代表出席聯合國亞洲及遠東經濟委員會議，2 月代表出席第二屆國際港灣會議。1958 年 7 月，出任僑務委員會委員長。

2 李國鼎，祖籍安徽婺源，生於南京。1951 年任臺灣造船公司總經理、1953 年 8 月任行政院經濟安定委員會工業委員會專門委員，1956 年 1 月任出席聯合國亞洲及遠東經濟委員會議第十二屆大會副代表。

3 朱登皋，江蘇松江人。時任交通部航政司幫辦，1956 年 1 月任出席聯合國亞洲及遠東經濟委員會第十二屆大會顧問。

4 胡祥麟，江西南昌人。行政院外匯貿易審議委員會調查研究室副主任，1956 年 1 月任出席聯合國亞洲及遠東經濟委員會第十二屆大會顧問。

5 王慎名，湖北恩施人。時任中央信託局副局長，1956 年 1 月任出席聯合國亞洲暨遠東經濟委員會第十二屆大會副代表。

8 許承功，號子謙，浙江臨海人。1955 年 3 月至 1956 年 4 月任太康艦艦長。

9 葉冠軍，號寵政，浙江永嘉人。時任憲兵第二〇一團團長。

10 李虎辰，號約伯，山東泰安人。1955 年 5 月任第三十二師參謀長。

11 陳玉玲，浙江鎮海人。時任第五十七師副師長。1957 年 2 月升任第三十四師師長。

王以輝[1]　10D 砲指揮官　杭縣　嚴荊山[2]　卅四師　副

龐宗儀[3]　預六師長

趙志華[4]　裝校長

王寓農[5]

王廷宜　三廳組長

陳其錟[6]　預三師副

陳威那　十九師副

翟文炳[7]　防大教官

孟述美[8]　10C 代副

朱悟隅[9]　9D 副

朱嘉賓[10]

常持秀〔琇〕[11]　防大教官

李紹牧[12]

1　王以輝，浙江杭縣人。時任第十師砲兵指揮官。1964 年 10 月任第四十一師師長，駐防烈嶼。

2　嚴荊山，號宜柔，廣東惠陽人。時任第三十四師副師長。

3　龐宗儀，河北豐潤人。時任預備第六師師長，1956 年 7 月調任第十七師師長。

4　趙志華，黑龍江龍江人。原任裝甲兵副司令，1956 年 1 月調任裝甲兵學校校長。

5　王寓農，號士昌，浙江杭縣人。1954 年 9 月調任陸軍軍官學校副校長，1956 年 2 月調任國防部總務局局長。1961 年 3 月調任國防部總長辦公室行政特別助理。

6　陳其錟，字山松，福建閩侯人。時任預備第三師副師長。

7　翟文炳，號甫易，河北博野人。時任國防大學校第三組教官，5 月調任第二軍參謀長。

8　孟述美，廣東崖縣人。1954 年 7 月調任總統府高級參謀。1955 年 12 月調任第十軍副軍長。

9　朱悟隅，號荔山，河北灤縣人。原任革命實踐研究院實踐學社教官，時任第九師副師長。

10　朱嘉賓，號柯坪，遼寧海城人。1955 年 7 月，調任預備第四師師長，10 月調任澎湖防衛司令部參謀長。1956 年 5 月，調任第一軍團參謀長。

11　常持琇，山東堂邑人。時任國防大學校教官，1957 年 8 月調任第十軍參謀長。

12　李紹牧，號翰誠，湖南湘潭人。1954 年 7 月調任總統府參謀。時任第九十二師副師長。1958 年 4 月調任第五十八師師長。

陳桂華[1]　　　　　袁國澂〔徵〕[2]　陸戰副師長　桐城
吳嘉葉　41D 副　　張鍾秀　二軍團副參

趙志華　郭　彥[3]　劉恩蔭[4]　預備三師長

朱敬民[5]　周士瀛[6]　宋邦緯[7]　楊　琪
蕭華卿[8]　貴州　　四十三才　洛分軍訓班　93D 副
周聲夏[9]　湘　軍校高級班　　68D 副
何竹本[10]　湘　校六　四十八才　9C 副　達雲[11]荐
趙少芝[12]　湘　軍校軍訓班卅七歲　參校績差　但汪光堯[13]荐

---

1 陳桂華，廣東東莞人。1952 年 10 月調任總統府侍從參謀。1955 年 8 月赴美受訓。1960 年任第三十二師師長，擔任金門金東地區守備任務。
2 袁國徵，號養農，安徽桐城人。時任海軍陸戰隊第一師副師長，1957 年 4 月升任海軍陸戰隊第一師師長。
3 郭彥，號少華，四川隆昌人。1953 年 6 月起任裝甲兵旅旅長、裝甲兵司令部司令，1955 年 9 月調任國防部聯合作戰計劃委員會委員。
4 劉恩蔭，字惠森，陝西洋縣人。原任裝甲兵司令部增設副司令，1956 年 10 月調任第八軍副軍長。
5 朱敬民，貴州平壩人。1955 年 12 月，任國防部聯合作戰計劃委員會委員。
6 周士瀛，號格平，浙江吳興人。時任聯合勤務總司令部設計委員會委員，1957 年 6 月調任陸軍軍官學校政治部主任。
7 宋邦緯，字希武，安徽合肥人。1953 年 7 月，任聯合作戰中心陸軍組組長。1957 年 3 月，任第十軍副軍長。
8 蕭華卿，號白芷，貴州鳳岡人。1955 年 5 月升任第九十三師增設副師長。1962 年 6 月調任第五十七師副師長。
9 周聲夏，號震華，湖南攸縣人。時任第六十八師副師長。
10 何竹本，湖南醴陵人。1954 年 10 月調任第九軍副軍長。1958 年 3 月調任第八軍副軍長。
11 黃杰，字達雲。
12 趙少芝，號競亞，湖南湘鄉人。歷任第七十五師第二二四團副團長、第二十三師第六十八團團長。
13 汪光堯，字敬陶，湖北蘄春人。1955 年 3 月任第三軍軍長。

空　任肇基[1]　空戰部副參長　四十才　山西

海　陳慶甲[2]　海總副參長　廿一年班　留德意　閩　四一才

張國疆[3]

朱敬民

王寓農

蘇揚志　袁國徵

陳簡中[4]　1C 副　王多年[5]

職　郭　永　8C　華心權（陳威那）

期　羅恕人[6]　9C　馬滌心[7]

調　曹永湘[8]　10C　戴傑夫[9]

任　李惟錦　10D　趙國昌　吳嘉葉

侯程達[10]　33D　謝肇齊　李紹牧

1 任肇基，山西陽曲人。1955 年 5 月，任空軍作戰司令部副參謀長。1956 年 2 月，任國防大學校教官。

2 陳慶甲，號椿齡，福建林森人。1955 年 2 月，任海軍總司令部副參謀長。1958 年任海軍第三軍區司令。

3 張國疆，字迸夷，遼寧黑山人。原任高雄要塞司令部司令，1956 年 7 月調任預備第六師師長。

4 陳簡中，江西贛縣人。1955 年 2 月調任第一軍副軍長。1957 年 3 月調任陸軍總司令部陸軍作戰計劃委員會委員。

5 王多年，安東鳳城人。1955 年 5 月調任國防部第三廳廳長。1957 年 1 月調任第八軍軍長兼金門防衛司令部副司令官。

6 羅恕人，湖南益陽人。1955 年 3 月，升任第九軍軍長。1957 年 3 月，調任第二軍團副司令兼政治部主任、高雄區戒嚴司令。

7 馬滌心，安徽盱眙人。1951 年任第六軍第三三九師師長，1952 年該師改編為第六十八師，任師長。1958 年任金門防衛司令部代理參謀長，後任灘頭指揮部指揮官。

8 曹永湘，號文翰，湖南黔陽人。時任第十軍軍長。

9 戴傑夫，號澤清，湖北沔陽人。原任第二軍團增設副參謀長，1955 年 9 月，調任總統府侍從參謀，原職保留。1962 年 11 月，調任第十軍副軍長。

10 侯程達，字公美，遼寧遼陽人。時任第三十三師師長。1957 年升任第三軍軍長。

蕭家驥[1]	57D	張國英[2]	張雅山[3]
趙振宇[4]	58D	余伯泉	常持守〔琇〕
鄭　昆[5]	92D	于豪章	朱悟隅

美參　張鍾秀　劉振寰　1C 砲指　楊鍾祥　王廣法

較良　楊繼先[6]　卅二師 94 團長　阜寧

研究院第七期

謝又華[7]	三五	青年團組長	廈大商（江西）
羅正亮[8]	四五才	本院輔導（六屆中央）	明治大學
鄭聖樑[9]	卅六	中央設計會總幹事	政校高考（林森）
沙德堅[10]	四八才	臺省人事處	廈大經濟系
王炳宇[11]	四二才	國際電臺工程師	交大電機系

1　蕭家驥，號孟隱，江蘇金壇人。時任第五十七師師長。
2　張國英，字俊華，安徽阜陽人。1955 年 10 月，調任陸軍預備部隊訓練司令部參謀長。1957 年 4 月，調任第十軍軍長。
3　張雅山，浙江溫嶺人。1954 年 7 月，任第九軍第四十六師副師長。1956 年 7 月，升任第九十二師師長。1959 年 7 月，調任第二軍副軍長。
4　趙振宇，又名震雨，字漢勛、思昊，河南商城人。時任第一軍第五十八師師長。1958 年 1 月，調任陸軍總司令部第五署署長。
5　鄭昆，號郁父，江西萬安人。時任第九十二師師長。
6　楊繼先，號引軍，江蘇阜寧人。時任第三十二師第九十四團團長。1957 年 6 月，任第三十二師參謀長。
7　謝又華，江西崇仁人。1950 年參與籌建中國青年反共救國團，並任總團部組長七年。後調任中國國民黨中央委員會第一組總幹事，主辦知識青年組訓業務五年。自 1955 年起，負責推行童軍運動，主辦兩次童軍大露營。
8　羅正亮，字明君、朗君，湖南瀏陽人。1947 年當選為行憲國民大會代表。到臺灣後，續任國大代表，又先後任陽明山革命實踐研究院主任秘書、輔導委員，中國國民黨中央設計考核委員會委員。
9　鄭聖樑，福建林森人。時任中國國民黨中央委員會設計考核委員會總幹事。
10　沙德堅，號履冰，江蘇鎮江人。時任臺灣省政府人事處處長。
11　王炳宇，浙江杭州人。交通部臺北國際電臺發訊臺工程師。

劉昌平[1]　三三才　聯合報總編輯　　　舒城　復旦

俞　棘[2]　四四才　中華日報南部總編輯　　慈谿　向在閩中央日報

劉欽禮[3]　臺警務副處長　浙　警校　軍校十三　留美

金星俠[4]　技術研究室處長　專攻電信

僑領　李其雄[5]　潮州會館副主席　　泰國

青年　陳運騰[6]　源聯太公司副

國文差之實踐學員

一期　王啟瑞　華心權　朱鴻選[7]

二期　孟述美　林祥光[8]　吳淵明[9]　徐華江[10]　鄭挺鋒[11]

1　劉昌平，安徽舒城人，1951 年任《聯合報》副總編輯，1953 年任總編輯，1963 年 8 月任副社長兼總編輯。

2　俞棘，後改名于吉，浙江慈谿人。1946 年 2 月 20 日，《中華日報》在臺南創刊，曾任編輯、副主筆、總編輯。1970 年 12 月 10 日，因白色恐怖牽涉，被捕入獄，被軍事法庭判刑五年，刑滿三年。此為臺灣新聞史上轟動一時的「李荊蓀、俞棘案」。

3　劉欽禮，山東壽光人。曾任情報局處長，時任臺灣省警務處副處長。

4　金星俠，號心一、挺生，江蘇金山人。時任國防部技術研究室第四處處長。

5　李其雄，泰國華僑。1945 年 11 月至 1948 年 6 月，擔任暹邏華僑救濟祖國糧荒委員會監事長，且在《中原報》呼籲僑胞慷慨捐獻。1954 年至 1958 年，任泰國潮州會館副主席，兼任普智學校校長。

6　陳運騰，泰國華僑，時任泰國中華總商會幹事。

7　朱鴻選，號巽之，浙江餘姚人。1955 年 2 月任陸軍空降步兵教導團團長。

8　林祥光，號耀丞，福建林森人。時任海軍第一軍區司令部司令。

9　吳淵明，號琛，江西寧國人。1954 年 10 月，任第八十七軍第十師師長。1955 年 3 月任總統府高級參謀。

10　徐華江，原名吉驤，字叔敬，黑龍江富錦人。歷任空軍第四大隊大隊長、空軍總司令部第五署作戰計畫室主任、情報處長等職。

11　鄭挺鋒，原名庭烽，字耀臺，廣東文昌人。1955 年 7 月，調任第一軍團司令部副司令。1959 年 1 月，調任陸軍預備部隊訓練司令部副司令。

蕭宏毅[1]

三期　陳德坒　麻清江[2]　葉　成[3]　蔣緯國　何恩廷

李孟萍[4]　羅安琪總領事　樂嘉濤[5]　武官

沈（紀鴻）劍虹　新聞局

孫玉書　駐日

陳堯聖[6]　駐英

聯合國　江季平[7]　鄭寶南[8]　吳元立〔黎〕[9]　張純明　薛毓祺〔麒〕[10]

丁繼榕

李建華[11]　自修　文字甚佳　四五才　安全局秘書

1　蕭宏毅，號萇楚，湖南湘鄉人。原任預備第一師師長，1956 年 1 月調任陸軍預備部隊訓練司令部副參謀長，1959 年 2 月調任陸軍第一士官學校校長。

2　麻清江，號靜波，河北臨城人。時任聯合勤務總司令部參謀長，1957 年 3 月升任聯勤總司令部副總司令。

3　葉成，字力戈，浙江青田人。1953 年 3 月，調任第八十軍軍長。1954 年 7 月，調任國防部戰略計畫研究委員會委員。1960 年退役。

4　李孟萍，號孟平，湖南湘鄉人。時任駐洛杉磯總領事，1956 年 10 月 3 日到任，1963 年 7 月 25 日離任。

5　樂嘉濤，號子儀，浙江鎮海人。1954 年 1 月任駐韓大使館武官處副武官，1956 年 8 月調任空軍總司令部情報署副組長，10 月調任總統府侍衛室侍從武官。

6　陳堯聖，浙江杭縣人。歷任中國國民黨中央組織部總幹事、外交部情報司科長、駐英大使館一等秘書，1950 年斷交後，續留英國，創辦自由中國新聞社，並成立自由中國之友協會，出版中英文周刊等。

7　江季平，福建閩侯人。時任駐聯合國代表辦事處副代表。

8　鄭寶南，號南生，廣東番禺人。1952 年，任聯合國人權委員會中國代表。1956 年，任聯合國經濟、社會理事會中國代表。1961 年，任聯合國難民委員會中國代表。

9　吳元黎，上海人。吳鼎昌之子，1949 年移居美國。曾任美國舊金山大學經濟系教授。1960 年起任史丹福大學胡佛研究所（Hoover Institution）研究員和顧問等職。曾任美國國防部助理次長。

10　薛毓麒，江蘇武進人。1955 年任駐聯合國公使級副常任代表、代表處處長。1967 年，任駐加拿大大使。

11　李建華，安徽巢縣人。時任國家安全局幹訓班秘書。

臺　陳錫卿[1]　臺北大學政治科　四九才　彰化縣長

劉全忠[2]　清華　留美經濟　四八才　東北　立法員

楊孔鑫　政校外交系　卅三才　河南　中央社英文部

阮成章[3]　戰幹　防大參校　四二才　黃安　十軍政治部

鄔繩武[4]　政校法科　四八才　湘　研究院輔導

臺　何金生[5]　臺中縣　早稻田　在東北服務甚久　省議員

周聯華　盧祺沃　二牧師

---

1 陳錫卿，字錕鋙。1948 年，參加全國縣長考試，取得任用資格。同年 4 月，奉派擔任彰化市市長。1950 年彰化縣成立後，奉派為首任縣長。在 1951 年首屆選舉中，當選首任民選縣長。並在 1954 年、1957 年選舉中連任，直到法規修改。被稱為「三元及第」縣長。

2 劉全忠，黑龍江肇東人。1948 年在嫩江省選區當選第一屆立法委員，時兼任中央銀行秘書處處長。

3 阮成章，湖北黃安人。原任第十軍政治部主任，1956 年 4 月任憲兵司令部政治部主任。1962 年 3 月調任海軍總司令部政治部主任。

4 鄔繩武，湖南沅陵人。時任第一屆國民大會代表、革命實踐研究院輔導委員。

5 何金生，別名彌苦，臺灣臺中人。1954 年 4 月當選臺灣省臨時省議會議員，6 月任中國國民黨臺灣省臺中縣委員會視導，9 月第一次擔任臺灣省山地巡迴文化工作隊領隊至全省山地巡迴。1956 年 11 月，任中國國民黨臺灣省臺中縣委員會專門委員。1957 年 10 月辭黨職，改任臺北市政府民政局局長。

科涅夫[1]　東歐聯軍總司令

朱可夫

杜多洛夫[2]　內政部長

蒙古現領袖

哲登巴爾[3] 年四十二歲

第一（黨）書記　達姆巴[4]

前領袖　蘇克巴圖爾[5]

卓巴山[6]

---

1 科涅夫（Ivan Konev），又譯康米涅夫，蘇聯陸軍將領，曾任國防部第一副部長兼武裝部隊總司令，時任華沙公約組織軍隊總司令，鎮壓匈牙利革命。

2 杜多洛夫（Nikolai Dudorov），蘇聯政治家，1956 年至 1960 年擔任內政部部長。

3 哲登巴爾，1940 年至 1954 年 4 月，任蒙古人民革命黨烏蘭巴托市委第一書記。1958 年 11 月召開的蒙古人民革命黨十三屆二中全會起，任蒙古人民革命黨中央委員會總書記。

4 達姆巴，蒙古人民共和國政治家，1954 年 4 月 至 1958 年 11 月任蒙古人民革命黨中央委員會第一書記。

5 蘇克巴圖爾（1889-1926），蒙古扎薩克達爾罕郡王。

6 卓巴山（1895-1952），1928 年成為蒙古人民共和國實際最高領導人。1937 年起任起任蒙古人民共和國部長會議主席（即內閣總理）、人民軍總司令和國防部長，擔任所有職務直至 1952 年逝世。

索引

蔣中正日記

Chiang Kai-shek Diaries

索引

蔣中正日記（1956）
Chiang Kai-shek Diaries, 1956

著　　者：蔣中正
授權出版：國史館館長 陳儀深
統籌策劃：源流成文化
總 編 輯：呂芳上 源流成
責任編輯：高純淑 張傳欣 蔣緒慧
封面設計：溫心忻 源流成
排　　版：蔣緒慧

出 版 者：民國歷史文化學社有限公司
臺北市大安區羅斯福路三段 37 號 7 樓之 1
TEL：+886-2-2369-6912

國 史 館
Academia Historica
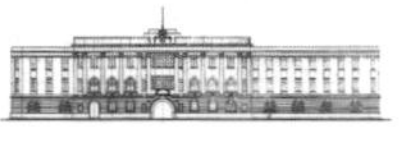
臺北市中正區長沙街一段 2 號
TEL：+886-2-2316-1000

贊助出版：蔣經國國際學術交流基金會 Chiang Ching-kuo Foundation for International Scholarly Exchange
世界大同文創股份有限公司 AGCMT CREATION CORP.

總 發 行：**源流成文化股份有限公司**
臺北市大安區羅斯福路三段 37 號 7 樓之 1
TEL：+886-2-2369-6912
FAX：+886-2-2369-6990

初版一刷：2024 年 4 月 5 日
定　　價：新臺幣 850 元

I S B N：978-626-7370-64-3（精裝）
978-626-7370-69-8（1955-1960 套書）

Republic of China History and Culture Society
http://www.rchcs.com.tw

ISBN 978-626-7370-64-3

蔣中正日記 (1956) = Chiang Kai-shek diaries, 1956 / 蔣中正著 . -- 初版 . -- 臺北市 : 民國歷史文化學社有限公司 , 國史館 , 2024.04
面； 公分
ISBN 978-626-7370-64-3(精裝)

1.CST: 蔣中正 2.CST: 傳記

005.32　　　113002449